Georg Reinfelder   MS „St. Louis"

Der Umschlag wurde unter Verwendung der Speisekarte der „St. Louis" vom 21. Mai 1939 gestaltet.

Dem Centrum Judaicum Berlin ist für die Unterstützung bei der Drucklegung zu danken.

© Verlag HENTRICH & HENTRICH
   Ganzer Straße 10, 16866 Teetz

Kein Teil dieses Buches darf ohne schriftliche Genehmigung des Verlages in irgendeiner Form, durch Fotokopie, Mikroverfilmung, Digitalisierung, Einspeisung in Datenbanken oder Online-Diensten oder irgendein anderes Verfahren, reproduziert oder in eine von Maschinen, insbesondere von Datenverarbeitungsmaschinen, verwendbare Sprache übertragen oder übersetzt werden.
Sollten Rechteinhaber nicht ermittelt worden sein, bitten wir um Verständnis und nachträgliche Mitteilung an den Verlag.

All rights reserved (including those of translation into other languages).
No part of this book may be reproduced in any form, by photoprinting, microfilm, digitalisation or communication to the public in online-services or in other means, no transmitted or translated into a machine language without written permission from the publishers.

Satz: Typecraft Fotosatz GmbH, Berlin
Lithos: Reprowerkstatt Rink, Berlin
Druck: Brandenburgische Universitätsdruckerei und
      Verlagsgesellschaft Potsdam mbH
Buchbinderei: Heinz Stein, Berlin

1. Auflage 2002
Printed in Germany
ISBN 3-933471-30-3

Georg Reinfelder

MS „St. Louis"
Die Irrfahrt nach Kuba – Frühjahr 1939

Kapitän Gustav Schröder rettet
906 deutsche Juden vor dem Zugriff
der Nazis

Hentrich & Hentrich
Teetz

In Memoriam
William C. Krames

Inhaltsverzeichnis

Vorwort	7
Die Vorgeschichte der Fahrt der „St. Louis" nach Kuba	11
Die lange Reise beginnt	21
Die USA in den dreißiger Jahren	41
Kuba und die USA weisen die „St. Louis" ab	55
Zurück nach Europa? Quo Vadis?	91
Landung in Belgien, Rettung in letzter Stunde	103
Zweiter Weltkrieg und das Schicksal der Flüchtlinge	121
Hoffnung auf die USA	161
Erinnerungen an die „St. Louis" in der Nachkriegszeit	183
MS „St. Louis" und seine Besatzung	199
Kapitän Gustav Schröder	207
Anhang	217
Tagebuch von Erich Dublon	218
Namens-Liste zur Verteilung der „St. Louis"-Passagiere in Antwerpen	235
Literaturverzeichnis	260
Abbildungsnachweis	262
Abkürzungen	263
Danksagungen	264
Namens- und Sachregister	266

Kapitän Gustav Schröder

Vorwort

Aus Anlaß seiner ersten Schiffsreise von Frankreich in die USA im Mai 1934 hat Thomas Mann laut Tagebuch seine „Jungfernfahrt über den Atlantik" in der „sachliche(n) Würde der Langsamkeit" erlebt. Wie beiläufig wird erwähnt, daß sich auf dem Schiff auch „jüdische Auswanderer" befunden haben.
Zur Reiselektüre hat sich Thomas Mann als „Weltbuch – für eine Weltreise" den „Don Quijote" von Cervantes ausgewählt. Durchaus empfänglich für die Reize der Schiffsreise, notiert er seine Lesefrüchte. „Schön und stolz ist das Dahinziehen so eines Schiffes durch die Horizonte, als Bewegungsart, würdiger, entschieden, als das Um-die-Kurven-Rasen der Schnellzüge." Oder: „Aufklärung im Lauf des Tages und Himmelsbläue. Das Meer ist veilchenfarben – nennt nicht Homer es so? Gegen Mittag sahen wir wundervolle Nebelbänke im Sonnenglanz über dem Wasser schweben, hintereinander, milchigweiße Gründe, wie für Engelfüße geschaffen, eine zarte und lichte Phantasmagorie."
Im „Don Quijote" liest sich Thomas Mann auch an der Geschichte des maurischen Gewürzkrämers Ricote aus dem Dorf des Sancho Pansa fest, der von den Ausweisungsbestimmungen Spaniens betroffen war. Die Strafe der Verbannung wird von dem spanischen „Mohren", das heißt Mauren, als „die allerschrecklichste, womit man ihn und sein Volk nur habe züchtigen können" empfunden. Und indem Thomas Mann den Intensionen des Dichters Cervantes nachspürt, stellen sich wie unwillkürlich Parallelen zu Deutschland im Jahr zwei der Naziherrschaft ein: „... denn in Spanien, das nach ihrer Ausmerzung nicht reiner, sondern nur ärmer sein wird, sind sie geboren, es ist ihr wahres, natürliches Vaterland, aus dessen Grund gerissen sie überall fremd sind, und überall wird ihnen das Wort ‚bei uns' auf den Lippen sein, ‚bei uns in Spanien war das so und so, nämlich besser'."
So sind die „jüdischen Auswanderer in der Touring Class" auch in der Lektüre Thomas Manns mit an Bord.

Eine andere Schiffsreise, fünf Jahre nach der ersten Atlantiküberquerung Thomas Manns und wenige Monate vor dem Ausbruch des zweiten Weltkrieges, vollzog sich unter ganz anderen Bedingungen und mit nicht vergleichbaren Begleiterscheinungen.

Am 13. Mai 1939 fuhr das HAPAG-Passagierschiff MS „St. Louis", sonst für „Kraft durch Freude" im Dienst, aus dem Hafen von Hamburg in Richtung Kuba über den großen Teich. Kapitän Gustav Schröder, erfahren auf allen Weltmeeren, hatte es übernommen, über 900 Juden nach Zahlung der Schiffspassagen und der Ausreisegebühren auf die Karibikinsel zu bringen, aus dem spästestens nach dem Novemberpogrom 1938 mörderischen Machtbereich der Nationalsozialisten. Alle Flüchtlinge besaßen mühevoll erworbene Landungspapiere für Kuba. Nur wenigen Passagieren wurde die Landung erlaubt, auch verzweifelte Verhandlungen jüdischer Organisationen mit den Behörden in Havanna scheiterten.

Die „St. Louis" kreuzte vor Florida. Auch die USA wiesen das Schiff mit reichlich fadenscheinigen Begründungen ab. Kapitän Gustav Schröder, der seine Passagiere außerordentlich zuvorkommend behandeln ließ, erhielt die Order, die Rückreise seiner von der Vernichtung bedrohten Flüchtlinge nach Hamburg anzutreten. Die Passagiere gerieten in Panik, mit Meuterei und Massenselbstmord wurde gedroht, denn die Rückkehr nach Deutschland bedeutete für sie qualvolle Unterdrükkung bzw. Deportation in Konzentrationslager.

In gleichsam letzter Minute gelang es dem mutigen Kapitän Gustav Schröder, nachdem er schon eine vorgetäuschte Havarie an Englands Westküste vorbereitet hatte, die Passagiere in Antwerpen an Land gehen zu lassen. Etwa ein Viertel der Flüchtlinge konnte nach England weiterreisen, die anderen wurden auf Belgien, Frankreich und Holland verteilt, wo sie nach Kriegsbeginn wieder in die Gewalt der Nazis gerieten und viele in die Vernichtungslager deportiert wurden.

Kapitän Gustav Schröder rettete etwa 450 Juden vor der Vernichtung. Er wurde vom Staat Israel in Yad Vashem posthum in den Kreis der „Gerechten der Völker" aufgenommen. Die Bundesrepublik Deutschland ehrte ihn mit dem Bundesverdienstkreuz.

Über die Irrfahrt der „St. Louis" von 1939 wurden mehrere Bücher und Aufsätze sowie Theaterstücke veröffentlicht und zwei, leider wenig gelungene Spielfilme produziert. Die meisten der Autoren bezogen ihr Wissen aus Befragungen von Passagieren und aus jeweils zuvor entstandenen Veröffentlichungen, was Irrtümer und Fehler einschloß. Einige Passagiere und Besatzungsmitglieder der „St. Louis" haben Briefe, Tagebucheintragungen und Berichte während der aufregenden Tage der Irrfahrt geschrieben, die aber zum Teil nur schwer auffindbar waren oder verschollen sind. Einzig Kapitän Gustav Schröder hat als unmittelbar Beteiligter ein schmales Erinnerungsbuch „Heimatlos auf hoher See" verfaßt, 1949 in geringer Auflage in Berlin erschienen, das authentische Auskünfte über die erregenden Ereignisse bietet und hier in ausführlichen Passagen herangezogen wurde. Im Jahr 2000 veröffentlichte die New Yorker Zeitung „Aufbau" das verloren geglaubte Reisetagebuch des Passagiers Erich Dublon, der mit seiner ganzen Familie in Auschwitz umgekommen ist. Einem mit der Familie befreundeten Ehepaar aus Malibu ist es zu danken, daß dieser ebenso authentische Bericht bekannt wurde und mit Zitaten berücksichtigt werden konnte. (Im Anhang Abdruck S. 218 ff.)

Dieses Buch wurde geschrieben, um die denkwürdige Irrfahrt der „St. Louis" zu würdigen und die erhaltengebliebenen Quellen und oft auch mündlichen Überlieferungen der Beteiligten zusammenzufassen. Die Schicksale der Passagiere, ihre Hoffnungen und Ängste, ihr Ende in den Vernichtungslagern der Nazis, ihre oft beschwerlichen Lebenswege nach der Rettung waren dem Autor Verpflichtung und Vermächtnis jahrelanger intensiver Sucharbeit. Die Passagiere fühlten sich im Hafen von Havanna und vor der Küste Floridas der ersehnten Freiheit sehr nahe und mußten schließlich doch nach Europa zurück. Daß ein Teil von ihnen noch gerettet werden konnte, ist vornehmlich einigen wenigen Mutigen und entschieden Handelnden zu danken, zuvorderst Kapitän Gustav Schröder, dessen humanitäre und ritterliche Haltung in dunkler Zeit bislang in früheren Veröffentlichungen nicht gebührend gewürdigt wurde. Die Stadt Hamburg hat ihm wenigstens auf Anregung des Autors eine Erinnerungstafel auf den St. Pauli-Landungsbrücken im Hafen gewidmet.
All denen ist zu danken, die es ermöglichten, daß auf den folgenden Seiten bisher unbekannte Zeugnisse des Geschehens von 1939 und seiner Folgen sowie erstmals die Namens-Liste mit der Aufteilung der „St. Louis"-Passagiere im Hafen von Antwerpen auf die vier Gastländer veröffentlicht werden können. Für die Förderung der Arbeit dankt der Autor ganz besonders dem Verlag und seinem Verleger Gerhard Hentrich.

Mit einer größeren Anzahl der geretteten Passagiere steht der Autor in reger Verbindung. Sie haben ihm die Feder geführt. Mit ihnen ist das Buch dem Andenken an die Opfer gewidmet, damit nichts vergessen wird, damit die Schicksale der Flüchtlinge und ihrer mutigen Helfer im bewahrenden Gedächtnis bleiben.

Thomas Mann hat auf seiner vergleichsweise friedlichen Atlantiküberquerung 1934 schon eine Ahnung haben können, was Schiffspassagen in die Freiheit für bedrohte Juden auch bedeuten können. Die jüdischen Auswanderer auf seinem Schiff kommen nur marginal ins Bewußtsein. Der Tagebuchschreiber beobachtet einen „Notizen machenden Amerikaner", den er in der „blau-goldenen Social Hall des Luxusdampfers" gelegentlich bei Zusammenkünften der Passagiere vermißt. „Wo war er? Wieder bei den jüdischen Auswanderern in der Touring Class? Ein beunruhigender Mensch. Er reist erste Klasse und nimmt im Smoking an unseren Mahlzeiten teil: aber unsern geistigen Unterhaltungen entzieht er sich auf eine kränkende Weise und begibt sich in fremde, feindselige Sphäre. Man sollte wissen, wohin man gehört. Man sollte zusammenhalten."

Fünf Jahre später haben der Kapitän und seine Besatzung, Vertreter jüdischer Organisationen in den USA und wenige weitere Helfer sehr genau gewußt, wohin sie gehören – an die Seite der bedrohten Flüchtlinge. Beunruhigt von ihrer drohenden Vernichtung haben sie alles ihnen mögliche eingesetzt, um Leben zu retten. Etwas mehr als die Hälfte der „St. Louis"-Passagiere konnte gerettet werden. Dies ist zwar nur ein schwacher Trost, aber eine Hoffnung, die immer dann erinnert werden soll, wenn Flüchtlinge bedroht sind. Gustav Schröder hat mit denen zusammengehalten, die seine Hilfe dringend nötig hatten. Er bleibt uns in Erinnerung als ein „Held wie Oskar Schindler", wie die Hamburger Morgenpost anläßlich der Enthüllung der Gedenktafel für den mutigen Kapitän titelte.

Georg Reinfelder

München, Juli 2002

Zur Vorgeschichte der Fahrt der „St. Louis" nach Kuba

> Das war ein Vorspiel nur, dort, wo man Bücher
> Verbrennt, verbrennt man am Ende Menschen.
>
> *Heinrich Heine* [*]

[*] „Almensor. Eine Tragödie", 1823

Am 10. Mai 1933 verbrennen die Nationalsozialisten reichsweit Bücher von jüdischen und politisch mißliebigen Autoren. Auf dem Berliner Opernplatz hielt Goebbels eine Hetzrede.

Die Verfolgung der Juden in Deutschland 1933–1939

Die Fahrt der MS „St. Louis", Luxuspassagierschiff der HAPAG, ging am 13. Mai 1939 unter beispiellosen Bedingungen vor sich, drohte mehrfach zu scheitern und bewahrte letztendlich fast die Hälfte der Flüchtlinge vor der Vernichtung. Es sollen hier nur einige der Nazi-Verfolgungen aufgezeigt werden, die die jüdischen Menschen zu ihrer Flucht zwangen.

Die Nazis legten es bereits unmittelbar nach der „Machtergreifung" 1933 darauf an, zaudernde und zögernde Juden zur Auswanderung zu bewegen. Das begann mit dem Boykott der jüdischen Geschäfte, Warenhäuser, Arztpraxen und Rechtsanwaltskanzleien am 1. April 1933. An dem Tag standen SA- und SS-Posten vor den Eingängen jüdischer Geschäfte. Plakate und Parolen forderten zum Boykott auf: „DEUTSCHE KAUFT NICHT BEI JUDEN".

Diese Aktionen fanden in ganz Deutschland statt und stießen auf unterschiedliche Reaktionen bei der Bevölkerung. Zumeist wurden die Boykottaufrufe nur wenig beachtet. In vielen Städten erfuhr die Öffentlichkeit erstmals, daß dieser oder jener angesehene Bürger Jude war. In einer kleinen Stadt im Rheinland stellte sich ein jüdischer Geschäftsmann in seiner Uniform aus dem ersten Weltkrieg neben den sein Geschäft bewachenden SA-Mann. Mit einem schnell hergestellten Flugblatt wollte er darauf hinweisen, daß 12 000 deutsche Soldaten jüdischen Glaubens im Krieg für ihr Vaterland gefallen waren, eine Tatsache, deren Bekanntwerden den Nazis durchaus unangenehm war, weil sie nicht in ihre antisemitische Haßpropaganda paßte.

Wenige Wochen nach diesem Boykott brannten am 10. Mai 1933 vor der Universität Unter den Linden in Berlin und in anderen Städten Deutschlands die Bücher – ganz nach der prophetischen Feststellung Heinrich Heines, daß wer Bücher verbrennt, auch nicht davor zurückschreckt, Menschen zu verbrennen, eine Prophetie des Völkermords an den europäischen Juden. Die Bücher vornehmlich jüdischer Autoren und ihrer nazifeindlichen Kollegen wurden in die Flammen geworfen. Aufgehetzte Menschenmengen sahen zu und ließen die barbarischen Taten applaudierend geschehen.

Die im Reichsgesetzblatt veröffentlichten „Nürnberger Gesetze" von 1935 dokumentierten den Antisemitismus der Nazis unmißverständlich:

„Reichsbürger ist nur der Staatsangehörige deutschen oder artverwandten Blutes, der durch sein Verhalten beweist, daß er gewillt und geeignet ist, in Treue dem deutschen Volk und Reich zu dienen."[1]

Die Aberkennung des Wahlrechts und aller öffentlichen Ämter für Juden war dann nur noch Nebensache. Auch die Definition des Begriffes „Rassenschande" hat damals kaum noch Überraschung ausgelöst. Gleichzeitig mit den „Nürnberger Gesetzen" wurde auch das „Flaggengesetz" erlassen, welches das Symbol der Nazi-Partei, das Hakenkreuz, zur deutschen Flagge erklärte.

Im New Yorker Hafen hatten 1935 sechs amerikanische Dockarbeiter die Hakenkreuzflagge vom Dampfer „Bremen" heruntergerissen und in den Hudson geworfen. Draußen auf dem Kai fand eine Demonstration gegen die Behinderungen der katholischen und jüdischen Religion in Deutschland statt. Sowohl in Deutschland als auch in den USA protestierten Nazis gegen den Flaggenzwischenfall. Das Department of State entschuldigte sich, und der Blätterwald beruhigte sich wieder.

Was sollte die Hakenkreuzflagge auf einem deutschen Schiff im New Yorker Hafen? Damals war die deutsche Nationalflagge noch Schwarz-Rot-Gold, die Handelsflagge Schwarz-Weiß-Rot. Die sechs Hafenarbeiter wurden von der US-Polizei verhaftet. Ein amerikanischer Friedensrichter sagte, daß „das Hakenkreuz als Symbol der Unterdrückung und Verfolgung" zu sehen sei. Er verglich es mit einer „schwarzen Piratenflagge", welche die amerikanische Gesellschaft herausfordere. Es wurde kolportiert, daß Hitler dieser Vorgang so heftig erzürnt habe, daß er per Gesetz das Hakenkreuz zur deutschen Nationalflagge erklärte.[2]

Die Nazis versuchten, die deutschen Juden durch immer mehr Gesetze, Verordnungen, Demütigungen und Schikanen auszugrenzen und zu vertreiben. Andererseits erschwerten sie die Aufnahme deutscher Juden in anderen Ländern durch antisemitische Propaganda.

Seit September 1938 waren in die Pässe die Zwangsvornamen „Israel" und „Sara" eingetragen und ein unübersehbares rotes „J" aufgestempelt, übrigens auf einen Schweizer Vorschlag hin.[3] Trotz dieser Kennzeichnungen fanden viele deutsche Juden in den benachbarten Ländern Aufnahme, meistens im Transit nach Übersee, denn im Europa der Vorkriegszeit gab es auch Antisemitismus, nicht so aggressiv wie in Deutschland, jedoch wahrnehmbar. Deshalb wurden die Grenzsicherungen der Nachbarstaaten verstärkt und zahlreiche Flüchtlinge nach Deutschland zurückgeschickt, in ein sehr ungewisses Schicksal.

Aus Frankreich wurde berichtet, daß Hunderte von deutschen Juden zurückgewiesen wurden, weil sie keine Visa für Frankreich, Luxemburg, Belgien oder die Schweiz vorweisen konnten. Eine äußerst schäbige bürokratische Begründung, denn konnte man auf der Flucht vor den Nazis noch schnell ein Einreisevisum für einen Nachbarstaat bekommen?[4]

Insbesondere Frankreich, das bereits viele flüchtende Juden aufgenommen hatte, sah sich einem wachsenden Antisemitismus gegenüber. Der Reichsaußenminister von Ribbentrop versuchte in einem Gespräch mit seinem französischen Kollegen Georges Bonnet, diesen zur weiteren Aufnahme deutscher Juden zu bewegen. Bonnet lehnte ab, weil sich schon zu viele Juden in seinem Lande befänden und erklärte, daß man keine weiteren aus Deutschland mehr aufnehmen wolle. Interessant ist, daß Frankreich damals plante, Juden auf seine Insel Madagaskar zu deportieren. Dieser Gedanke geisterte seitdem durch die Planspiele verschiedener Staaten. Wäre er verwirklicht worden, gäbe es heute neben Israel einen zweiten jüdischen Staat.[5] Ein Treppenwitz der Geschichte: Adolf Hitler wäre mithin einer der Gründerväter dieses jüdischen Staates auf Madagaskar gewesen.

In Palästina war die Zuwanderung von Juden durch die britische Mandatsmacht stark behindert. Illegale Immigranten wurden abgefangen und energisch bekämpft, sowohl von den Engländern, als auch von den Arabern. Die USA hielten sich auch weiterhin streng an die Einwanderungsquote von 27 370 deutschen Personen pro Jahr.[6] Antisemitische und fremdenfeindliche Tendenzen waren auch in den Staaten vorhanden, ebenso die Politik des Isolationismus.

Shanghai war damals ein stark benutzter Rettungspunkt, weil dort keinerlei Einreisepapiere gefordert wurden. Auf abenteuerlichen Wegen kamen deshalb Tausende deutsche und österreichische Juden dorthin. Sie wurden interniert und überlebten im Ghetto trotz japanischer Besatzung den zweiten Weltkrieg.[7]

Das Münchner Abkommen vom September 1938 zwischen dem englischen Premier A. N. Chamberlain, dem französischen Regierungschef E. Daladier und den beiden Diktatoren Mussolini und Hitler mußte die jüdischen Bürger in Deutschland auf das äußerste verwirren und verunsichern. Wie war es zu deuten, daß die beiden großen europäischen Demokratien mit Hitler über die Angliederung des Sudetenlandes an Deutschland verhandelten, konnte daraus eine Chance auf ein milderes Klima im Reich abgeleitet werden? Sollte man angesichts der internationalen Zustimmung das Land Goethes und Schillers, dessen Kultur man sich gerade in den assimilierten jüdischen Familien tief verbunden fühlte, mit ungewissem Ziel verlassen? Leider erwies sich die Appeasement-Politik der Westmächte gegenüber Hitler als falsch und trügerisch.

Alle Überlegungen und Theorien einer jüdischen Existenzmöglichkeit in Nazi-Deutschland wurden durch den Pogrom vom 9./10. November 1938 endgültig zerstört. Die Nazis hatten in besonders brutaler Form offenkundig gemacht, wie ihre künftige Judenpolitik aussehen würde. Dieses Menetekel war unübersehbar! 267 Synagogen verbrannt und geschändet, 7500 jüdische Geschäfte geplündert und zerstört, Menschen geschlagen, verletzt, 26 000 jüdische Männer und Jugendliche in Konzentrationslager verschleppt.[8] Wie man inoffiziell hörte, wurden die materiellen Schäden auf etwa 45 Millionen Reichsmark geschätzt.[9] Die deutschen Versicherungen waren gehalten, nicht an geschädigte Juden auszuzahlen.

Diese zentral gesteuerte Aktion, getarnt als Ausbruch des Volkszorns auf die Ermordung des deutschen Diplomaten vom Rath in Paris, kostete etwa 90 deutschen Juden das Leben. Bei diesem Pogrom zerstörten die braunen Vandalen nicht nur jüdisches Eigentum und Synagogen, diese ungesetzlichen und rohen Taten von Rowdys in Uniform oder Zivil beschädigten auch das Ansehen Deutschlands im Ausland. Es war der Beginn der offenen Gewalt gegen die deutschen Juden, ein unübersehbares Zeichen von Willkür und Antisemitismus, Chaos und Rassenfanatismus. Zehn Monate später brach der zweite Weltkrieg aus.

Wie reagierte das Ausland auf die November-Pogrome?
Sven Hedin, der bekannte schwedische Forschungsreisende mit deutschfreundlicher Einstellung sagte:

„Jeder wirkliche Freund Deutschlands bedauert die Ereignisse tief, die unfehlbar dem Ansehen Deutschlands schaden müssen."

Eine führende englische Zeitung schrieb:

„Kein einziger Jude in ganz Deutschland kann für den verbrecherischen und sinnlosen Anschlag, dem ein junger deutscher Diplomat in Paris zum Opfer fiel, etwas anderes als Verurteilung übrig gehabt haben."[10]

Der amerikanische Präsident Roosevelt äußerte, daß er es kaum glauben wollte, daß derartige Dinge sich in der Zivilisation des zwanzigsten Jahrhunderts noch ereignen konnten. Er rief den US-Botschafter aus Berlin zur Berichterstattung nach Washington. Die deutschen Konsulate und Einrichtungen des Norddeutschen Lloyd und der Hamburg-Amerika-Linie wurden in den USA unter Polizeischutz gestellt. Bei der Einfahrt der „Bremen" in New York forderten Demonstranten:

„Heraus mit den deutschen Schiffen aus dem New Yorker Hafen" und „Boykottiert den Handel mit Hitler."

Endlich hatte man in den USA auf die rüden Methoden der Nazis reagiert.

Aus Berlin berichtete die New York Times vom Brand der Synagoge in der Fasanenstraße. Der Reporter konnte einigen Zuschauern am Gesicht ablesen, daß diese die beschämenden Vorgänge mißbilligten. Einfach gekleidete Deutsche sagten ihm sinngemäß: „Vergessen Sie nicht zu schreiben, daß dies keine deutschen Arbeiter getan haben."[11]
Die amerikanischen Zeitungen gaben drastische Kommentare. Hier eine Auswahl aus den Tagen nach dem Pogrom:

The Tribune, Chicago: „Chaos Rather Than Government";
The World Herald, Omaha: „A Land Of Law And Order";
The Herald, Boston: „Germany Sanctions Lynch Law";
The Post, Washington: „Like St. Bartholomew's Massacre";
The Courant, Hartford: „Impossible Not To Protest";
The Cronicle, San Francisco: „Infected With Fanatic Madness".

In den deutschen Zeitungen wurden die unglaublichen Vorgänge verharmlost dargestellt. Vereinzelt verhaftete die Polizei randalierende SA-Leute, da und dort hat die Feuerwehr, entgegen ihren Weisungen, brennende Synagogen gelöscht. Während die Nazis johlten und einen Zerstörungsrausch praktizierten, verhielt sich die deutsche Bevölkerung meistens passiv und still, entsetzt und gelähmt. Besonnene Deutsche begannen, befreundete Juden zu verstecken, damit sie einige Tage nach der „Night of Broken Glass" unsichtbar waren.

Die New York Times berichtete, daß fanatische Nazis die Fenster des Palais von Kardinal Faulhaber in München mit Steinen einwarfen, weil der Kirchenfürst gegen eine hetzerische Rede des Gauleiters protestiert hatte. Weiter war in der New York Times zu lesen, daß die „Kaufingerstraße, eine von Münchens Hauptverkehrsstraßen, aussah wie nach einem Bombenangriff".[12] Wenige Jahre später war genau dies eingetreten: Die Bombennächte des zweiten Weltkrieges folgten dem November-Pogrom des braunen Mobs.

Nach dem Novemberpogrom verschärften die Nazis ihr Vorgehen gegen die Deutschen, die nach den NS-Rassegesetzen als Juden galten. Am 12. November 1938 wurde die Verordnung zur „Ausschaltung der Juden aus dem Wirtschaftsleben" erlassen. Am 14. November 1938 wurde Juden der Besuch deutscher Schulen verboten. Allein auf der „St. Louis" waren etwa 130 Jugendliche, die von dem Verbot betroffen waren. Am 3. Dezember 1938 wurde die Verordnung „Über den Einzug des jüdischen Vermögens" in Kraft gesetzt.
Am 30. April 1939 erließen die Nazis das Gesetz über „Die Mietverhältnisse mit Juden". Danach müssen Juden „arische" Wohnhäuser räumen und werden in „Judenhäuser" eingewiesen.

Unter diesen Umständen, der sich ständig steigernden Repression, war es mehr als verständlich, daß die verfolgten und bedrängten Menschen, die bisher noch in Deutschland geblieben waren, jede sich bietende Gelegenheit zu ergreifen versuchten, sich durch Emigration zu retten.

Als Alarmsignal, nicht nur für Juden, ist die Rede Hitlers am 30. Januar 1939 zur Feier der sechsjährigen Machtergreifung der Nazis zu sehen. Hitler hatte damals in hämischer Weise darauf hingewiesen, daß die Demokratien zwar Mitleid mit den deutschen Juden zeigten, jedoch sich weigerten, diese aufzunehmen.[13]

Leider entsprach dies der Realität der Vorkriegszeit. Viele Juden hätten schneller und in größerer Zahl dem Reich den Rücken gekehrt, wenn sie Aufnahmeländer gefunden hätten. Die schlimmste Passage der mehrstündigen Hitler-Rede war jedoch die Androhung der Vernichtung der europäischen Juden für den Fall eines Krieges.[14] In dieser Deutlichkeit hatten sich die Nazis nie vorher öffentlich geäußert.

Synagoge Berlin-Wilmersdorf, Prinzregentenstraße 69–70, nach dem 9./10. November 1938

1. Dies ist der Wortlaut von §2 des Reichsbürgergesetzes vom 15.9.1935. In der ersten Verordnung zum Reichsbürgergesetz vom 14.11.1935 heißt es im §4: „Ein Jude kann nicht Reichsbürger sein. Ihm steht ein Stimmrecht in politischen Angelegenheiten nicht zu; er kann ein öffentliches Amt nicht bekleiden."
2. Bankier, Final Solution, p. 45; NYT, July 27 and September 7, 1935.
3. Inhaber deutscher Pässe konnten in der Vorkriegszeit visumfrei in die Schweiz ein- und ausreisen. Die Anregung zur Kenntlichmachung von Juden durch ein „J" im Paß kam von Schweizer Seite. Dadurch konnten die Grenzposten die unerwünschten Flüchtlinge sofort erkennen, was häufig deren Zurückweisung zur Folge hatte. Eine internationale Expertengruppe unter der Leitung des Schweizer Historikers Jean-Francois Bergier hat 1999 festgestellt, daß mindestens 24 000 Flüchtlinge an der Grenze abgewiesen worden sind. Die tatsächliche Zahl liegt vermutlich viel höher. Während des Krieges waren 51 000 unerwünschte Ausländer, darunter 21 000 Juden in der Schweiz. Die Schweizer Bundespräsidentin Ruth Dreifuß entschuldigte sich 1999 für die damalige Flüchtlingspolitik ihres Landes.
4. NYT, November 13, 1938.
5. Hilberg, Vernichtung, S. 279/280.
6. Die deutsche Einwanderungsquote nach USA betrug einschließlich Österreich nach 1938 27370 Personen jährlich. Maßgeblich war das Geburtsland.
7. Heppner, Fluchtort Shanghai.
8. Armbrüster u. a. Exil Shanghai, Jüdisches Leben in der Emigration 1938–1947.
9. Longerich, Politik, S. 203.
10. The Times, November 11, 1938.
11. NYT, November 10, 1938.
12. NYT, November 11 and 13, 1938.
13. Hitler führte in seiner Rede vom 30. Januar 1939 vor dem Großdeutschen Reichstag zur Feier der Machtergreifung vor sechs Jahren aus: „Es ist ein beschämendes Schauspiel, heute zu sehen, wie die ganze Welt der Demokratie vor Mitleid trieft, dem armen gequälten jüdischen Volk gegenüber allein hartherzig verstockt bleibt angesichts der dann doch offenkundigen Pflicht, zu helfen. Die Argumente, mit denen man die Nichthilfe entschuldigt, sprechen nur für uns Deutsche und Italiener." Obwohl sich Hitler stets für einen Seher und Propheten gehalten hat, kann dieser Absatz seiner Rede sich nicht auf die „St. Louis" bezogen haben, weil diese erst 3½ Monate später aus Hamburg abfuhr. Er spielte eher auf die EVIAN-Konferenz und die damals offenbar werdende zögerliche und ablehnende Haltung vieler Länder bei der Aufnahme von deutschen Juden an. Domarus, Hitler Reden, S. 1056.
14. In der gleichen Rede folgte eine Passage, deren Inhalt erschreckend auf die späteren Ereignisse hinwies: „Wenn es dem internationalen Finanzjudentum in- und außerhalb Europas gelingen sollte, die Völker noch einmal in einen Weltkrieg zu stürzen, dann wird das Ergebnis nicht die Bolschewisierung der Erde und damit der Sieg des Judentums sein, sondern die Vernichtung der jüdischen Rasse in Europa."

Die lange Reise beginnt

> Bleibe also ein jeder daheim,
> niemand verlasse am siebenten Tag
> seine Wohnstätte.
>
> *Exodus 16,29*

AN BORD DES MOTORSCHIFFES „ST. LOUIS"
Sonntag, den 21. Mai 1939

HAUPTMAHLZEIT

Kaviar auf Röstbrot
Tafelsellerie   Oliven

Minestra
Kraftbrühe mit Markklößchen

Gebratene Seezunge Mirabeau

Lendenschnitte Rossini, Saratoga Chips
Gebratener Mastputer, Selleriefüllung

Stangenspargel, Holländische Tunke
Weinkraut   Spinat in Sahne
Makkaroni in Parmesan
Gekochte, Mus- und Lyoner Kartoffeln

Kopf- und Gurkensalat

Kalifornische Pfirsiche

Suchard-Creme   Eisbecher Carmen
Himbeer-Eis

Holländer und Brie-Käse

Früchte
Kaffee   Tee

Kleine Abendplatten

Roastbeef (kalt), Remoulade, Bratkartoffeln
Corned Beef mit Gemüsesalat
Lammkeule mit Minztunke, Bohnensalat
Schweinskotelett Thomas

Speisekarte der MS „St. Louis" vom 21. Mai 1939

Die MS „St. Louis" verläßt am 13. Mai 1939 den Hamburger Hafen via Kuba

Für die Passagiere der „St. Louis" war Hamburg im Mai 1939 die erste Station ihrer Reise in die Freiheit, bis auf die wenigen, die in Cherbourg noch zustiegen. Viel Zeit hatten sie aufwenden müssen, um die Schiffsplätze und die kubanischen Landungsbewilligungen zu erhalten. Vorher mußten in ihren Heimatorten die schikanösen Auflagen der Behörden erfüllt werden. Einerseits übten die Nazis seit Jahren Druck auf die deutschen Juden zur Auswanderung aus, um das Reich „judenfrei" zu machen. Andererseits hatten sie ein System zur wirtschaftlichen Ausplünderung der Emigranten aufgebaut, das nicht gerade zur Beschleunigung der Ausreise beitrug.

Nach peniblen Kontrollen in den Heimatorten waren die Umzugskisten zum Hamburger Hafen abgesandt worden. Deutlich sichtbar war der Bestimmungsort „HABANA – CUBA" aufgemalt. Die Familienväter, z. T. nach dem 9. November 1938 in Konzentrationslagern festgehalten, freigelassen unter der Auflage einer sofortigen Ausreise, hatten alles Erdenkliche und Mögliche getan, um eine neue Existenz auf der anderen Seite des Atlantiks erfolgreich beginnen zu können. Goldmünzen oder Schmuckstücke waren in Schuhcremedosen versteckt oder in den Kleidern eingenäht worden. Da und dort hatte auch ein Zollbeamter zur Seite gesehen. Im allgemeinen waren jedoch Kleinkariertheit und Unfreundlichkeit der Kontrolleure dafür verantwortlich, daß mancher Plan der Auswanderer zur Mitnahme von Wertgegenständen doch nicht ausgeführt werden konnte.
Die Hamburg-Amerika-Linie hatte diejenigen Passagiere, deren Familiennamen mit den Buchstaben A–G begann, bereits am Mittwoch, dem 10. Mai, zur Abfertigung nach Hamburg bestellt. Am Donnerstag sollten die Namensträger H–O und am Freitag diejenigen mit den Anfangsbuchstaben P–Z erscheinen. In dem HAPAG-Schreiben hieß es weiter: „Am Abfahrtstage, also am Sonnabend, 13. Mai, soll jede Abfertigungsarbeit mit Passagieren vermieden werden. – Eine Vergütung für den Aufenthalt in Hamburg, für Hotelkosten usw. kann leider nicht erfolgen."
Es ist zu bedenken, daß Unterkunft in Gasthöfen und Hotels für Juden nicht ganz einfach zu erhalten war. Deshalb versuchten viele Emigran-

ten bei Freunden zu wohnen, einerseits um Geld zu sparen und andererseits, um Probleme zu vermeiden. Einige der zukünftigen Passagiere bewegten sich nur im Grindelviertel, dem traditionellen Wohngebiet der Hamburger Juden. Andere besichtigten die Stadt und den Hafen, der ihnen bald den Abschied von Deutschland ermöglichen sollte. Viele fürchteten einen Zwischenfall im letzten Moment. Was sollten die heimatlosen Juden dann tun? Ein Zurück in ihre früheren Wohnungen gab es nicht. So blieb nur zwangsläufig nach vorne zu blicken und nicht zu oft zum Ruinengrundstück der ehemaligen Synagoge am Bornplatz zu gehen.

In Hamburg waren zum Zeitpunkt der Abreise überall Hakenkreuzfahnen zu sehen. Das war für die deutschen Juden kein erfreulicher Anblick, aber er bestärkte sie in der Absicht, möglichst schnell und weit von Deutschland wegzukommen. Für die Beflaggung gab es verschiedene Anlässe. Am 20. April feierte Adolf Hitler seinen 50. Geburtstag und am 1. Mai fand der „Tag der deutschen Arbeit" statt. Der „Mustergau Hamburg" ließ mehr als 400 000 Werktätige mit Fahnen und Kapellen auf acht Kundgebungsplätzen aufmarschieren. Auf dem Heiligengeistfeld meldete man dem Gauleiter 160 000 „Arbeiter der Stirn und der Faust". Am Vorabend fand an der Binnenalster ein Riesenfeuerwerk statt. Am 6. Mai beging man die 750-Jahrfeier des Hamburger Hafens und den Hansetag 1939. Besonders der letzte Anlaß brachte viele Fahnen und Uniformen ins Hamburger Straßenbild, denn Bürgermeister und Delegationen von 50 europäischen Hafenverwaltungen nahmen teil.

> „Wir Hamburger sind stolz auf unsere Stadt, und diesen Stolz zeigen wir den Gästen am eindrucksvollsten, wenn wir unsere Häuser ‚über die Toppen' flaggen."[1]

Das HAPAG-Schiff „St. Louis" lag bereits seit dem 10. Mai 1939 im Hamburger Freihafen beim Schuppen 76. Es wurde beladen mit Kisten der Emigranten und Lebensmittel sowie Treibstoff für die Fahrt nach Kuba. Die Mannschaft brachte das Schiff auf Hochglanz. Ab der Mittagsstunde des 13. Mai, ein Samstag, bestiegen die Passagiere – Einzelreisende und Familien – das Schiff: 388 Personen in der 1. Klasse und 511 in der Touristenklasse. Eine Besatzung von 373 Mann kümmerte sich um das Wohl der Passagiere.

Als die Passagiere am 13. Mai 1939 an Bord der „St. Louis" gingen, war das Schiff an diesen Pollern im Hafen von Hamburg vertäut. Der Schuppen 76 wurde in der Nachkriegszeit abgerissen. Heute befindet sich dort eine Container-Umsetzanlage.

Der eine oder andere Passagier wird sich noch eine deutsche Zeitung gekauft haben. Darin hat er möglicherweise mit Interesse gelesen, daß die britische Regierung eine Erklärung zur Ansiedlung von Flüchtlingen in Britisch-Guayana abgegeben hat:

> „Die britische Regierung gibt heute bekannt, daß sie bereit ist, die Ansiedlung von Flüchtlingen in Britisch-Guayana mit allen Mitteln zu erleichtern. Vor einigen Tagen hat die englisch-amerikanische Sachverständigen-Kommission, die die Ansiedlungsmöglichkeiten und Bedingungen geprüft hatte, einen Bericht herausgegeben, in dem die Ansiedlung von 3 000 bis 5 000 Auswanderern befürwortet wurde..."[2]

Trotz der Fahrt auf einem Luxus-Dampfer nach Kuba waren die Passagiere überwiegend ernster Stimmung, denn sie mußten flüchten, um den Verfolgungen der Nazis zu entkommen und um ein neues Leben beginnen zu können. Ein Leben voller Ungewißheit und eine Zukunft mit vielen Unwägbarkeiten.

Einige der Familienväter, aber auch junge Männer, waren bereits nach der Pogromnacht im November 1938 in deutsche Konzentrationslager verschleppt worden. Im Nazi-Jargon waren sie „November-Juden", die nach dem Pogrom unter der Auflage schneller Ausreise aus den Lagern entlassen wurden. In ihren Heimatorten waren sie Drangsalierungen, Beschimpfungen und Demütigungen ausgesetzt. Geschäftliche Beziehungen und private Freundschaften zerbrachen in den meisten Fällen. Jüdische Kinder durften keine öffentlichen Schulen mehr besuchen. Mitgliedschaften in Sport- oder sonstigen Vereinen wurden ihnen gekündigt, der Besuch von Theatern und Parks war verboten. Noch mußten sie den „Judenstern" nicht tragen, aber ausgegrenzt und verfemt waren sie jetzt schon. Zahlreiche Väter und Söhne hatten für das Reich im ersten Weltkrieg gekämpft. Nicht nur Häuser und Wohnungen, sondern auch die Gräber ihrer Eltern und Großeltern, Freunde und Verwandte, Orte der Erinnerungen mußten sie zurücklassen.

Nach der Beschlagnahme von Immobilien, Kunstgegenständen, Bankguthaben, Wertpapieren und der Bezahlung der Reichsfluchtsteuer blieb ihnen nicht viel. Jeder Passagier durfte 20 Reichsmark mit auf den Weg nehmen, ein klägliches Taschengeld. Es gab noch eine „Warenfreigrenze" von 1 000 Reichsmark. Hieraus erklären sich die vielen Leicas, Filmgeräte und Ferngläser der Passagiere. Verständlicherweise versuchte jeder, etwas Materielles in sein neues Leben auf Kuba oder für später in den Vereinigten Staaten mitzunehmen, gleichsam als Reservewährung für Notfälle.[3] Es konnte noch ein Bordgeld, das nur auf dem Schiff gültig war, erworben werden.

Die Passage auf der „St. Louis" kostete RM 800,- für die 1. Klasse und RM 500,- für die Touristenklasse. Darüber hinaus mußten RM 230,- hinterlegt werden, als Garantiebetrag für eine möglicherweise notwendig werdende Rückreise. Diese Vorsichtsmaßnahme der HAPAG hatte niemand von der Buchung abgehalten. Das Ziel der Flüchtlinge war, Nazi-Deutschland zu entkommen.

Frau Lici Dzialowski, 45*, die Frau eines Bankdirektors aus Liegnitz, bemerkte in einem Bericht über die Reise:

---

* Alle Altersangaben beziehen sich auf 1939.

„Wieviele ungeheure Opfer an Nervenkraft, Geld und Zeit hatte es gekostet, bis wir endlich so weit waren und am 13. Mai in Hamburg auf das Schiff gingen. Als die Anker gelichtet wurden, umarmten wir uns freudig; endlich war die schreckliche Angst von uns genommen, wir fahren in ein gastliches, freies Land, dessen Minister ausdrücklich unterschrieben hat, daß er uns alle aufnehmen wolle, wir fuhren in die Freiheit."[4]

Ein anderer Passagier hat die Gründe zur Auswanderung wie folgt beschrieben:

„Der größte Teil der Männer, welche die Reise auf der St. Louis antraten, hatte, ehe sie sich zum Auswanderungsentschluß aus ihrer Heimat durchrangen, sich immer steigernde trübe Erlebnisse. Es soll hier nicht von materiellen Dingen heute gesprochen werden, den zu Grunde gerichteten Vermögen, den vernichteten Existenzen, Steuern, die jedes Einkommen und fast jedes Vermögen auffraßen und reine Vernichtungssteuern waren. Viel wesentlicher war die immer mehr fortschreitende Diffamierung der deutschen Juden, die sich langsam aber sicher auf jedem Gebiet bemerkbar machte. Väter mußten von ihren Kindern aus der Schule hören, wie die Jugend in diesem Sinne vergiftet wurde. Das Gefühl, jeder Beleidigung schutzlos preisgegeben zu sein, ja nicht einmal die Familie davor schützen zu können, verstärkte den Ekel vor allem mehr und mehr. Dazu kamen die unfaßbaren Ereignisse des November [gemeint ist die Pogromnacht von 1938], daß Zehntausende von Männern, denen nichts anderes vorgeworfen werden konnte, als daß sie Juden waren, auf die roheste Weise verhaftet, in die Konzentrationslager getrieben und dort gequält wurden. Weder Alter, noch Gesundheitszustand schützten vor dieser systematischen Quälerei, von der sich niemand, der nicht durch diese Hölle gegangen ist, ein Bild machen kann."[5]

Diese Schilderungen der Gründe zur Auswanderung geben sehr genau die seelischen Empfindungen vieler Passagiere wider, als um 18.00 Uhr die Leinen eingezogen wurden und die „St. Louis" mit Schlepperhilfe ihre Fahrt elbabwärts begann. Die Bordkapelle spielte die traditionelle Melodie „Muß i denn, muß i denn zum Städtele hinaus…" Da und dort waren Tränen in den Augen nicht zu vermeiden, denn dieses an sich fröhliche Wanderlied wurde von den Passagieren unter diesen Umständen durchaus anders verstanden. Abgesehen davon, daß jeder Abschied Emotionen freisetzt, war das Wort „muß" absolut wortwörtlich zu nehmen, denn diejenigen Passagiere, die bereits inhaftiert gewesen waren, wurden ja nur unter der Bedingung der schnellen Auswanderung entlassen. Für sie war es eine Ausweisung, ein Davongejagtwerden aus der Heimat.

Die Vorhersage des Reichswetterdienstes bei der Abreise lautete: „Schwache bis mäßige Winde aus nordöstlichen Richtungen, wechselnd wolkig, meist trocken, nach kühler Nacht tagsüber mäßig warm." Für die deutsche Nordseeküste hatte die Deutsche Seewarte Windstärke 6 aus Nordost angekündigt. Die Hamburger Sternwarte in Bergedorf meldete um 14.00 Uhr, also vier Stunden vor der Abfahrt der „St. Louis", 17,2° C und eine Luftfeuchtigkeit von 48 Prozent bei fast bedecktem Himmel. Dies kann man getrost als erfreuliche Wetterbedingungen bezeichnen. Der 13. Mai 1939 war „Servatius", der letzte der drei „Eisheiligen". Er brachte keinen Nachtfrost und die Obstbauern im Alten Land, wie in ganz Norddeutschland, konnten aufatmen. Keine Gefahr für die Baumblüte.

Die „St. Louis" war eines von 46 Seeschiffen, die am 13. Mai 1939 den Hamburger Hafen verließen.

Kapitän Gustav Schröder

Auf der Brücke stand Kapitän Gustav Schröder, 54 Jahre alt und von schmächtiger Gestalt. Ein Gentleman und erfahrener HAPAG-Kapitän. Als die „St. Louis" auf der Elbe langsam flußabwärts fuhr, winkte er auf der Höhe von Klein-Flottbeck zum Ufer hinüber. Dort bei der Teufelsbrücke stand seine Frau Elsa mit dem 16jährigen Sohn Rolf und verabschiedete ihn und das Schiff.

Diesmal war es nicht nur das traditionelle Winken, es war ein besonderer Tag: Der 18. Hochzeitstag der Schröders. Der Morgen vor der Abfahrt begann zu Hause mit einem festlichen Frühstück mit brennenden Kerzen und Blumenschmuck. Gerne wäre Frau Elsa abends mit ihrem Mann ausgegangen. Niemand ahnte an diesem Tag, daß sich das Ehepaar erst am 1. Januar 1940 wiedersehen würde. Frau Schröder hatte keinen langen Heimweg zur Baron-Voght-Straße. Vor Kapitän Schröder lag noch eine weite und lange Reise, von deren Verlauf er am Abend des 13. Mai 1939 keine Vorstellung hatte. Irgendwie war er bedrückt, ein unbestimmbares Gefühl hatte ihn ergriffen. Er konnte aber keinen philosophischen Betrachtungen nachgehen, denn das Seemannshandwerk erforderte seine volle Aufmerksamkeit. Die Schlepper mußten verabschiedet und „sein Schiff", die „St. Louis", gerade zehn Jahre alt geworden, auf den richtigen Kurs gebracht werden. Das erste Ziel war das französische Cherbourg, wo noch 38 Passagiere an Bord kommen sollten.

Kapitän Gustav Schröder

In den Kabinen der „St. Louis" versuchten die Passagiere sich einzurichten. Jeder war überzeugt, den Atlantik nur in einer Richtung zu überqueren, nach Westen in die Freiheit. Die Hakenkreuzflagge des Schiffes erinnerte daran, daß man sich formell noch auf Reichsgebiet befand. In den Gesprächen unter den Passagieren wurde gelegentlich der Beginn der Fahrt an einem Sabbat moniert, weil strenggläubigen Juden an diesem Tage Reisen verboten waren. Andere meinten, daß der 13. nicht gerade ein Glückstag sei. Es waren unwesentliche Unterhaltungen, wie sie in Reisegesellschaften geführt werden, wenn man sich vorstellt und erste Kontakte knüpft. Schnell machten sich die Gäste mit dem Leben auf dem Schiff und dem Tagesverlauf vertraut. Kinovorführungen, Bordschwimmbad, Deckspiele und die gute Verpflegung förderten die Stimmungslage. Das war in der Tat verwunderlich, denn im Reich konnte man allerorten Schilder lesen „Juden unerwünscht" oder „Zutritt nur für Arier".
Kapitän Schröder hatte seine Mannschaft ermahnt, die Passagiere der Kuba-Fahrt als normale deutsche Gäste zu behandeln. Dies geschah auch zur Verwunderung der Flüchtlinge, die mit dem Betreten der „St. Louis" von verfolgten Juden zu umsorgten Passagieren eines HAPAG-Schiffes wurden. Dies wurde immer wieder von ehemaligen Flüchtlingen in persönlichen Gesprächen und schriftlichen Berichten bestätigt.
Auf der „St. Louis" soll während der Überfahrt nach Kuba von einem Matrosen gesagt worden sein, daß es in Havanna Schwierigkeiten bei der Ausschiffung geben könne. Das Gerücht nahm seinen Lauf. Einige Passagiere wollen schon in Hamburg ähnliches gehört haben, jedoch der Sache keine weitere Bedeutung beigemessen haben. Wetter und Verpflegung waren sehr gut, da wollte man sich die Stimmung nicht verderben lassen.
Unter der Besatzung gab es einige NSDAP-Mitglieder, die sich um den Ortsgruppenleiter Otto Schiendick scharten. Dieser wurde von einem ehemaligen Matrosen als „gräßlicher Kerl und Raufbold" bezeichnet. Es war damals allgemein üblich, daß die Überseeschiffe von überzeugten Nazi-Funktionären begleitet wurden. Schiendick arbeitete in der Touristenklasse als Steward. Wie wenig Rückhalt er bei der Besatzung hatte, zeigt die Erscheinung des „Heiligen Geistes". Er wurde von einigen Besatzungsmitgliedern über Bord geworfen und wieder aufgefischt. Ein derber Seemannsbrauch mit unzweifelhafter Aussage und pädagogischer Wirkung. Schiendick, der für die Abwehr arbeitete, ist bei Kriegsende in Hamburg umgekommen.

Das Motorschiff „St. Louis" der Hamburg-Amerika-Linie im Hamburger Hafen

Halle-Kajüte der „St. Louis"

Die luxuriöse Ausstattung der „St. Louis" mit großen Ballsälen, Speiseräumen, Bars und zahlreichen Decks verbreitete ein Gefühl der Geborgenheit und Sicherheit, die anheimelnde Atmosphäre eines erstklassigen Hotels. Für viele Passagiere war dies ihre erste Hochseereise. Kapitän Schröder hatte den Eindruck, daß sich seine Gäste wohlfühlten an Bord, zumal die Kinder, für die er ein besonderes Faible hatte.

Sol Messinger, 7, erinnert sich, daß er auf der „St. Louis" das Schwimmen lernte und deshalb fleißig das Bordschwimmbad benutzte. Dies ist ihm besonders im Gedächtnis geblieben, weil in Deutschland der Zugang zu Sportstätten für Juden verboten war.
Die Schiffsleitung machte eine neue Erfahrung in religiöser Hinsicht. Die „St. Louis" hatte einen Andachtsraum, der bei früheren Fahrten überkonfessionell genutzt wurde. Nun stellte sich heraus, daß es auf dem Schiff orthodoxe, reformierte und liberale Juden gab, die nicht zusammen einen Raum zur Andacht benutzen wollten. Kapitän Schröder genehmigte deshalb, daß der große Festsaal zusätzlich für Gottesdienste in Anspruch genommen werden durfte. Das dort befindliche Hitlerbild wurde regelmäßig vor dem Beginn entfernt. Einige der „St. Louis"-Gäste, die als Kinder an der Fahrt teilnahmen, erinnern sich noch heute an das Abnehmen und Hinaustragen des Diktatorbildes. Die Matrosen hätten sich höchste Sympathien erworben, wenn bei dieser Gelegenheit das Bild zu Boden gestürzt wäre. Auf Bitten der Passagiere bemühte sich die Küchenleitung, auch koschere Mahlzeiten anzubieten.
Insgesamt war die Stimmung an Bord stabil und friedlich. Kapitän Schröder vermerkte hierzu:
> „Schönes Wetter, reine Seeluft, gutes Essen, aufmerksame Bedienung erzeugte aber doch bald die auf langen Seereisen übliche sorglose Stimmung. Selbst kummervolle Eindrücke des Lebens an Land verblassen schnell auf See und werden zu Träumen. Ein gastliches Schiff mitten auf dem weiten Ocean und noch dazu in einer Gegend, in der ruhiges, ausgeglichenes Wetter herrscht, ist eine andere Welt."[6]

Erich Dublon, 49, aus Erfurt vermerkte in seinem Reisetagebuch (siehe Anhang „Tagebuch von Erich Dublon"):
> „Die Mahlzeiten werden in zwei Gruppen eingenommen, Früh-. und Spättisch, mit einer Stunde Unterschied. Die Mahlzeiten für

uns (1. Klasse) liegen: halb 9 Uhr Frühstück, 11 Uhr Fleischbrühe und Gebäck am Promenadendeck, um 1 Uhr das sogenannte Gabelfrühstück (bei der großen Auswahl an Speisen eine wenig zutreffende Bezeichnung), 4 Uhr Kaffee und Kuchen, halb 8 Uhr die Hauptmahlzeit und zu allem Überfluß gegen halb 11 Uhr nochmals Sandwichs. Über das, was es zu essen gibt, möchte ich mich nicht verbreiten, es übertrifft an Güte und Auswahl alle Erwartungen. Es ist wirklich so, daß man auf Schiffen wie in den allerfeinsten Hotels speist."[7]

Zwischenlandung in Cherbourg mit Kurs auf Kuba

Am 15. Mai erreichte die „St. Louis" Cherbourg und nahm weitere 38 Passagiere an Bord. Geradezu überglücklich war Frau Alice Feilchenfeld, 40, aus Breslau, die allein an Bord auf dem Weg nach Havanna war. Dort wartete ihr Mann auf sie. Die vier Kinder waren noch in einem Kinderheim in Belgien untergebracht. Bis zuletzt war unklar, ob die Landungsgenehmigungen für Kuba für die Kinder in Belgien eingetroffen waren und man die Kleinen nach Cherbourg geschickt hatte. Frau Feilchenfeld hatte bereits erwogen, die „St. Louis" zu verlassen und zu ihren Kindern nach Belgien zu fahren. Da kamen plötzlich Wolf, 11, Judith, 8, Heinz, 6 und Raphael, 2, auf sie zu. Viele der Passagiere nahmen an dieser freudigen Wiedervereinigung anteil. Familie Feilchenfeld konnte nun vereint die Fahrt zum in Kuba wartenden Vater antreten. Gegen 14 Uhr verläßt die „St. Louis" den Hafen von Cherbourg, um endgültig Kurs auf Kuba zu nehmen.
Gleichzeitig mit der „St. Louis" fuhr noch ein anderes Schiff westwärts über den Atlantik. Es war die englische „Empress of Australia" mit König Georg VI. und Königin Mary, den Eltern der heutigen Königin Elisabeth II., an Bord. Das Königspaar reiste ohne die Töchter Elisabeth und Margareth. Es war der erste Besuch eines englischen Monarchen im Dominion Kanada. Ihre Ankunft in Quebec hatte sich wegen Nebel und Eis verspätet, aber sie wurden herzlich willkommen geheißen, und ihr Schiff wurde sicher in den Hafen geleitet. Berichte über den königlichen Besuch füllten die Gazetten. In der New York Times vom 18. Mai waren viel Text und sechs Bilder den Royals gewidmet, das war damals wie heute eine Sensation. Da konnte die „St. Louis" nicht mithalten, ihre Passagiere hatten keinen derartigen Sympathie-

und Aufmerksamkeitswert. Über die Reise des englischen Königspaares berichteten auch die deutschen Zeitungen, während über die „St. Louis"-Odyssee nichts zu lesen war.

Das Bordleben hatte sich inzwischen völlig normalisiert. Die Liegestühle auf den Decks waren stets belegt. Sonnengebräunte Gesichter ließen auf Entspannung und Erholung von den aufregenden Tagen der Fahrt nach Hamburg und der Einschiffung schließen. Es herrschte allgemeine Zufriedenheit und gehobene Stimmung. Die Kinder hatten inzwischen jeden Schlupfwinkel auf dem Schiff erkundet. Gelegentlich wurden sie von den Eltern oder anderen Passagieren zur Ruhe ermahnt. In fast allen Schilderungen wurde die Reichhaltigkeit und Qualität der Verpflegung gelobt. Am 17. Mai 1939 herrschte der übliche Schiffsalltag, das Leben verlief angenehm, wie oben geschildert, im Reichsgebiet fand an diesem Tag eine Volkszählung statt.
Zuverlässige Parteimitglieder wanderten von Wohnung zu Wohnung und von Haus zu Haus, um die Fragebogen einzusammeln. Diese Besuche blieben den „St. Louis"-Passagieren erspart, denn sie hatten die Censusbogen unausgefüllt abgegeben, da sie am Stichtag nicht mehr in Deutschland wohnhaft waren. Fehlanzeige, nannte man das im Amtsdeutsch. Neben den in allen Staaten üblichen Fragen enthielt das Formular dieser Volkszählung eine Besonderheit. In den Spalten fünf bis acht sollte angegeben werden, ob einer der vier Großeltern der Rasse nach Volljude war. Danach wurde der Befragte eingestuft: Bei 4 oder 3 Juden als Großeltern war man Volljude nach den Nürnberger Gesetzen. Am 17. Mai 1939 waren dies 200 976 Deutsche. Mischlinge ersten Grades mit zwei jüdischen Großeltern waren 45 453 und als Mischlinge zweiten Grades mit einem jüdischen Großelternteil wurden 27 160 Personen ermittelt. Damals wurde in Deutschland ein Ausspruch Görings kolportiert, der gesagt haben soll „Wer Jude ist, bestimme ich" und damit einen hohen Luftwaffenoffizier quasi für arisch erklärte.
Am Sonntag, dem 21. Mai wurde auf der „St. Louis" das abgebildete Menü *(Seite 22)* in der 1. Klasse angeboten. Getreu dem Werbespruch der HAPAG „Es reist sich gut mit den Schiffen der Hamburg-Amerika-Linie".
Erich Dublon vermerkt in seinem Tagebuch an diesem Tag:
„Nichts auf dem Schiff läßt erkennen, daß es sich um ein Spezialschiff für uns handelt, die Hapag führt die Fahrt durch wie die üblichen Gesellschafts- und Vergnügungsreisen, ich kann mir

kaum denken, daß noch mehr geboten werden könnte, schade um jeden Tag, der schon vergangen ist".

Auf der „St. Louis" geschahen ungewöhnliche Dinge, von den Seeleuten als schlechtes Omen gewertet. In Kabine B-108 verstarb Professor Moritz Weiler. Seine Frau Recha wünschte seine Beerdigung in Havanna, was jedoch von den dortigen Behörden abgelehnt wurde. Deshalb wurde der Leichnam bei Sonnenuntergang vom gestoppten Schiff dem Meer übergeben. Ein „St. Louis"-Passagier vermerkte in seinem Tagebuch:

„Wenigstens ist der alte Professor nicht in der Hölle des Dritten Reiches gestorben und begraben worden."

Kurz darauf sprang ein Mitarbeiter der Küche über Bord. Die „St. Louis" stoppte erneut und suchte mit einem Motorboot nach dem Selbstmörder, allerdings ohne Erfolg. Die beiden Todesfälle drückten die Stimmung bei den Gästen und auch bei der Mannschaft. Pessimisten erinnerten daran, daß die Reise an einem Samstag, noch dazu einem 13., begann.
Am nächsten Tag ging vor Portsmouth, New Hampshire, das amerikanische U-Boot „Squalus" verloren. Da die meisten Flüchtlinge der „St. Louis" die USA als Endziel ihrer Reise ansahen, trug diese Nachricht nicht zur Besserung der gedämpften Stimmung bei. Auf dem Schiff fiel das Stimmungsbarometer weiter.
Die „St. Louis" näherte sich Kuba, die Ankunft war für den 27. Mai vorgesehen. Die deutschen Flüchtlinge hatten sich vor der Abreise in Hamburg über die Zuckerinsel informiert. Die meisten wußten jedoch nicht mehr, als in den Lexika zu lesen war. Kuba, eine 1200 km lange und zwischen 95 und 200 km breite Insel der großen Antillen, wurde 1492 von Kolumbus entdeckt und 1511 spanische Kolonie. Die Sklaverei wurde erst 1880 abgeschafft, 1901 wurde sie Republik. Die USA hatten bis 1934 ein Interventionsrecht. Der Armeechef Oberst Fulgencio Batista hatte 1933 geputscht und war seitdem die graue Eminenz der kubanischen Politik.
Welche Verhältnisse erwarteten die Passagiere der „St. Louis" auf der Zuckerinsel im Mai 1939? Bereits 1936 gründeten Jiddisch sprechende Gruppen das „Fareinigten Komitet zum Bakemfen dem Antisemtism in Kuba". Die Regierung war faschistenfreundlich eingestellt. Es hatte sich in der Bevölkerung eine antisemitische Strömung gebildet, vor allem, weil seit 1933 immer mehr Juden auf die Antilleninsel kamen.

Zwar handelte es sich um ein Kommen und Gehen, aber in den letzten Jahren waren mehr Flüchtlinge angekommen als in die USA weitergereist. Die US-Einwanderungsquote für Deutsche und Österreicher betrug damals 27 370 Personen pro Jahr. Deshalb bildete sich ein Rückstau auf Kuba. Die deutsche Botschaft in Havanna verbreitete die offizielle antisemitische Nazi-Propaganda, die von den zahlreichen spanischen Franco-Anhängern aufgenommen und in die Bevölkerung transportiert wurde. Auch die kubanischen Gewerkschaften wandten sich gegen die weitere Einwanderung von Juden, weil man eine Verdrängung der kubanischen Arbeitssuchenden und eine allmähliche Majorisierung der Wirtschaft durch Juden befürchtete. Deshalb wurden auch die örtlichen Geschäftsleute und die Plantagenbesitzer nervös. Zusätzlich vermutete man eine Infiltration von Sozialisten und Kommunisten. Diese Strömungen blieben der Regierung nicht verborgen. Im Jahre 1938 betrug der jüdische Bevölkerungsanteil auf Kuba etwa 2 500 Personen. Im Mai 1939 war die Marke 4 000 überschritten. Jetzt wurde die „St. Louis" mit weiteren 900 Juden in Havanna erwartet. Der mit den drei europäischen Faschisten Franco/Hitler/Mussolini sympathisierende Zeitungsverleger Dr. Rivero veröffentlichte am 17. Mai 1939 in seinem Blatt Avance:

> „Gegen die jüdische Invasion müssen wir mit der gleichen Energie reagieren, wie sie andere Leute auf der Welt haben."

Goebbels in Berlin wird sich darüber sehr gefreut haben.

Weder Kapitän Gustav Schröder noch die Passagiere der „St. Louis" waren darüber informiert, daß der kubanische Präsident Bru bereits am 5. Mai 1939, also vor der Abfahrt des Schiffes in Hamburg, die Landungserlaubnisse für ungültig erklärt hatte. Dies wußte man aber bei der HAPAG sowohl in Hamburg wie auch in Havanna. Die HAPAG-Zentrale hatte dieserhalb in Havanna nachgefragt und die Versicherung erhalten, daß das Dekret 937 nicht für die „St. Louis" zutreffe. Der Hintergrund des Dekrets war eine politische Intrige zwischen Präsident Bru und seinem Einwanderungs- und Tourismus-Minister Manuel Benitez. Dieser hatte über ein von ihm eröffnetes Büro mit amtlichem Anschein eine große Zahl von Landungs-Permits, die den Namen des Antragstellers trugen, ausgestellt und über kubanische Konsulate verkauft. Früher wurden diese Papiere kostenlos abgegeben, nun wurden $150 und mehr dafür verlangt. Allein für die „St. Louis" floß ein beachtlicher Betrag in die Taschen von Manuel Benitez. Der

Präsident war an diesem lukrativen Geschäft nicht beteiligt. Mag es Neid gewesen sein, die präsidiale Sorge um eine Überschwemmung mit jüdischen Immigranten, bürokratischer Ordnungssinn oder Machtdemonstration – das Dekret 937 beendete den Handel mit den Landungserlaubnissen. Die Passagiere der „St. Louis" kamen dadurch bei der Ankunft in Havanna in eine höchst unangenehme Lage. Ironie des Schicksals: die Nummer des Dekrets entsprach genau der Zahl der „St. Louis"-Passagiere.

In einem Schreiben vom 11. Mai 1939 teilte der deutsche Gesandte in Havanna dem Auswärtigen Amt in Berlin mit:
„Die neuen Bestimmungen bringen eine weitere Erschwerung der Einreise von Ausländern in Kuba und sind in erster Linie auf die Juden, die in immer größeren Mengen häufig schwarz oder gegen Bezahlung von Bestechungsgeldern hier einreisen, gemünzt. Wie ich von gut unterrichteter Seite höre, ist das Dekret zum Teil auch das Ergebnis des Neides der Staatssekretäre des Auswärtigen und der Arbeit auf den Generaldirektor der Einwanderungsbehörde Manuel Benitez y Gonzales, der bereits eine halbe Million Dollar an Bestechungsgeldern eingeheimst hat. Wie dem auch sei, die Einwanderung der Juden wird von jetzt ab in Kuba eingeschränkt werden."[8]

Weiter wurde ausgeführt:
„Verschiedene Schiffe, die bereits unterwegs sind oder vor dem Auslaufen stehen, bringen hierher Passagiere mit nach den früheren Bestimmungen ordnungsmäßig erteilten Einreisegenehmigungen. Da solche jedoch nach dem neuen, am 5. ds. Mts. in Kraft getretenen Dekret ihre Gültigkeit verloren haben, würden solche Passagiere am Landen verhindert werden. Angesichts dieses unhaltbaren Zustandes (Es sollen mit den Schiffen ‚Iberia' und ‚St. Louis' rund 1000 Juden aus Deutschland kommen, deren Heimkehr nicht in unserem Interesse liegen würde.) habe ich mich auf Antrag der hiesigen Hapag-Agentur mit der abschriftlich beiliegenden Note an den Staatssekretär Remos gewandt und ihn gebeten, die Passagiere deutscher Schiffe, die nach Habana unterwegs sind und <u>vor</u> dem 5. ds. Mts. die Einreisegenehmigungen erhalten haben, ungehindert landen zu lassen. Entsprechende Schritte sind auch vom englischen Gesandten und vom französischen Geschäftsträger unternommen worden. Im übrigen hat der

Generaldirektor der Einwanderungsbehörde in einem im beiliegenden Ausschnitt aus dem ‚Dario de la Marina' veröffentlichten Rundschreiben zur allgemeinen Kenntnis gebracht, daß die auf Grund der früheren Bestimmungen <u>vor</u> dem 5. Mai erteilten Einreisegenehmigungen noch gültig sein würden."[9]

Der Verfasser dieses amtlichen Schreibens der deutschen Gesandtschaft in Havanna sah die Dinge nüchtern. Er erweckt auch den Eindruck, daß er Informationen aus der kubanischen Kulisse hatte, die ihm die Einordnung der Zusammenhänge erleichterten und zum diplomatischen Geschäft gehörten. Er sah das Interesse Deutschlands darin, die „Judenfrage" durch Auswanderung möglichst zu lösen. In diesem Sinne versuchte er ein Agreement zu finden, das Kuba und dem Reich das Gesicht hätte wahren lassen. Ob seine Aktivitäten auch vom Auswärtigen Amt Ribbentrops oder von der Reichsregierung ebenso gesehen wurden, ist nicht mehr zu ermitteln.

Die Passagiere der „St. Louis", die Mannschaft und Kapitän Schröder waren über die Vorgänge in Havanna und deren Hintergründe nicht informiert. Lediglich gerüchteweise waren Schwierigkeiten bekannt geworden. Welcher Art diese seien und worin sie bestanden, war völlig unbekannt geblieben. Kapitän Schröder hatte selbst keinen Durchblick mehr. Er fühlte sich bei dieser Reise alleingelassen und hatte den immer stärker werdenden Eindruck, daß ihm sowohl die HAPAG in Hamburg als auch die Vertretung in Havanna wichtige Details vorenthielten. Gleichwohl war er entschlossen, als Kapitän alles für Passagiere und Mannschaft zu tun, was in seiner Macht stand. Wieweit er die Ereignisse beeinflussen konnte, lag auch für ihn im Nebel.

Die „St. Louis" befand sich am 23. Mai in der Nähe der Bermudas. Jetzt wurde Kapitän Schröder von der HAPAG in Hamburg durch ein Telegramm informiert, daß es in Havanna Schwierigkeiten gebe und möglicherweise den Passagieren die Landeerlaubnis verweigert werde. Was sollte er tun? Er entschied sich für ‚Volldampf voraus nach Kuba'.

Um die Situation beherrschbar zu halten, gründete er ein Bordkomitee, das beruhigend auf die Passagiere einwirken sollte. Wie sich später zeigte, eine hilfreiche Einrichtung. Wer käme dafür in Frage? Der Arzt Dr. Spanier, den er zunächst ansprach, lehnte ab. Schließlich gelang es ihm, berufs- und lebenserfahrene Persönlichkeiten zu gewinnen: Dr. Josef Joseph als Vorsitzenden und die Herren Arthur Hausdorff, Herbert Manasse, Dr. Max Weis und Max Zellner. Kapitän Schröder unterrichtete die Herren vertraulich vom Inhalt des HAPAG-Telegramms und versicherte ihnen, alles zu unternehmen, um seine Gäste in Havanna anzulanden.

Je näher die „St. Louis" an Kuba heranfuhr, desto stärker waren die Gedanken der Passagiere auf ihren dortigen Aufenthalt gerichtet. Es herrschte Einigkeit darüber, daß der Luxus der „St. Louis" und die Fürsorge von Kapitän und Mannschaft schmerzlich vermißt werden würden. Nur wenige Passagiere hatten in Kuba Verwandte oder Bekannte, die ihnen das Einleben erleichtern konnten und eventuell schon Quartier für sie gemacht hatten. Alle anderen würden wohl in einem Lager der jüdischen Hilfsorganisationen unterkommen. Niemand wußte, ob sich eine Gelegenheit zum Geldverdienen ergeben würde oder ob man voll auf Unterstützung angewiesen sei. Auch die Reaktion der kubanischen Bevölkerung auf die Ankunft von über 900 Juden war nicht vorhersehbar. Aus den europäischen Nachbarländern wußte man, daß heimatlose Juden keinesfalls mit offenen Armen aufgenommen wurden. Bei den Kubanern setzte man voraus, daß diese die Emigranten als Gäste auf Zeit, zur Weiterwanderung in die USA ansehen würden.

Vor der Ankunft in Havanna fand ein Abschiedsfest statt, an das sich viele ehemalige Passagiere gut erinnern. Auch die Kinder durften mitfeiern. Da das „St. Louis"-Bordgeld in kurzer Zeit wertlos sein würde, versuchten die Passagiere, den Rest auf der Feier auszugeben und damit die schönen Tage auf dem Schiff so festlich wie möglich zu beenden.

Ein ehemaliger Passagier, damals acht Jahre alt, versuchte kurz vor der Landung bei den Matrosen und seinen Eltern die Frage zu klären:

„Gibt es auf Kuba Indianer und von welchem Stamm?"

1 Hamburger Fremdenblatt, Abendausgabe 5.5.1939, S.5.
2 Hamburger Fremdenblatt, Morgenausgabe 13.5.1939, S.2.
3 Die sogenannte „Freigrenze" betrug RM 10,– für Ausreiseländer mit gemeinsamer Grenze zum Reich. Sie verdoppelte sich bei anderen Zielen, beispielsweise Seereisen nach Übersee. Hierauf weist Hilberg, Destruction, p.104, hin. Sowohl Herlin als auch Thomas berichten von RM 10,– für „St. Louis"-Passagiere.
4 Bericht von Frau Dzialowski vom 17.6.1939.
5 Brief von Heinrich Ross vom 8.7.1939.
6 Schröder, Heimatlos, S.7/8.
7 Reisetagebuch Erich Dublon von der „St. Louis"-Fahrt. Eine Kopie hatte Dublon von Brüssel nach Amerika an einen früheren Bekannten geschickt. Dort ist es 60 Jahre später aufgefunden worden. Aufbau, May 18, 2000, page 16. (Der komplette Abdruck erfolgt im Anhang S.218ff.).
8 Das Dekret vom 5. Mai 1939 hob einige Artikel des Dekrets 55 vom 13. Januar 1939 auf und bestimmte, daß alle Touristen nichtamerikanischer Nationalität, die in Kuba landen wollen, noch vor ihrer Einschiffung im Besitz von Einreisegenehmigungen der Staatssekretäre des Auswärtigen Amtes und der Arbeit neben derjenigen der Einwanderungsbehörde sein müssen. Ferner ist ein Garantiebetrag von $ 500,– zu hinterlegen.
Hier ist klar erkennbar, daß mit dem Dekret 937 ein kubanisches Visum gefordert wird und damit die „privaten" Landungsbewilligungen des Chefs der Einwanderungsbehörde ungültig sind. Dies ist nach rechtsstaatlichen Grundsätzen nicht zu beanstanden.
9 Dieser Absatz des Schreibens des deutschen Gesandten in Havanna an das Auswärtige Amt in Berlin ist für die Diskussion um die politische Einordnung der Reise der „St. Louis" von Bedeutung. Es bleibt offen, ob dies die persönliche Ansicht des Gesandten war oder die offizielle Linie des Dritten Reichs zur Auswanderung von Juden in der Vorkriegszeit. Schließlich ist noch denkbar, daß der deutsche Gesandte damals glaubte, die Linie des Auswärtigen Amtes zu vertreten, die nicht zwingend mit der Meinung Hitlers, Himmlers oder Goebbels übereinstimmen mußte.

Die USA in den dreißiger Jahren

„Die größte Gefahr geht von ihrem großen Besitz und Einfluß in unserer Filmwirtschaft, unserer Presse, Radio und unserer Regierung aus."
Rede von Charles A. Lindbergh über die US-Juden am 16. 9. 1941 in Des Moines, Iowa

„Amerikas Ablehnung der Rettung der Juden von der ‚St. Louis', unterstrichen durch ein Kanonenboot, um sie von der Küste Floridas fernzuhalten, war eine wichtige Entscheidung, die weiterführte in eine Politik der amtlichen Gleichgültigkeit für das Schicksal der europäischen Juden, Verurteilung von sechs Millionen zum Tod."
Rabbi Barry J. Konovitch, 1989

Die Wall Street vor der New Yorker Börse am „Schwarzen Freitag", 25.10.1929

Isolationismus, Fremdenfeindlichkeit, Antisemitismus

Die allermeisten Flüchtlinge aus Europa wollten in die USA emigrieren. Sei es, daß sie dort Verwandte oder Freunde hatten, oder weil sie annahmen, daß man im „Land der unbegrenzten Möglichkeiten" am schnellsten eine wirtschaftliche Existenz aufbauen könne. Man konnte aber nicht einfach ein Schiff besteigen und über den Atlantik fahren. Vorher war ein zeitaufwendiger Papierkrieg zu führen, um eine Quotennummer zu erhalten. Ferner mußte ein Bürger der Vereinigten Staaten eine Bürgschaftserklärung für die Einwanderer abgeben, damit diese nach ihrer Ankunft nicht der Allgemeinheit zur Last fielen. Seit 1924 begrenzte der „Johnson Immigration Act" die Einwanderung nach Nordamerika auf insgesamt 154 000 Personen jährlich, aufgeteilt nach Geburtsländern. Auf Deutschland entfielen 25 957 Immigranten, unabhängig von ihrer Religionszugehörigkeit oder politischen Überzeugung. Wichtig war, daß jeder Bewerber in Deutschland geboren war.

Diese Bedingungen waren allgemein bekannt und auch den Passagieren der „St. Louis" vertraut. Sie hatten den Weg nach dem vermeintlich sicheren Kuba nur deshalb gewählt, weil ihre Quotennummer für die Einreise in die USA noch nicht aufgerufen war.

Der New Yorker Börsenkrach vom 25. 10. 1929 brachte viele Amerikaner in finanzielle Bedrängnis und Armut. Er löste die Weltwirtschaftskrise aus, die global große wirtschaftliche Probleme erzeugte, welche bis in die Mitte der dreißiger Jahre nachwirkten. Durch Inflation und Geldentwertung zerfielen große und kleine Vermögen. Überall in der Welt kennzeichneten Arbeitslosigkeit, politische Instabilität, Verzweiflung und Not diese Jahre. In den USA verbreitete sich der Isolationismus.

Der Demokrat Franklin Delano Roosevelt, von 1929 bis 1932 Gouverneur des Staates New York, wurde 1933 der 32. Präsident der USA.[1] Er hatte nicht gerade ideale Startbedingungen als Nachfolger des Republikaners Herbert Clark Hoover. Durch Abwertung des Dollars und seinem „New Deal" versuchte er, der finanziellen Probleme Herr zu werden. Es ist bekannt, daß wirtschaftlich schlechte Zeiten einen guten Nährboden für Antisemitismus und Fremdenfeindlichkeit bilden. Der offene Antisemitismus im Amerika der Vorkriegszeit wurde von einigen Organisationen und Persönlichkeiten besonders gefördert.

Der bekannte Industrielle Henry Ford hatte in seiner Zeitung „The Dearborn Independent" 1920 eine Artikelserie veröffentlicht über die Protokolle der Weisen von Zion. Daraus entstand das Buch „The International Jews. The World's Foremost Problem", das in einer Auflage von 500 000 Stück veröffentlicht wurde. Ford versuchte 1927 dieses Buch, das in mehrere Sprachen übersetzt worden war, zurückzuziehen. Es hatte ihm finanzielle Nachteile beim Auto-Verkauf gebracht und sein Image beschädigt.

Dann ist auch der „KU-KLUX-KLAN" zu nennen. Das waren „weiße, nichtjüdische, in Amerika geborene Männer". Deren Anführer, der Imperial Wizard H. W. Evans, sah in den Farbigen eine geringere Gefahr als in jüdischen oder katholischen Einwanderern. Dieser Geheimbund war aber nicht die einzige antisemitische Gruppe. Der seinerzeit sehr populäre katholische Radioprediger Pater Charles E. Coughlin – 90 Prozent der Amerikaner kannten ihn – war ebenfalls judenfeindlich eingestellt. Er sorgte sich um die Reinheit der USA, die er durch zu große Einwanderung bedroht sah. In einer seiner Rundfunksendungen nannte er 1935 die Inhaber jüdischer Bankhäuser „Internationalisten, deren Gott Gold und deren Zeichen das rote Schild der Ausbeutung ist".[2] Durch seine „National Union for Social Justice" griff er auch in Wahlkämpfe ein. Eine Zeitung schrieb:

„The press, the radio, the church, the lecture platform, the schools are being used for the propagation of men like father Coughlin."[3]

William Dudley Pelley, der Sohn eines protestantischen Geistlichen, gründete die „Silberhemden", eine extrem antisemitische Organisation. Er hatte 1932 eine Vision, nach der am 30. Januar 1933 etwas sehr Wichtiges geschehen solle. Da an diesem Tag Hitler zum Reichskanzler ernannt wurde, bezeichnete Pelley dies als „Gotteszeichen".

Referend Gerald Winrod führte die „Verteidiger des christlichen Glaubens" und lobte Hitler, weil er Deutschland vor dem jüdischen Kommunismus gerettet hatte. Dann gab es noch Fritz Kuhn, den Führer des „Deutsch-Amerikanischen Bundes" sowie weitere antisemitische Gruppen. Auch einige Frauenvereinigungen waren antisemitisch eingestellt. Über die USA verstreut waren zahlreiche lokale Gruppen judenfeindlich tätig. Deshalb darf es nicht verwundern, wenn an manchen Hotels ein Schild zu lesen war „Juden und Hunde nicht erwünscht". Bei Parks oder Clubs drückte man dies etwas feiner aus: „Restricted to members and Gentiles only". Gentiles heißt Nichtjuden und ist von dem damals in Europa üblichen „Arier" nicht weit entfernt. Es gab Restriktionen in Wohnvierteln und in manchen Branchen sowie Quoten für Juden an Colleges und medizinischen Hochschulen.

Die amerikanischen Juden waren sich uneins über eine Reaktion auf die Machtergreifung Hitlers. Es wurde viel über einen Boykott deutscher Waren in den USA geredet. Einige jüdische Repräsentanten befürchteten, daß dieser den Antisemitismus in den USA und anderen Ländern fördern und eine Mißachtung der US-Regierung darstellen würde.

Die Diskussionen, die Unentschlossenheit und Uneinheitlichkeit der amerikanischen Juden wirkten auf die Öffentlichkeit eher negativ. Dr. Stephan Wise, einer der fortschrittlichen jüdischen Funktionäre, statuierte:

„Better action without unity, than unity without action."[4]

Er war der Initiator der „Stop Hitler Ralley" am 22. März 1933 im Madison Square Garden in New York, an der immerhin 20 000 Menschen teilnahmen. Damit hatte Dr. Wise der Leisetreterei und Zurückhaltung anderer jüdischer Offizieller eine Lektion erteilt und Verbündete gesammelt.

Einige der antisemitischen Gruppen gaben eigene Zeitschriften heraus, die in teils hohen Auflagen unters Volk kamen und in ihren Tendenzen dem Nazi-Hetzblatt „Der Stürmer" ähnelten. Auch wurden Pamphlete und Flugblätter verteilt, die Juden diskriminierten. Leonhard Dinnerstein hat dies dokumentiert.[5]

Beinahe harmlos wirkt das damals in den USA weitverbreitete Kinderliedchen:

„The rose is red,
The violets blue,
Everywhere you go,
There comes a Jew."

Noch im Jahre 1939, als bereits die Verfolgung der Juden in Deutschland bekannt war, sprachen sich 83 Prozent der US-Bürger gegen eine Erhöhung der Einwandererzahlen aus. Viele dieser „hundertprozentigen Amerikaner" hatten vergessen, daß ihre Vorväter selbst einmal Einwanderer gewesen waren.

Es gab aber auch einen indirekten Antisemitismus, der sich zwischen versteckter Judenfeindlichkeit, Gleichgültigkeit, Verdrängung und Ignoranz (heute würde man „Wegsehen" sagen) bewegte. Dieser Teil der öffentlichen Meinung spiegelte sich in der fremdenfeindlichen Einstellung der Gewerkschaften und der Veteranenverbände wider. Man forderte eine starke Beschränkung der Einwanderung bis Kriegsende, ja sogar deren völligen Stopp. Andere verlangten ein Verbot der Immigration nach dem Krieg. In jedem Flüchtling sah man einen Konkurrenten um die raren Arbeitsplätze. Wegen der Weltwirtschaftskrise gab es 1930 in den USA 15 Millionen Arbeitslose. Diese Zahl ging 1937 auf 7,5 Millionen zurück. 1938 näherte sich diese Meßlatte der schlechten wirtschaftlichen Lage wieder der 10-Millionen-Grenze und stieg 1939 auf 13 Millionen. Es ist nachvollziehbar, daß sich da keine besondere Freude über Einwanderer entwickelte. Der Mann auf der Straße hatte nicht die Einsicht, daß Einwanderer auch Verbraucher wären und deshalb dazu beitrügen, die wirtschaftliche Situation zu verbessern. Einwanderer wurden damals in erster Linie als Konkurrenten auf dem Arbeitsmarkt betrachtet.

In diesem Szenario ist die Haltung der US-Regierung zu sehen, als die „St. Louis" im Juni 1939 hilfesuchend vor Florida kreuzte. Die amerikanische Regierung hatte in den Vorkriegsjahren zwar die Bedrängung und Verfolgung der europäischen Juden mit einer gewissen Besorgnis registriert, sich aber stets geweigert, eine größere Zahl von Flüchtlingen aufzunehmen. Auch Anträge für die Aufnahme von Kindern stießen nicht auf Begeisterung. Präsident Roosevelt befaßte sich nicht mit an ihn gerichteten Petitionen. Diese gab er stets an das State Department weiter, das auf die Einhaltung der Einwanderungsquoten pochte und sich in Flüchtlingsfragen nicht besonders hilfreich verhielt, eher passiv und bürokratisch. Die Haltung von Roosevelt und des State Departments spiegelte sich im Kongreß wider und entsprach auch der Meinung des amerikanischen Volkes. Ein bekannter US-Historiker hat analysiert, daß drei Probleme der amerikanischen Gesellschaft in den 30er und 40er Jahren die unbefriedigende Antwort auf die Flüchtlingsfrage erklären lassen. Nämlich Antisemitismus, nationalistische Borniertheit und das Arbeitslosenproblem der großen Depression.[6] Es ist noch zu ergänzen, daß im Amerika der Vorkriegszeit auch eine weit verbreitete Furcht vor Kommunisten herrschte. Einige der eingewanderten Juden kamen aus Polen und Rußland, viele davon eher arm. Diese galten als anfällig für sozialistische und kommunistische Ideen. Da es ohnehin schon mehrere kommunistische Gruppen gab, wollte man keine weiteren „bolschewistischen Bazillen" importieren. Erwähnenswert ist noch, daß sich die bereits assimilierten und arrivierten US-

Juden von diesen mittellosen und als revolutionär geltenden Neuankömmlingen abwandten.⁷

In diesem Sinne äußerte sich ein prominenter jüdischer Funktionär zu seinen Bemühungen um die Aufnahme jüdischer Flüchtlinge:

„Sehr bald stellte sich heraus, daß die verschiedenen Regierungen nicht gewillt waren, ihre Türen generell für jüdische Flüchtlinge zu öffnen… Da waren tausend und eins Gründe für das Nichthereinlassen deutsch-jüdischer Flüchtlinge."⁸

EVIAN – Die Konferenz

Auf Anregung von Präsident Roosevelt, eine seiner seltenen Aktivitäten zugunsten der europäischen Juden, versammelten sich im Juli 1938 Delegierte aus 32 Ländern im französischen Badeort Evian. Diese Konferenz brachte keine praktischen Ergebnisse; eher die bittere Erkenntnis, daß kein Land sich zur Aufnahme von Juden bereit erklärte. Damals wurde das St.-Florians-Prinzip „Verschon mein Haus, zündt andere an" mit diplomatischem Geschick hin- und herdiskutiert. Der Kongreßverlauf war vorprogrammiert, als Roosevelt erklärte, daß die US-Einwanderungsquoten nicht erhöht würden und auch kein anderes Land zur Aufnahme von Flüchtlingen gezwungen werde. Die Delegierten übten sich in mehr oder weniger eleganten Erklärungen, warum gerade ihr Land keine weiteren Flüchtlinge aufnehmen könne. Am ehrlichsten war die Argumentation Australiens, daß es bisher kein „Rassenproblem" habe und es deshalb nicht importieren wolle. Als mögliche Ansiedlungsgebiete für Juden wurden vornehmlich afrikanische Staaten vorgeschlagen, wie Äthiopien, Angola, Kenia, Madagaskar, aber auch Rußland, Alaska, Venezuela, Mexiko oder die Philippinen. Als „Ergebnisse" dieser 10tägigen Konferenz, die der Erleichterung der Auswanderung von Flüchtlingen aus Deutschland und Österreich dienen sollte, sind zu nennen:

1. Angebot der Dominikanischen Republik, landwirtschaftliche Flächen zur Ansiedlung von Juden bereitzustellen.
2. Einrichtung einer internationalen Organisation zur Lösung des Flüchtlingsproblems, des Intergovernmental Committee on Refugies in London.

Ein pfiffiger Journalist entdeckte damals, daß EVIAN rückwärts gelesen NAIVE ergab. Er hatte damit eine zutreffende Bezeichnung für diese Alibi-Veranstaltung kreiert und gleichzeitig die bittere Wahrheit der Ignoranz, Interesselosigkeit und Hartherzigkeit der nichtfaschistischen Staaten zur Rettung des europäischen Judentums karikiert. Den Nazis bot Evian eine willkommene Propagandagelegenheit, wie sie Hitler in seiner Reichstagsrede vom 30.1.1939 als „beschämendes Schauspiel" benutzte.⁹

„Trost für einen Judenfreund"

Zeichnung: Fr. Scherer
„Nicht weinen, Onkel Sam, du kannst sie alle, alle haben!"

Völkischer Beobachter, 13. November 1938

Es war ohnehin ein dilettantischer Gedanke, Tausende von deutschsprachigen Juden in Gebiete mit unterentwickelter Infrastruktur, etwa Äthiopien oder Madagaskar, zu bringen. Diese Immigranten aus einer voll entwickelten Volkswirtschaft, zudem in der Mehrzahl aus deren oberen Mittelschicht stammend, wären in eine Art Ghetto gelangt, wie es übrigens die Nazis einige Zeit später ebenfalls planten. Ehemalige jüdische Geschäftsinhaber würden sich gegenseitig Herrensocken und Damenkostüme verkaufen oder vertauschen, die zahlreichen Ärzte und Rechtsanwälte sich wechselseitig behandeln und beraten. Umgeben von Menschen anderer Hautfarbe und kultureller Prägung und Sprache, von den klimatischen Bedingungen einmal völlig abgesehen. Was für ein Szenario! Eine erfolgreiche Eingliederung der jüdischen Emigranten hätte doch wohl nur in einer dem Herkunftsland ähnlichen wirtschaftlichen Umgebung stattfinden können. Derartige Verhältnisse waren damals in den USA, Kanada, Australien und natürlich auch in europäischen Staaten vorhanden. Gerade von diesen Ländern kamen zwar zahlreiche Diskussionsbeiträge, leider keine realisierbaren Vorschläge. Da gab das Angebot aus der Dominikanischen Republik mit landwirtschaftlichen Flächen noch eher einen Sinn. Für jüngere Flüchtlinge wäre dies eine Herausforderung zu einem Pioniertum gewesen, wie es später in Israel sehr erfolgreich verwirklicht wurde.

Das Intergovernmental Committee on Refugies (IGCR oder ICR) nahm in London seine Arbeit auf und verhandelte nicht nur mit potentiellen Aufnahmeländern, sondern auch mit dem Deutschen Reich. Der Präsident der Reichsbank Hjalmar Schacht konferierte in London im Dezember 1938 mit Lord Bearsted, Lord Winterton und dem Amerikaner George Rublee aus New York. Schacht argumentierte gegenüber seinen Gesprächspartnern, „daß die Juden keine Zukunft in Deutschland haben. Sie werden ausgetrieben und verfolgt, wenn sich nicht etwas ändert. Alleine aus Gründen der Humanität ist es wünschenswert, daß einiges unternommen wird." Der Schachtplan sah vor, daß die jüdischen Vermögen in Deutschland gesperrt und als Sicherheit für eine 25jährige internationale Anleihe zu sehen seien. Gleichzeitig sollte die Auswanderung von 400 000 Juden und Mischlingen (non Aryans) aus dem Reichsgebiet in drei bis fünf Jahren erfolgen.[10]

Es sah so aus, als ob Schachts Diskussionspartner an seinem Plan, der später auch Rublee-Plan genannt wurde, interessiert waren. Hitler hatte Schachts Vorschläge akzeptiert und ernannte ihn zum Sonderbeauftragten für die Förderung der jüdischen Auswanderung, sehr zum Mißfallen Ribbentrops, der sich mit seinem Auswärtigen Amt übergangen fühlte.[11] Am 20.1.1939 wurde Schacht von Hitler entlassen, weil sich der Reichsbankpräsident geweigert hatte, die Notenpresse in Deutschland stärker in Tätigkeit zu setzen. Schacht, von 1934 bis 1944 Reichsminister, kam anschließend in ein Konzentrationslager. Er überlebte die Haft und wurde nach dem Krieg vom Internationalen Militärtribunal in Nürnberg freigesprochen. In seiner Schlußrede behauptete er, daß die Westmächte im Dezember 1938 die damals bestehende Chance zur jüdischen Auswanderung aus Deutschland nicht genutzt hätten. Wortwörtlich sagte er:

„Wäre sie durchgeführt worden, so wäre kein einziger deutscher Jude ums Leben gekommen."[12]

Schachts Nachfolger Helmuth Wohltat vom Reichswirtschaftsministerium setzte die Verhandlungen fort. Es gelang nicht einmal eine beschränkte jüdische Auswanderung nach Rhodesien und Britisch-Guayana, geschweige denn den Madagaskar-Plan zu realisieren. Auch der Treuhandfond, der die geregelte Ausreise der deutschen Juden aus dem Reich sichern sollte, kam nicht zustande. Durch den Ausbruch des zweiten Weltkrieges kam die Arbeit des ICR praktisch zum Erliegen. Inzwischen hatte Sir Herbert Emerson die Leitung dieser Behörde übernommen. Erst kurz vor Kriegsende wurde das ICR wiederbelebt, als War Refugee Board.

Wer wollte die noch etwa 200 000 deutschen Juden aufnehmen, sei es temporär oder als Immigranten? Diese Voraussetzung zur Rettung der deutschen Juden wurde in London und Washington kaum ernsthaft diskutiert, wenn, dann oberflächlich, lieblos und eher desinteressiert. Es fehlte an engagierten Persönlichkeiten, die durch ihr Charisma und ihre hochrangigen Verbindungen ihre Überzeugungen auf die Regierungen und die Öffentlichkeit übertragen hätten. Dieses Schweigen und die daraus abzuleitende Ignoranz begünstigte die Nazi-Propaganda und ermutigte die Nazis zu ihren späteren unglaublichen Planungen und Verbrechen. Die Behandlung der „St. Louis" ist hierfür ein tragisches Beispiel. Es gab viele Worte, jedoch keine entschlossenen Taten, als dieses Schiff mit den verzweifelten Passagieren vor Kuba und Florida kreuzte.

Der Deutsch-Amerikanische Bund hatte zum Geburtstag von George Washington am 22. 2. 1939 in den Madison Square Garden geladen. Die 19 000 Teilnehmer waren in antisemitischer Stimmung, etwa 400 Nazi-Uniformen und viele Hakenkreuzfahnen wurden gesichtet. Es wurden Parolen geschrieen wie

„Beendet die jüdische Vorherrschaft im christlichen Amerika"
oder
„Erwache Amerika, zerschmettere den jüdischen Kommunismus".

Die bekannte Publizistin Dorothy Thompson wurde von uniformierten Versammlungsteilnehmern umringt und hinauskomplimentiert. Für die Journalistin Thompson war dies nichts Ungewöhnliches. Hitler hatte ihr 1932 im Hotel Kaiserhof in Berlin ein Interview gewährt. Sie stufte ihn damals als unbedeutend ein. Diese Fehleinschätzung nahmen ihr die Nazis übel, und ihre amerikanischen Presse-Kollegen warfen ihr dies mehrmals vor. Als sie 1933 wieder in Deutschland war und die beginnenden Verfolgungen kritisierte, zog sie sich das Mißfallen der Nazis zu. Bei einem erneuten Deutschland-Besuch im August 1934 wurde sie nach wenigen Tagen aus dem Reich nach Paris abgeschoben.[13] Hieran mag sich Dorothy Thompson 1939 erinnert haben, als sie aus dem Madison Square Garden hinausgedrängt wurde, der von zahlreichen US-Polizisten geschützt war. Von draußen hörte sie noch Heil-Rufe. Sollten sich deutsche Emigranten in diese Veranstaltung verlaufen haben, so müssen sie sich gefühlt haben wie vordem im Reich. Der einzige Unterschied war, daß hier Englisch gesprochen und gebrüllt wurde.

Ein weiterer Beleg für die Einstellung der amerikanischen Regierung und des Kongresses ist das Schicksal des „Wagner-Rogers-Bill". Als Reaktion auf die „Reichskristallnacht" schlugen Senator Robert F. Wagner aus New York und die Kongreßabgeordnete Edith Rogers aus Massachusetts ein Gesetz vor, das 20 000 deutschen Flüchtlingskindern 1939 und 1940 die Einreise ermöglichen sollte. Diese Kinder wollte man nicht auf die deutsche Einwandererquote anrechnen, sie in Familien unterbringen und nicht beruflich tätig werden lassen. Es gab Befürworter für dieses humanitäre Vorhaben, leider aber auch Gegner mit zahlreichen echten und konstruierten Argumenten. Politisch schädlich war, daß während der Beratungen das britische Weißbuch über die Beschränkung der Zuwanderung nach Palästina veröffentlicht wurde. Das Vorhaben hätte nur dann eine Zustimmung erhalten, wenn die 20 000 Kinder – nicht nur jüdischen Glaubens – voll auf die deutsche Quote angerechnet worden wären. Dies wiederum hätte bewirkt, daß 20 000 deutsche Flüchtlinge, die bereits eine Quotennummer besaßen, zurückgestellt worden wären. Das konnte Wagner nicht verantworten, weshalb er seinen Antrag zurückzog.[14]

Hierzu ein amerikanischer Kommentar: „Es wurde von derselben fremdenfeindlichen nationalen Stimmung, derselben Zurückhaltung im Kongreß und der Verwaltung und denselben verhaltenen jüdischen Stimmen verhindert, die auch nicht helfen wollten, die Flüchtlinge der ‚St. Louis' zu retten."[15]

Die Ablehnung des „Wagner-Rogers-Bill" und die Zurückweisung der „St. Louis" fanden etwa zur selben Zeit statt. Die Passagiere des Schiffes hatten keine Informationen über die Vorgänge im Kongreß; sie hofften noch insgeheim, doch noch an Land gehen zu können.

1. 1933 war ein wichtiges Jahr für drei unterschiedliche Persönlichkeiten: Batista putschte in Kuba, Hitler wurde Reichskanzler in Deutschland und Roosevelt Präsident der Vereinigten Staaten.
2. Medoff, Defeasing, p. 19.
3. NYT, March 17, 1935, p. 34.
4. Opinion, June 1933, p. 4, The Price of Unity; Medoff, Defeasing, p. 29.
5. Dinnerstein, Antisemitism, p. 141.
   „A Christmas Poem"
   Oh little town of Bethlehem
   For Christmas gifts see Abraham
   At Christmas get a tree of pine
   And buy the balls from Silverstein.
   Down the chimney Santa drops
   With toys bought from Isaac Blatz.
   Ring out the old, ring the New
   And help fatten up some dirty Jew.
   Hark! The herald angels sing,
   Buy from Katz a diamond ring.
   Our savior was born on Christmas day
   Levy gives you six months to pay.
   Peace on earth, good will to many
   Hock your things with Uncle Benny.
   Silent Night! Holy Night!
   Damned if I don't think Hitler's right.
6. Wyman, Paper Walls, p. 8.
7. Die US-Einwanderungsquoten betrugen für die Sowjetunion 2712 und für Polen 6254 jeweils in diesen Ländern geborenen Personen jährlich.
8. Goldmann, Autobiography, p. 170.
9. Domarus, Hitler-Reden, S. 1056.
10. Sherman, Island Refugee, p. 198.
11. Weizsäcker, Memorandum 20.12.1938.
12. Reitlinger, Endlösung, S. 23; Schacht, Abrechnung, S. 24.
13. Lipstadt, Beyond Belief, p. 29.
14. Morse, While Six Million Died, p. 253 ff.
15. Lookstein, Brothers Keeper, p. 100.

Blick auf Havanna

Kuba und die USA weisen die „St. Louis" ab

Vor den Bedrängern rette den Bedrängten,
und Recht zu richten sei dir nicht zuwider.
Jesus Sirach, 4,9

Wohin mit den Juden, falls tatsächlich welche gerettet werden könnten? Kein Land wollte sie aufnehmen, wie sich zwischen 1933 und 1941 gezeigt hatte, als es verfolgten Juden noch freistand, den Nazi-Machtbereich zu verlassen.
David Wyman, 1984

The refugee ship was the St. Louis, a German liner, carrying 900 fleeing Jews, who had been refused entry by the Cuban government. Before turning back to Europe, the ship sailed for a week through Caribbean waters and along the Florida coast. The lights of American cities were visible from on board.
David Wyman, 1984

Pfingsten 1939, die „St. Louis" in der Bucht von Havanna

Am Pfingstsamstag, dem 27. Mai, warf die „St. Louis" in der Bucht von Havanna Anker. Das Anlegen am Hafenpier war ihr untersagt worden. Dies war für Kapitän Schröder sehr ungewöhnlich; um die Situation nicht zu verschärfen, fügte er sich aber der Anordnung der Hafenbehörde. Zu diesem Zeitpunkt wußte er noch nicht, daß der kubanische Präsident Bru die Abfertigung des Schiffes verboten hatte. Auch die Passagiere hatten keine Informationen über die wirkliche Lage. Im Gegenteil, erfüllt von Freude über die Ankunft in Havanna begann man, das Handgepäck an Deck zu bringen. Im Festsaal hatten sich die Passagiere versammelt und defilierten an zwei kubanischen Hafenärzten vorbei. Gegen 10 Uhr begannen Beamte der Einwanderungs- und Zollbehörde, die Pässe zu prüfen und zu stempeln. Diese Aktion wurde abgebrochen, die Kubaner verließen die „St. Louis". Das HAPAG-Schiff war von Polizeibooten umgeben und eine Polizeimannschaft auf dem Schiff verhinderte ein unkontrolliertes Von-Bord-gehen. Die Situation war nicht erfreulich, irgendwie erinnerte sie an ein Prisenkommando, das ein Schiff aufbrachte.

Inzwischen hatten sich zahlreiche kleine Boote mit Händlern und Verwandten der Passagiere um die „St. Louis" versammelt. Man versuchte in Kontakt zu den Flüchtlingen zu kommen, was nicht einfach war, denn die Polizeiboote drängten die kleinen Besucherschiffe immer wieder ab. Die Passagiere wunderten sich zunächst, daß die erwartete Ausschiffung nicht zügig anlief, schließlich lernten sie das spanische Wort „mañana"= morgen, nichts überstürzen, mañana.

Am Nachmittag kam ein uniformierter kubanischer Beamter an Bord und holte vier kubanische Passagiere sowie Frau Meta Bonné und ihre zwei Kinder in eine Barkasse. Frau Bonné erzählte 60 Jahre später, daß ihr damals in Kuba auf seine Familie wartende Mann Martin durch eine Beziehung zum Bürgermeister von Havanna kubanische Visa erhalten konnte. „An diesem Abend sah ich meinen Mann zum erstenmal weinen." Auf der „St. Louis" war damals ein allgemeines Rätselraten über diese Sonderaktion entstanden. Ein guter Nährboden für Gerüchte aller Art. Positiv wurde vermerkt, daß nun wenigstens einige Passagiere an Land gekommen seien. Irgendwie ein Hoffnungszeichen, mañana! Mit gemischten Gefühlen, Ernüchterung, Enttäuschung und auch Hoffen begann Pfingsten 1939 auf der „St. Louis".

Kapitän Schröder war gleichermaßen erzürnt und verunsichert. Derartiges war ihm noch nie begegnet. Niemand gab ihm klare Auskünfte, weder die HAPAG noch die Kubaner. Als erfahrener Schiffsführer wußte er natürlich um die großen Mentalitätsunterschiede, und er kannte auch die Hilfsmittel, um gegen das „mañana" anzugehen. Er sah es als die Pflicht der HAPAG an, durch angemessene Zuwendungen die Situation günstig zu gestalten. Bei ihm hatten sich Zweifel gebildet, ob man in Hamburg und auch in Havanna genügend Energien und Einflüsse aufgewendet hatte. Er hörte immer nur von Schwierigkeiten und Problemen, worin diese bestanden, hatte ihm bisher niemand erläutert.
Der Pragmatiker Schröder setzte darauf, daß nach dem Pfingstwochenende alles einen positiven Gang nehmen würde. Diese Einschätzung entsprach der allgemeinen Lebenserfahrung und wohl auch der kubanischen Mentalität.
Bereits während der Fahrt hatte Kapitän Schröder erfahren, daß noch zwei andere Flüchtlingsschiffe auf dem Wege nach Kuba seien. Die britische „Orduna" und die französische „Flandre". Die HAPAG in Hamburg hatte Kapitän Schröder dringend darum gebeten, möglichst vor den beiden anderen Schiffen anzukommen. Man erwartete hiervon eine zeitliche Priorität bei der Abfertigung. Obwohl durch die beiden Todesfälle an Bord einige Stunden verlorengegangen waren, gewann die „St. Louis" die Wettfahrt. Dies stärkte Schröders Selbstvertrauen, er war stolz auf seine Mannschaft. Von den beiden anderen Schiffen durften diejenigen Passagiere an Land, die kubanische Visa in den Pässen hatten und somit vom Dekret 937 nicht betroffen waren. Die Kapitäne der „Orduna" und „Flandre" fuhren bald wieder ab, in der Hoffnung, die restlichen Flüchtlinge in anderen südamerikanischen Häfen anzulanden, was jedoch mißlang.

Die New York Times berichtete von einem wachsenden Druck gegen die jüdische Einwanderung nach Kuba, angefacht von Kampagnen in Presse und Radio. Dadurch wurden strenge Vorschriften von der Regierung erlassen. Der Arbeitsminister Juan D. Portuondo hat die Einstellung aller Einwanderung gefordert, besonders von Zentral-Europa, Westindien und Japan. Es wurde geschätzt, daß damals 5 000 jüdische Flüchtlinge in Kuba waren.[1]
Die US-Botschaft in Havanna zog in ein neues Gebäude in der Prado Promenade, das dem früheren Präsidenten Miguel Mariano Gomez

gehörte. Gute Verbindungen können nicht schädlich sein. Indes war die Botschaft durch den Umzug kaum erreichbar.[2]

Der Pfingstsonntag, 28. Mai, verlief ruhig an Bord. Die Passagiere hatten eingesehen, daß während dieses Wochenendes kaum mit einer Ausschiffung zu rechnen sei. Die kleinen Boote mit Verwandten umkreisten täglich die „St. Louis", stets zurückgedrängt von den Polizeischiffen. Einige der Besucher hatten ihre Angehörigen auf dem Schiff erkannt. Obwohl eine sprachliche Verständigung nur schwer möglich war, erreichten doch einige der in Havanna kursierenden Gerüchte die „St. Louis", was nicht zur Beruhigung der Lage beitrug. Von der Verweigerung der Landung und der Forderung auf Abfahrt der „St. Louis" wurde gemunkelt. Wie bei Gerüchten üblich, war auch hier etwas Wahrheit enthalten. Tatsächlich hatte der kubanische Präsident die Abfahrt der „St. Louis" gefordert.

Am Pfingstmontag, 29. Mai, wurde die kubanische Abfahrtsforderung für die „St. Louis" um zwei Tage verlängert. Auf dem Schiff war sie zu diesem Zeitpunkt noch nicht bekannt. An diesem Tag kamen einige Besucher an Bord. Als erster erschien Dr. Max Aber, ein Arzt aus Berlin, der in Havanna auf seine beiden alleinreisenden Töchter Evelyne, 5, und Renate, 7, gewartet hatte. Durch Vermittlung des kubanischen Verteidigungsministers General Rafael Montalvo durfte er seine beiden Kinder vom Schiff holen. Sowohl Kapitän Schröder, wie auch Passagiere versuchten, von Dr. Aber Informationen zu erhalten. Dieser war wenig gesprächig, wohl auch um seine Sonderstellung nicht zu gefährden.

Durch die Fürsprache und Garantie von Kapitän Schröder durfte der aus New York gekommene Sohn des auf der Fahrt verstorbenen Professors Weiler kurz mit seiner Mutter sprechen. Seine Hoffnung, die Mutter mit an Land nehmen zu dürfen, erfüllte sich nicht. Dann kamen zwei sehr unterschiedliche Herren auf die „St. Louis". Milton Goldsmith, der Fürsorgedirektor der jüdischen Organisation in Havanna und Robert Hoffmann, der stellvertretende HAPAG-Direktor und deutsche Abwehrchef in Kuba. Ersterer versuchte, die Passagiere zu beruhigen und traf sich mit dem Bordkomitee, das ihn mit Fragen bestürmte. Er hatte einen schweren Stand, denn die ständigen Verzögerungen, Beruhigungen und Zusprüche von außen hatten ein großes Unruhe- und Unsicherheitsgefühl bei den Flüchtlingen erzeugt. Warum sprachen alle von Hoffnung und Zuversicht, während man auf der „St. Louis" festgehalten wurde? Warum durften sie nicht an Land?

Wieso sollten die teuer bezahlten Landegenehmigungen nicht mehr gültig sein? Warum durften einige Mitreisende an Land? Fragen über Fragen, die Milton Goldsmith weder beantworten konnte, durfte oder wollte. Deshalb trug sein Kommen keinesfalls zur Beruhigung der Situation bei. Robert Hoffmann traf sich ebenfalls kurz mit dem Passagierkomitee. Obwohl er wahrscheinlich bestens über die Lage der „St. Louis" informiert war, gab er keine verwertbaren Details preis. Kapitän Schröder erklärte er, daß er für die deutsche Abwehr des Admiral Canaris tätig sei. Er bat dringend darum, daß mit den Landurlaubern der Besatzung der NSDAP-Ortsgruppenleiter Schiendick nach Havanna kommen dürfe. Schröder, der eher unpolitische Kapitän, war in höchstem Maße darüber verärgert, daß mit seinem Schiff nun auch noch Spionagematerial befördert werden solle. Er konnte praktisch nichts dagegen unternehmen, darauf hatte ihn Hoffmann hingewiesen. Noch auf dem Schiff übergab Hoffmann an den Kurier Schiendick einige Microfilme zum Transport nach Deutschland. Sie waren aus den USA herausgeschmuggelt worden.

Kubaner und Spanier, zusammen 15 Passagiere, durften das Schiff verlassen. Dies erzeugte wieder Hoffnung unter den Zurückgebliebenen. Mañana, möglicherweise konnte nun jeden Tag eine Handvoll der Festgehaltenen an Land? Ein Teil der Mannschaft durfte einige Stunden nach Havanna, unter ihnen Schiendick, der sich im HAPAG-Büro weiteres Material abholte und es durch den kubanischen Zoll bringen konnte. Jeder Matrose erhielt einen Dollar Landgeld.

30. Mai, Dienstag nach Pfingsten. Alle Passagiere warteten gespannt darauf, was sich nun ereignen würde. In Havanna hatte man inzwischen bemerkt, daß das Interesse der Weltöffentlichkeit für das Schicksal der „St. Louis" wachgeworden war. Zahlreiche Telegramme waren im Präsidentenpalast eingegangen: pro und contra. Radio- und Zeitungsreporter kamen auf die Insel und verbreiteten recht unterschiedliche Informationen, so daß nicht nur an Bord des Schiffes die Nachrichtenlage sehr konfus wurde. In einer Sondersitzung des Kabinetts bekräftigte Präsident Bru, keine Juden mehr an Land zu lassen. Er forderte weiterhin die Abfahrt der „St. Louis". Interessanterweise hatte der Armeechef Batista bisher zur Affäre geschwiegen. Wegen „Krankheit" war er nicht erreichbar, der heimliche Präsident hielt sich im Hintergrund. So gingen alle Entscheidungen auf das politische Konto Bru's, der dann auch die nächsten Präsidentenwahlen verlor. Sein Nachfolger hieß ab 1940 Batista, der nunmehr „offizieller" Präsident wurde.

Aus New York hatte das Joint Distribution Committee (JOINT) den bekannten Rechtsanwalt Lawrence Berenson, 48, und die energische Celia Robowski vom National Coordinating Committee nach Havanna gesandt. Berenson hatte schon früher Verbindungen zu Havanna und besonders zu Batista. Deshalb richteten sich alle Erwartungen auf das Verhandlungsgeschick des prominenten Anwalts. Es waren die Hoffnungen der amerikanischen Juden und der deutschen jüdischen Flüchtlinge auf der „St. Louis".

Auf dem Schiff ereigneten sich zwei Verzweiflungstaten. Der Rechtsanwalt Max Loewe, 48, aus Breslau schnitt sich die Pulsadern auf und sprang über Bord. Heinrich Meier, ein Matrose der „St. Louis", setzte ihm nach und zog den sich heftig Wehrenden auf eines der kubanischen Polizeiboote. Dieses brachte den Lebensmüden in das Calixto Gareia Krankenhaus in Havanna, wo er überlebte. Die Passagiere sammelten für den mutigen Retter RM 150, ein beachtlicher Betrag der Anerkennung für den jungen Matrosen. Kapitän Schröder beantragte die Ausschiffung für Frau Loewe und ihre beiden Kinder. Die kubanischen Behörden lehnten ab, obwohl die Familie ein Affidavit zur Weiterreise in die USA besaß. Der alleinreisende Münchner Arzt Dr. Fritz Hermann, 51, unternahm einen Selbstmordversuch in seiner Kabine. Er konnte durch die Aufmerksamkeit eines Stewards vom Schiffsarzt Dr. Glauner gerettet werden.

Diese beiden Vorfälle waren äußere Zeichen der Verzweiflung, die sich auf der „St. Louis" verbreitet hatte und die langsam in nackte Wut überging. Man fühlte sich gedemütigt und verlassen, dazu noch auf dem Schiff festgehalten im Angesicht der Stadt Havanna, auf die sich alle Hoffnungen der Flüchtlinge konzentriert hatten. Die tropischen Temperaturen trugen ebenfalls zur allgemeinen Niedergeschlagenheit bei. Auch die kleinen Boote, mit denen täglich Angehörige und Freunde die „St. Louis" umkreisten, brachten keine Hoffnungsbotschaft. Eher die Erkenntnis, daß man sich auf einem schwimmenden Gefängnis befand, in das keine Besucher durften. Wer besaß den Schlüssel zum Ausgang?

Kapitän Schröder, der sich nach wie vor voll für seine Gäste verantwortlich fühlte und sehr stolz auf seinen Matrosen Heinrich Meier war, beriet sich mit dem Bordkomitee. Man beschloß, eine Schiffswache aus 36 jungen Passagieren zu bilden. Diese sollten durch Patrouillen rund um die Uhr weitere Verzweiflungstaten verhindern. Auch die kubanischen Polizisten an Bord wurden verstärkt. Trotzdem gelang es zwei amerikanischen Reportern, auf das Schiff zu gelangen. Offenbar wollten sie über den bedauerlichen Fall Loewe berichten. Einige Passagiere verhinderten dies, Kapitän Schröder wies die Eindringlinge von der „St. Louis".

Am 31. Mai sandten über 300 Frauen und Kinder eine Bittschrift an die Frau des kubanischen Präsidenten.

Das Telegramm hatte folgenden Wortlaut:

> „An die Frau des Präsidenten von Cuba in Habana! 389 unglückliche heimatlose Frauen und 105 Kinder des MS St. Louis bitten in letzter Stunde inständigst um den Beistand Ihrer Exzellenz, damit die Passagiere der St. Louis baldigst eine Zuflucht in Cuba erhalten, um von da ihre Weiterwanderung antreten und sich mit den dort bereits befindlichen Angehörigen wieder vereinigen zu können. Die traditionelle Humanität Ihres Volkes und Ihrer Exzellenz mitfühlendes Frauenherz erfüllt uns mit der Hoffnung, daß unsere flehentliche Bitte erhört wird. Für die Frauen der St. Louis:
> Frau Bella Weis, Frau Gertrud Zellner, Frau Emmi Manasse, Frau Grete Hausdorff, Frau Lilli Joseph."

Wahrscheinlich ist auch dieser Hilferuf ins Leere gegangen, zumindest ohne Antwort geblieben.

Auf der „St. Louis" gab es noch einen Besuch vom Festland. Hilde Reading, eine deutsche Jüdin, die schon in Havanna war, konnte durch Vermittlung des kubanischen Außenministers Juan Remos ihre Eltern auf dem Schiff besuchen und ihnen $ 1 700 übergeben. Diese Summe rettete später beider Leben, weil sie damit in Belgien im Untergrund die Zeit der deutschen Besatzung überstehen konnten.

Ein neues Gerücht machte auf dem Schiff die Runde. Es war bekannt geworden, daß für die Rückreise nach Hamburg 300 Plätze ab Havanna gebucht waren. Deshalb entstand die Spekulation, daß 300 Flüchtlinge an Land dürften, um Platz für die neuen Passagiere zu machen. Nun entstanden die wildesten Theorien, wer wohl diese 300 Glücklichen sein würden. Frauen mit Kindern, Familien, Alleinreisende, junge oder ältere Personen? Außer Diskussionen und Aufregungen wurde nichts aus dieser Möglichkeit, sie platzte wie eine Seifenblase.

Wahrscheinlich wurde auf der „St. Louis" nicht bemerkt, daß aus Bremen der deutsche Dampfer „Iller" im Hafen angekommen war. Die kubanischen Einwanderungsbehörden verboten den 12 Flüchtlingen von Bord zu gehen.[3]

Hierdurch ist belegt, daß sich das Dekret 937 nicht nur auf die „St. Louis" mit ihrer großen Zahl von jüdischen Flüchtlingen bezog, sondern generell und ohne die auf der Zuckerinsel denkbaren Ausnahmen angewandt wurde. Dies war ja schon durch die Behandlung der „Orduna" und „Flandre" erkennbar geworden.

Was geschah sonst auf der Welt? In New York war bereits am 30. April „The World's Greatest World's Fair" von Präsident Roosevelt auf dem Platz der vier Freiheiten: Presse-, Rede-, Versammlungs- und Religions-Freiheit, eröffnet worden. Dr. Albert Einstein sollte eine Rede über kosmische Strahlen halten, nicht länger als fünf Minuten und für Laien verständlich. Er wollte diesen Auftrag wieder zurückgeben. Schließlich kürzte er sein Referat auf 700 Worte und erhielt großen Beifall. Die US-Zeitungen berichteten über die Weltausstellung täglich in Wort und Bild. Besonders ausführlich waren die Reportagen über ausländische Prominente, welche die jeweiligen nationalen Pavillons eröffneten. Am Nachmittag des 31. Mai wurde in New York eine Rekordtemperatur von 92° F (33° C) gemessen, der heißeste Tag des Jahres 1939.[4]

Kapitän Schröder versucht eine Lösung zu erreichen

Am Donnerstag, dem 1. Juni, entschloß sich Kapitän Schröder, in Zivil an Land zu gehen. Als Schiffsführer wollte er versuchen, an den kubanischen Präsidenten zu appellieren und auf dessen und die eigene Verantwortung für die Passagiere und die Zustände an Bord hinweisen.
An Land beauftragte er einen Rechtsanwalt, gegen die kubanische Regierung zu klagen – ein sinnloses Unterfangen, entstanden aus der Verzweiflung. Dem Rechtsbeistand sagte er: „Meiner Meinung nach wäre das Verhalten der Regierung vergleichbar dem eines Mannes, der einen Gast zum Essen einlädt und ihn bei seiner Ankunft erst auf dem Vorplatz warten und dann hinauswerfen läßt."[5]
Kapitän Schröder glaubte, durch seine persönliche Intervention Bewegung in die Angelegenheit bringen zu können. Der Präsident empfing ihn nicht und ließ ihm ein Schriftstück aushändigen:
> „Der Aufenthalt der ‚St. Louis' im Hafen von Habana gefährdet die öffentliche Ordnung. Aus diesem Grunde sieht sich die Regierung gezwungen, außerordentliche Maßnahmen zu ergreifen. In Aus-

übung der Befugnisse, die mir die Gesetze einräumen, beschließe ich:

Die ‚St. Louis' hat den Hafen noch am selben Tag zu verlassen. Falls dieser Aufforderung nicht nachgekommen wird, erhalten die Streitkräfte der Kriegsflotte Befehl, den Dampfer mit den an Bord befindlichen Passagieren aus den Hoheitsgewässern der Nation zu bringen. Jede Person des besagten Schiffes, die illegal von Bord geht, wird festgenommen und durch Staatsgewalt auf den Dampfer zurückgebracht.

Erlassen im Präsidentenpalast von Habana am ersten Juni 1939. Federico Laredo Bru, Präsident"

Kapitän Schröder fühlte sich verletzt und gedemütigt. Nun war alles geklärt, leider nicht in seinem Sinne und besonders nicht im Interesse der Passagiere, seiner Passagiere, für die er als Kapitän die volle Verantwortung übernommen hatte und die er stets als ihm anvertraute HAPAG-Gäste behandelte. An die Ressortchefs seines Schiffes richtete Kapitän Schröder folgendes Schreiben:

„Die ungeklärte Lage, in der sich unsere Passagiere befinden, bringt es mit sich, daß die Stimmung sehr gespannt ist. Es muß alles getan werden, sie zu beruhigen. Bisher ist es unserem Personal gelungen, die gute Form den Passagieren gegenüber zu wahren. Achten Sie bitte ständig darauf, daß a l l e Besatzungsmitglieder den Passagieren in ruhiger höflicher Form begegnen. Auf Fragen nach dem nächsten Hafen ist stets mit einem Hinweis auf die ausgehängten Bekanntmachungen zu antworten. – Jedes Besatzungsmitglied muß über diese Instruktionen informiert werden."[6]

Für Kapitän Schröder waren die Passagiere normale Deutsche jüdischen Glaubens, die durch diese Fahrt den wachsenden Pressionen der Nazis im Reich entkommen wollten. Durch persönliche Unterhaltungen hatte er von der Haft in Konzentrationslagern erfahren und von dem Druck auf die Familien zu emigrieren. Das hatte ihn an seine Internierung im ersten Weltkrieg in Indien erinnert, wo er als deutscher Seemann sechs Jahre festgehalten war. Er wurde damals von den Engländern weitgehend korrekt behandelt. Was er sich nicht vorstellen konnte, das war die Behandlung von Deutschen durch andere Deutsche in den Konzentrationslagern.

Seine Passagiere hatten den Fahrpreis nach Havanna und die Landungspermits für Kuba bezahlt. Nun waren sie seit Tagen vor Havanna auf dem Schiff eingeschlossen. Die „St. Louis" war zwar ein goldenes Gefängnis mit luxuriösen Einrichtungen und bester Verpflegung, aber es war ein Gefängnis. Die ersehnte Küste lag ganz nahe, aber der Zutritt war nicht möglich.
Kubas Präsident forderte die Abfahrt des Schiffes. Wohin? Kapitän Schröder hatte bisher alle Situationen voll gemeistert. Nun war er aufs äußerste betroffen und berief die Offiziere zu sich, denen er die Situation erklärte. Er wußte, daß er jetzt nicht in die allgemeine Depression fallen durfte. Man erwartete von ihm Haltung und Souveränität, Führung und Orientierung. Deshalb durfte er als Kapitän seine eigene Ratlosigkeit und Niedergeschlagenheit nicht erkennen lassen. Als er von seinem erfolglosen Landgang zurückkehrte, erfuhr er, daß einige Passagiere versucht hatten, die kubanische Polizeiwache zu überrennen, um über das Fallreep zu entkommen. Die Kubaner schossen zunächst in die Luft und drängten dann die Menge zurück. Hierbei wurden zwei Frauen verletzt. Ein weiteres Anzeichen dafür, daß es auf der „St. Louis" brodelte und rumorte. Eine hochexplosive Lage, bei der kleine Vorkommnisse große Auswirkungen haben konnten.

Während das Schiff mit seinen demoralisierten Passagieren auf der Reede von Havanna vor Anker lag, erschienen in amerikanischen Zeitungen Anzeigen, die für die deutsche Reichsbahn warben:
> „In Deutschland gibt es einen Reichtum an Schönheit und Charme, vertrauen Sie Deutschland."[7]

Zynische Ironie oder Zufall? Das Reich hatte ein ganzes Schiff mit Juden weggeschickt und warb nun für den Besuch amerikanischer Touristen. Auch die Hamburg-Amerika-Linie zeigte in US-Gazetten die nächsten Kreuzfahrten der „St. Louis" an. Am 30. Juni nach Westindien und Süd-Amerika, 13 Tage ab $ 110 und am 15. Juli zu den Bermudas für sechs Tage ab $ 55. Manche Zeitung veröffentlichte die Anzeigen neben den Berichten über die „St. Louis" vor Havanna, was sicherlich kein Zufall war.[8] Die Flüchtlinge auf dem Schiff hätten diese Anzeigen eher als Verhöhnung und Demütigung empfunden. Als das Schiff bei tropischen Temperaturen dahindümpelte, immer noch umkreist von den Besucher- und Polizeibooten, verhandelte der amerikanische Anwalt Berenson mit dem Präsidenten Bru. Dieser machte die Abfahrt der „St. Louis" zur Vorbedingung.

Jüdische Flüchtlinge wurden nicht nur von Kuba, südamerikanischen Ländern und den Vereinigten Staaten zurückgewiesen. Auch im Mittelmeer, besonders vor dem britischen Mandatsgebiet Palästina, spielten sich dramatische Vorkommnisse ab. Viele nicht hochseetüchtige Schiffe wurden von den Briten aufgebracht und deren Passagiere nach Cypern oder anderen britischen Territorien deportiert. Doch es gelang auch Flüchtlingsschiffen, die englische Küstenblockade zu durchbrechen und so illegal nach Palästina, dem gelobten Land, zu gelangen. Diese Schiffe waren alles andere als komfortabel, meist überbesetzt und nicht immer von vertrauenswürdigen Kapitänen befehligt. Ein häufig angewandter Trick bestand darin, Flüchtlinge in Rettungsbooten vor der Küste auszusetzen. Das Mutterschiff drehte sofort ab, so daß die britische Polizei die Einwanderer nicht zurückschicken konnte. Zudem behaupteten die Illegalen, daß ein Seenotfall vorliege, weil ihr Schiff untergegangen sei. Ein griechischer Dampfer mit 906 Juden aus Polen, Rumänien, Deutschland und der Tschechoslowakei wurde von den Briten aufgebracht und nach Haifa geschleppt. Die Passagiere durften an Land und wurden von der Einwandererquote abgezogen. Sie hatten ihr Ziel erreicht. Andere Flüchtlinge wurden von den Kapitänen auf unbewohnten Inseln im Mittelmeer ausgesetzt, nachdem sie erhebliche Beträge für die Fahrt nach Palästina bezahlt hatten. Auf Kreta strandete ein Schiff mit 500 Juden aus Danzig. Die Unglücklichen baten um Hilfe in Palästina, vor allem um Medikamente, Seife und andere notwendige Dinge.[9]

Im ägyptischen Alexandria nahmen acht deutsche Juden Gift, weil ihr Schiff, das am 22. April in Hamburg abgefahren war, von drei Ländern zurückgewiesen wurde. Sie wurden in das jüdische Hospital in Alexandria gebracht. Das ägyptische Ministerium verfügte, daß sie nach ihrer Heilung wieder zurück auf das Schiff müßten.[10]
Ob Kapitän Schröder von den Problemen anderer Flüchtlingsschiffe wußte, ist nicht bekannt.

Am Freitag, dem 2. Juni, gingen überraschend sechs Personen von Bord der „St. Louis". Es hieß, daß sie durch die Intervention der Zeitungsverlegerfamilie Annenberg aus Philadelphia freikamen. Sie sollen sich durch das Aufnähen von Kreuzen als Christen geoutet haben, was von den kubanischen Behörden gefordert worden sein soll. Wenn es wirklich so war, dann könnte man dies als eine Umkehrung des späteren „Judenstern" sehen, nämlich als Kennzeichnung von Christen. Der Wahrheitsgehalt dieser Episode ist umstritten, wahrscheinlich ist sie nicht authentisch. Immerhin konnten diese Sechs dem schwimmenden Gefängnis entkommen.

Der panamesische Präsident Juan D. Arosamena bot dem bekannten Wiener Chirurgen Dr. Julius Lewith, 64, und seiner Frau Valerie die Aufnahme in Panama an. Diese beiden Passagiere der ersten Klasse besaßen bereits Quotennummern für die USA. Sie sollten die „St. Louis" im nächsten Hafen verlassen und nach Mittel-Amerika übersiedeln. Dieses Angebot konnte nicht verwirklicht werden, weil das Schiff keinen Hafen auf dem amerikanischen Kontinent erreichte und in Havanna niemand mehr ausgeschifft wurde.[11]

Nicht nur die auf dem Schiff befindlichen Passagiere waren enttäuscht, verbittert und verzweifelt. Am Hafen von Havanna warteten zahlreiche Flüchtlinge auf ihre Angehörigen, meistens waren es Väter, die vorausgefahren waren. Aber auch einige junge Männer wollten ihre Verlobten abholen. Viele waren, wie auch die Tage vorher, mit kleinen Booten hinausgefahren und umrundeten die „St. Louis" in der Hoffnung, ihre Lieben wenigstens zu sehen. An Land war auch die dreiköpfige Familie Fröhlich aus Berlin, die ursprünglich Passagen auf der „St. Louis" gebucht hatte. Es gelang ihnen jedoch, auf die „Iberia" umzusteigen, die am 15. Mai in Havanna ankam. Auf dieses Schiff wurde das Dekret 937 nicht angewandt. Nun konnte die Familie Fröhlich aus geringer Entfernung die Tragödie miterleben, der sie durch eine glückliche Fügung entgangen war.[12]

Ein „St. Louis"-Passagier protokolliert:
> „Nur, wer diese unsagbar entsetzlichen Jahre mitgemacht hat, kann das Erstarren, das Nichtbegreifen verstehen, als statt des Aussteigens in Cuba plötzlich aus Gründen, die wir bis zur Stunde noch nicht kennen, die Landung in Habana verboten wurde, wir eine Woche lang auf der Reede wie richtige Gefangene gehalten wurden, jede Stunde zwischen Furcht und Hoffen schwankend, bis der vernichtende Schlag der Ausweisung unseres Schiffes aus Habana kam."[13]

Die „St. Louis" muß den Hafen von Havanna verlassen

Gegen 11.00 Uhr Ortszeit lichtete die „St. Louis" die Anker und verließ die kubanischen Hoheitsgewässer, begleitet von Schnellbooten der Zuckerinsel. Der Vorsitzende des Bordkomitees, Dr. Josef Joseph, 57, notierte:

> „An der Dreimeilengrenze verließen uns die Kriegsschiffe und kehrten nach Habana zurück. Unser Schiff aber, die ‚St. Louis' fuhr weiter, weiter hinaus in die offene See, ziellos mit seinen Menschen. Mittag war vorbei, das Leben an Bord nahm schleppend seinen Fortgang."[14]

Der Tagebucheintrag eines anderen Passagiers lautet:

> „Fabelhaft war die gestrige Ausreise, begleitet nur von vielen Polizeibooten, die winkten und dem Boot des JOINT, das immer wieder uns Trost zusprach. Wir fuhren die lange Promenade der wunderschönen Stadt Habana lang, die nicht sehr viele Schaulustige hatte, von denen nur die Emigranten winkten, was bemerkt werden muss. An der Dreimeilenzone verließen uns die Begleitboote dann."[15]

Kapitän Schröder berichtet hierzu:

> „Ich selbst war auch deprimiert. Eine so melancholische Abfahrtsstimmung hatte ich noch nie erlebt. Besonders unruhig waren die Frauen, weil eine Zielangabe fehlte. ‚Kapitän, wohin fahren Sie uns?' Und zum erstenmal in meinem Leben konnte ich diese Frage nicht beantworten."[16]

Der deutsche Gesandte in Havanna hat wegen der „unerhörten Behandlung eines deutschen Schiffes, vor allem wegen der Gewaltandrohung und zu kurzen Fristsetzung für die Verproviantierung" in einer Note protestiert. In einem Schreiben vom 2. Juni an das Auswärtige Amt in Berlin führte er aus:

> „Die Art, wie die Regierung ein deutsches Schiff zu behandeln gewagt hat, hat indessen mit Juden nichts mehr zu tun und stellt eine Beleidigung Deutschlands dar, die wir von Cuba, das schon wiederholt seine anti-deutsche Einstellung offenbart hat, nicht stillschweigend hinnehmen können."

Viele amerikanische Zeitungen haben die Abweisung der „St. Louis" durch Kuba verurteilt und darauf hingewiesen, daß die Passagiere nur temporären Aufenthalt begehrten, um dann später in die USA weiterzureisen. Es gab aber auch Stimmen, die das Verhalten der Kubaner im Hinblick auf deren wirtschaftliche Situation verständlich fanden. Kuba hatte seinerzeit 300 000 Arbeitslose.[17]

Auch wurde den Flüchtlingen der Vorwurf gemacht, daß sie leichtfertig auf die kubanischen Landungserlaubnisse vertraut hatten, weil diese eher für Touristen denn für Immigranten bestimmt waren. Hierzu zwei Beispiele:

„Kuba hat sie nicht eingeladen, ist nicht gefragt worden, ob sie als Einwohner ankommen. So harsch es erscheinen mag, Kubas Präsident Bru hatte keine Alternative, als ihnen den Eintritt zu verwehren."[18]

„Die meisten Juden haben offensichtlich kein Gespür für den Pioniergeist, der notwendig ist für entfernte und unterentwickelte Gebiete. Sie sind auch nicht bereit, einige Pläne anzunehmen, die zu ihren Gunsten gemacht wurden. Zum besseren Verständnis mögen sie sich daran erinnern, daß andere Rassen Häuser aus der Wildnis herausgeschlagen haben, um einer Unterdrückung zu entkommen."[19]

Amerikanische Politiker und Persönlichkeiten des öffentlichen Lebens versuchten, ebenso wie Zeitungen und Organisationen, Kuba zur Aufnahme der „St. Louis"-Passagiere zu bewegen. Diese Statements und Telegramme enthielten Bitten und Forderungen, bemühten Humanität und Solidarität mit den verfolgten Juden, das christliche Gebot der Nächstenliebe und die nachbarliche Freundschaft in der Karibik. Beachtenswerte Zeugnisse der Menschenliebe in Rhetorik oder Telegrammen wurden übermittelt, allerdings ohne jedes Risiko und ohne den Willen zur Umsetzung abgegeben.

Die gleichen Leute, die sich stark gemacht hatten, als die „St. Louis" vor Havanna lag, verstummten fast völlig, als sich das Schiff der Küste Floridas näherte. Nun waren die bedauernswerten Passagiere hautnah vor der amerikanischen Küste. Es hätte sich ein Sturm der Entrüstung gegen die eigene Regierung richten müssen. Fast alle vorher genannten Appelle und Resolutionen hätten nochmals abgegeben werden können, bei Präsident Roosevelt und beim State Department in Washington. Die meisten Zeitungen berichteten über die Lage der „St. Louis" freundlich, aber es erhoben sich auch negative Stimmen.

Die wichtigste aktive Unternehmung aus Nordamerika war die Entsendung des erfahrenen Rechtsanwalts Berenson vom JOINT zu den Verhandlungen vor Ort. Berenson wurde in Havanna vorstellig beim offiziellen Präsidenten Bru und bei der grauen Eminenz Batista. Er war präsent und konnte nicht einfach ignoriert werden, wie die Kommentare der Zeitungen oder Radiostationen, die Briefe und Telegramme oder persönlichen Botschaften. Möglicherweise wäre es sinnvoll gewesen, wenn Berenson von einigen Kongreßmitgliedern begleitet worden wäre. Politischer Druck und finanzielle Zusagen wären mutmaßlich die richtige Mischung gewesen. Es scheint jedoch am politischen Willen der Vereinigten Staaten gefehlt zu haben. Das amerikanische Judentum, repräsentiert durch den JOINT, hatte kein wirksames Druckmittel und wollte offenbar auch die politische Einwirkung auf das State Department und den Präsidenten nicht überziehen.

Mit logischen Maßstäben war die Behandlung der „St. Louis" ohnehin nicht mehr zu bewerten. Es kamen vielfältige Informationen von allen Seiten. Niemand auf dem Schiff konnte erkennen, wo die Wahrheit endete und Vermutungen und Gerüchte begannen. Deshalb suchte sich jeder diejenigen Nachrichten heraus, die zu seiner persönlichen Einschätzung am besten paßten. Durch diesen frommen Selbstbetrug versuchte man eine individuelle Balance zu halten. Auch die wenigen Besucher vom Festland gaben, wenn überhaupt, persönlich gefärbte Meinungen von sich, die durch möglichst positive Beurteilungen angereichert waren. So blieb nichts anderes übrig, als eine Art von künstlichem Optimismus zu praktizieren, um dadurch der allgemeinen Verzweiflung und Lethargie zu entkommen. Kuba hatte ihnen das Schild „Juden unerwünscht" entgegengehalten. Eine Parole, die ihnen zur Genüge vertraut war und derentwegen sie ihre deutsche Heimat verlassen hatten. Alle ihre berechtigten Hoffnungen hatten sie auf eine Landung in Havanna gesetzt. Niemand hatte daran gezweifelt, daß man ihnen dort so lange Aufenthalt gewährte, bis der Weg in die USA freigegeben werden würde. Deshalb waren sie alle gegenwärtig von Verzweiflung, Wut und Enttäuschung ergriffen. Einige Passagiere hatten ein gewisses Verständnis dafür, daß die Kubaner die ständig sich verstärkende jüdische Zuwanderung nicht mit Wohlwollen beobachteten, zumal sich neben der jüdischen Gemeinde eine große Zahl von „Ostjuden" eingefunden hatte, die durch ihr Erscheinungsbild und ihre jiddische Sprache leicht erkennbar waren.

Gott hat uns aus Deutschland herausgeholt, er wird uns auch hier nicht verlassen, war die Devise der religiösen Passagiere. Die religiös nicht Engagierten setzten ihre Hoffnungen auf Rettung voll auf den amerikanischen Präsidenten Roosevelt. Dieser Mann hatte es geschafft, die USA aus der Weltwirtschaftskrise herauszuführen, hauptsächlich mit seinem „New Deal". Ihm wird es auch gelingen, den 900 Flüchtlingen des Schiffes einen sicheren Hafen zu bieten. Wenn nicht in Kuba, so doch in Mittelamerika oder direkt in den USA. Hierbei wäre es völlig gleichgültig, ob man als Gast oder Internierter behandelt werden würde. Über kurz oder lang würde jeder „St. Louis"-Passagier als Einwanderer in die USA kommen, weil fast alle schon eine amerikanische Quotennummer haben, die irgendwann zum offiziellen Status der Immigranten führen würde. Roosevelt, der erst kürzlich durch die New Yorker Weltausstellung und den Besuch vieler Staatsoberhäupter in den Mittelpunkt des politischen Interesses gerückt war, könne gar nicht anders, als hier zu helfen.

Kapitän Schröder nimmt Kurs auf Florida

Der hochgeschätzte Kapitän Schröder hatte Kurs auf die amerikanische Küste genommen. Ob er dies aus eigener Erkenntnis oder auf Weisung der HAPAG tat, war nicht zu erkennen. Die Fahrtrichtung des Schiffes war eindeutig, das Ziel hieß Florida, und dies schuf neue Hoffnungen. Am 3. Juni war die „St. Louis" an die amerikanische Küste bei Miami herangefahren. Kapitän Schröder wollte versuchen, nachts mit Rettungsbooten etwa 300 Freiwillige an Land zu bringen. Schröder setzte darauf, daß diese 300 Flüchtlinge, hätten sie erst einmal das Festland erreicht, in den USA geduldet worden wären. Er traf diese Entscheidung unter dem Eindruck der allgemeinen Hilflosigkeit. Diese waghalsige Aktion hätte ihm wahrscheinlich nach der Rückkehr in Deutschland sein Kapitänspatent gekostet und möglicherweise noch einen Prozeß vor dem Seegericht eingetragen. Wäre die Landung gelungen, hätte sie zusätzlich diplomatische Schwierigkeiten zwischen dem Reich und den USA hervorgerufen. Welcher Staat hätte es sich gefallen lassen, daß ein Passagier-Dampfer Flüchtlinge illegal an seiner Küste absetzt? Die Folgen eines Gelingens dieser Aktion sollen vorsichtshalber hier nicht erörtert werden. Wenn ein altgedienter und zuverlässiger Kapitän eine derartige Maßnahme erwägt, dann zeigt

sich in aller Deutlichkeit, daß die Verzweiflung und Hoffnungslosigkeit der Passagiere auf ihn übergesprungen ist. Er hatte alles mit dem Bordkomitee, das fast ausschließlich aus Juristen bestand, durchgesprochen. Diese nüchternen und realistischen Herren hatten den Plan gebilligt. Die Haftung und Verantwortung war jedoch allein bei Kapitän Schröder.
Es war alles vorbereitet, die „St. Louis" lag verdunkelt vor der Küste Floridas. Die Freiwilligen waren mit kleinem Gepäck unter Deck und sollten partieweise in die Rettungsboote klettern. Im letzten Moment erschien ein Boot der US-Küstenwache und erfaßte das Schiff mit Scheinwerfern. Ein zweites Wachboot folgte, und alles mußte abgeblasen werden. Das Schiff wurde aufgefordert, die Küstengewässer zu verlassen. Der aus Verzweiflung geborene Plan konnte nicht ausgeführt werden. Zurück blieb Hoffnungslosigkeit und Bitterkeit: Kein Land wollte die Flüchtlinge aufnehmen.
Präsident Roosevelt hätte ein Machtwort sprechen und den „St. Louis"-Flüchtlingen eine vorgezogene Einreise in ihr Land der Hoffnung ermöglichen können. Er unternahm nichts und gab alle Anfragen, Telegramme und Bittschriften an das State Department weiter, dessen Ignoranz, Bürokratie und Antisemitismus bekannt war. Welche ernsthaften Gründe verwehrten im Juni 1939 den 907 Verzweifelten die Aufnahme in die USA?

Warum verweigerten die USA deutschen Juden die Aufnahme?

Gab es schon zuviele Juden in den USA?
Nach der Volkszählung von 1936/37 waren 4 771 000 Juden in den USA, etwa 3,7 Prozent der Gesamtbevölkerung. Etwa 70 Prozent der Juden, sie wurden auch Hebräer genannt, lebten in den elf größten Städten. In New York zählte man mehr als zwei Millionen, was 28 Prozent der Einwohner ausmachte. Gegenüber den anderen Amerikanern waren die Juden besser ausgebildet und verfügten über gute Verbindungen. Wirtschaftlich gesehen waren sie der vermögenden Mittel- und Oberschicht zuzurechnen.[20] Sie selbst sahen sich als „amerikanische Amerikaner" und Patrioten. Politisch standen sie hinter Präsident Roosevelt, ohne diesen, wie öfters behauptet wurde, zu beherrschen. Die nichtjüdischen Amerikaner waren der Ansicht, daß die Juden in den USA zu großen Einfluß haben.

Es gab auflagenstarke englischsprachige jüdische Zeitungen, die auch die öffentliche Meinung Amerikas beeinflußten. Daneben erschienen jiddische Gazetten mit einer geschätzten Auflage von etwa 400 000 Exemplaren. Diese wurden meist von älteren Personen gelesen. Die allermeisten in den USA geborenen Juden konnten Jiddisch – eine mittelhochdeutsche Mundart vermischt mit hebräischen und slawischen Worten – weder sprechen noch verstehen. Das politische Spektrum dieser Publikationen reichte von konservativ bis kommunistisch und spiegelte die Vielfalt der jüdischen Lebensansichten, die sich auch durch zahlreiche recht unterschiedliche Vereinigungen dokumentierte. Dadurch gab es weder eine Hierarchie noch ein einheitliches jüdisches Sprachrohr, vielmehr eine Vielzahl von disharmonischen Stimmen. Es gab auch keinen Prototyp des amerikanischen Juden. Zu große Unterschiede waren durch Beruf, Bildung, Vermögen, Herkunftsland, Einwanderungszeit sowie religiöser Richtung und Intensität gegeben. Deshalb ist es nicht verwunderlich, daß zur „St. Louis"-Affäre sehr unterschiedliche jüdische Meinungen veröffentlicht wurden. Von der neutralen Meldung zur Anteilnahme und Fürsprache bis zu Desinteresse und Ablehnung. Das Eintreten der jüdischen Organisationen für die „St. Louis"-Passagiere war gering.

Einerseits hatten die verschiedenen Vereinigungen keine einheitliche Meinung, sie waren eher zerstritten. Andererseits war die Aktion des JOINT mit Berenson, in Havanna nicht recht vorangekommen. Niemand wollte sich nun noch engagieren, besonders nicht gegenüber der eigenen Regierung. Wohl gab es Telefonate, Briefe und Telegramme von Einzelpersönlichkeiten, die nicht an die Öffentlichkeit gelangten. Was fehlte, waren spektakuläre Aktionen wie Hunger-Streiks, Brief-Lawinen, Unterschrift-Sammlungen, Marsch nach Washington oder ziviler Ungehorsam. Weil alles Lautstarke und Beeindruckende unterblieb, im Gegenteil Schweigen praktiziert wurde, entstand kein politischer Druck auf den Präsidenten, die Regierung oder den Kongreß. Dadurch konnte das State Department seine ablehnende Haltung zur Aufnahme der „St. Louis"-Flüchtlinge durchhalten.

„Warum war die gemeinsame Antwort der amerikanischen Juden so stumm in dieser Krise? Warum war hier kein klarer Appell von der jüdischen Presse und den Führern der jüdischen Gemeinden an die Vereinigten Staaten, diesen 907 Seelen Schutz anzubieten?"[21]

Diese Fragen stellt ein Rabbiner 1985 und bietet als Erklärung den Antisemitismus jener Zeit in den USA an und die Einstellung der amerikanischen Juden zu Beschränkungen und Fremdenfeindlichkeit. Auch die bereits in den USA ansässigen Juden hatten vergessen, daß sie selbst erst kurz oder wenige Generationen in den Vereinigten Staaten lebten und ihre Vorfahren als Einwanderer gekommen waren, um bessere wirtschaftliche Verhältnisse zu finden. Keiner dieser vormaligen Immigranten war mit dem Tode bedroht wie die „St. Louis"-Flüchtlinge, wenn sie nach Deutschland zurück mußten. Sehr barsch bedrängte eine jüdische Gazette die inaktiven Führer des amerikanischen Judentums:

„Die jüdische Führerschaft schuldet uns eine schnelle Erklärung. Wenn sie das nicht schaffen, dann sollten sie Platz machen für neue energische jüdische Führer."[22]

Eine andere Zeitung kritisierte, daß auf den Hilferuf der „St. Louis" vor der amerikanischen Küste die jüdischen Führer nicht wirksam geholfen haben. In einer Art von Galgenhumor kommentierte man die vergeblichen Hilferufe der Flüchtlinge:

„Wir schwimmen in unseren Tod und ihr helft uns unterzugehen."[23]

Leider konnte auch dies nichts mehr an der Abweisung der „St. Louis" durch die USA ändern.

Rettungserfolg der „Quanza" 1940

Wenn hier die Passivität des amerikanischen Judentums und der US-Regierung beklagt werden, dann muß auch der einzige bekannt gewordene Rettungserfolg eines Flüchtlingsschiffes aus Europa erwähnt werden, der als Spätfolge der „St. Louis"-Affäre gesehen werden kann. Am 9. August 1940, nach der Kapitulation Frankreichs, legte der portugiesische Dampfer „Quanza" mit 317 Kriegsflüchtlingen in Lissabon ab. An Bord waren viele Nationalitäten vertreten, zahlreiche Künstler, Politiker und Intellektuelle, überwiegend jüdische Flüchtlinge. Am 19. August verließen in New York 196 Passagiere den 1929 bei Blohm & Voss gebauten 6 636-Tonnen-Dampfer. Das Schiff fuhr entlang der amerikanischen Küste nach Veracruz, weil die restlichen Flüchtlinge Transitvisa für Mexiko besaßen. Es durften nur

34 Passagiere an Land, die übrigen wurden zurückgewiesen, weil ihre „Visa nicht ordnungsgemäss erworben worden waren". Ob dies eine höfliche Umschreibung für gefälschte Papiere oder eine Auswirkung des Antisemitismus in Südamerika war, läßt sich heute nicht mehr feststellen. Ähnlich wie auf der „St. Louis" vor Havanna machten sich Wut und Verzweiflung unter den Zurückgebliebenen breit. Man sandte Hilferufe an alle möglichen Institutionen und Persönlichkeiten, auch an das amerikanische Präsidentenpaar. Der US-Botschafter in Mexiko und der amerikanische Rabbiner Wise intervenierten beim mexikanischen Präsidenten erfolglos. Nach dem Muster der „St. Louis" wurde das Schiff zurück nach Europa geschickt.

Die „Quanza" legte in Norfolk/Virginia an um zu bunkern. Verwandte und Freunde der Passagiere hatten inzwischen die US-Regierung und die Presse auf die Lage der verzweifelten Passagiere aufmerksam gemacht. Rechtsanwälte versuchten, die Abfahrt der „Quanza" zu verhindern. Der örtliche Rechtsanwalt Jacob L. Morewitz strengte eine 100.000-$-Klage gegen das Schiff an, weil es die von ihm vertretenen vier Passagiere nicht vertragsgemäß in Mexiko gelandet hatte. Die Norfolker Hotels wurden von Angehörigen der „Quanza"-Passagiere belegt. Der portugiesische Kapitän Alberto Harberts hatte seiner Mannschaft und den Passagieren verboten, das Schiff zu verlassen. Eine groteske Situation, das Schiff war mit dem amerikanischen Festland am Pier verbunden, Verwandte versuchten, ihre Angehörigen durch Rufe zu trösten und niemand durfte von Bord gehen. Ein deutscher Jude, Hilmar J. Wolff, 25, sprang ins Hafenbecken und schwamm zur Küste. Dort wurde er verhaftet und zurück aufs Schiff gebracht.

In Washington intervenierte der bekannte Zionist Dr. Nahum Goldmann mit einer Delegation, zu der auch Rabbiner Wise gehörte, beim amerikanischen Außenminister Cordell Hull. Dieser und sein Mitarbeiter Breckinridge Long, ein erklärter Fremdenfeind, erteilten keine Sondergenehmigung zur Aufnahme der unglücklichen Passagiere. Hull schlug vor, daß die Passagiere ins Wasser springen sollten, um dann von der Küstenwache gerettet zu werden. Dieser Ratschlag Hull's kennzeichnet die Einstellung des State Department. Die Besprechung in Washington muß sehr temperamentvoll verlaufen sein, denn Hull verweigerte bei der Verabschiedung Dr. Goldmann den Handschlag. Kurz vorher waren im New Yorker Hafen einige deutsche Seeleute von ihren Schiffen gesprungen, weil sie nicht nach Nazi-Deutschland zurück wollten. Man fischte sie auf und behandelte sie als Einwanderer. Die deutsche Immigrations-Quote war 1940 ohnehin nur gering ausgenutzt.[24]

Nach einer Intervention von Mrs. Roosevelt durften 80 „Quanza"-Passagiere am 14. September 1940 mit provisorischen Landungserlaubnissen für 60 Tage in die USA einreisen. Niemand wurde gezwungen, mit dem Schiff nach Europa zurückzufahren, einige taten es. Malvina Schamroth Parnes war als Kind mit ihrer Mutter und Schwester auf der „Quanza". Sie erinnert sich noch genau daran, wie der Vater seine Familie in Norfolk abholte und sie zu Verwandten nach Detroit brachte.

Die Aufnahme der 80 „Quanza"-Flüchtlinge in Norfolk war ein großer Sieg der Liberalen über die fremdenfeindliche Einstellung des State Department. Aber es war ein Pyrrhussieg für die Humanität. Der Unterstaatssekretär Breckinridge Long sah seine Obstruktionspolitik bei der Visaerteilung und sich selbst angegriffen und die Gesetze der Vereinigten Staaten verletzt. „Ich protestiere heftig", trug er in sein Tagebuch ein. Seine fremdenfeindliche Einstellung begründete er unter anderem mit der Furcht vor der Einschleusung von kommunistischen oder faschistischen Spionen unter den Einwanderern. Nach der „Quanza"-Affäre verlagerte er die Entscheidung über die Quotenerteilung an die amerikanischen Konsulate vor Ort und wies diese an, besonders „sorgfältig" vorzugehen. Mit dieser bürokratischen Maßnahme wollte er das State Department und sich selbst aus der zunehmenden Kritik herausnehmen. Einige der amerikanischen Konsuln in Europa waren ohnehin nicht sehr hilfreich bei der Betreuung von Flüchtlingen. Bürokratie und Ignoranz hatten Humanität und Eigeninitiative weit überrundet. Dadurch war es vielen Flüchtlingen nicht möglich, aus dem bedrohten Europa wegzukommen. Die „Quanza" hatte 80 Flüchtlingen zur Aufnahme in den USA verholfen, gleichzeitig hatte sie verhindert, daß weitere Flüchtlingsschiffe landen konnten. Erst im Sommer 1944 kamen 982 Flüchtlinge für Fort Ontario in Amerika an. In den Jahren zuvor war die Rettung von Unzähligen nicht möglich.

Die USA verweigern der „St. Louis" die Landeerlaubnis

Auf der „St. Louis" war die negative Entscheidung der US-Regierung noch nicht bekannt. Ein Gerücht kam auf, daß die USA die Landung in New York bewilligten, falls die fortgesetzten Bemühungen um die Aufnahme in Kuba scheitern würden. Sofort erklärten Regierungskreise in Washington, daß „keine Vorbereitungen getroffen wurden zur Landung in New York oder einem anderen Hafen der Vereinigten Staaten". Hinzugefügt wurde, daß zu diesem Zweck keinerlei Verhandlungen stattfanden, weder mit Kuba noch mit der Hamburg-Amerika-Linie.[25] Damals verfügte die „St. Louis" noch über Frischwasser und Verpflegung für 12 Tage. Kapitän Schröder hatte eine Anweisung der HAPAG erhalten, seine Passagiere dort anzulanden, wo er eine Möglichkeit hierzu finden könne. Das war eine Vollmacht, wunderbar in der Theorie, jedoch sehr schwer in der praktischen Ausführung. Noch glaubten Kapitän, Bordkomitee und auch die deprimierten Flüchtlinge, daß durch ein möglichst langes Kreuzen zwischen Florida und Kuba eine positive Entscheidung herbeigeführt werden könne. Man setzte auch darauf, daß durch die ständige Berichterstattung in Zeitungen und im Radio sowohl die öffentliche Meinung als auch die Regierungen günstig beeinflußt werden würden. Der meisten Passagiere hatten sich Verzweiflung, Mutlosigkeit, Wut und das Gefühl der Verlassenheit bemächtigt. Aggressionen, Gereiztheit, Streitereien, Schimpfen und Nörgeln bestimmten den Tagesverlauf. Kapitän Schröder und seine Mannschaft bemühten sich um Neutralisierung und Stabilität der Stimmung an Bord. So wurden zwei Unzufriedene, Sally Guttmann, 36, und Dr. Ernst Vendig, 40, ins Bordkomitee berufen, um sie zu einer positiven Mitarbeit zu gewinnen.
Auf Kuba besuchte der amerikanische Anwalt Berenson zusammen mit Armeechef Batista, der sich dadurch erstmals der „St. Louis"-Sache stellte, die Pinieninsel. Dort sollten bei einem kubanischen „Ja" die Flüchtlinge untergebracht werden. Diese Aktivität erzeugte neue Hoffnungen, denn nun war ja etwas Bewegung in die Sache gekommen. Auch ein Angebot der Dominikanischen Republik die „St. Louis"-Passagiere aufzunehmen, erzeugte positive Gefühle. Als ein Schock wirkte die Nachricht, daß die HAPAG das mit 200 Flüchtlingen besetzte Schiff „Orinoco" nach Cuxhaven zurückgerufen hatte. Man wollte offenbar damit die Verhandlungssituation auf Kuba entkrampfen. Die HAPAG hatte erkannt, daß die Türen für jüdische Flüchtlinge

in Südamerika ebenso verschlossen waren wie in den USA. Argentinien, Paraguay, Uruguay, Panama, Costa Rica und Mexiko wiesen an einem Tag 324 Juden aus und zwangen sie zur Rückfahrt nach Europa. Ob diese Nachricht die „St. Louis" erreicht hat, ist ungewiß. Trotz der vielen sich teilweise widersprechenden Meldungen war man auf dem Schiff immer noch in der Hoffnung, in Kuba oder den USA an Land gehen zu können.

Eine einflußreiche US-Zeitung fragte am 3. Juni:
„Gibt es denn nicht einige Plätze, wo die Opfer der Verfolgungen im 20. Jahrhundert einen zeitweiligen Hafen finden können?"[26]

Den Passagieren wurde langsam klar, daß die Flüchtlinge auch in den USA, vor deren Haustüre die „St. Louis" seit Tagen umherfuhr, nicht willkommen seien. Ein an sich unlogischer Gedanke, denn man befand sich direkt vor der Küste eines Einwanderungslandes, das Regeln für Immigranten hatte. Diese bürokratischen Barrieren müßten aber doch im Namen der Humanität und Freiheit zu überwinden sein. Sehr hilfreich wäre doch, daß die „St. Louis" nicht eine Menge illegaler Asylanten beherbergte, sondern Familien mit ordnungsgemäßen Papieren und von der US-Einwanderungsbehörde zugeteilten Quotennummern. Diese allerdings kämen zwar erst in Monaten oder Jahren zum Aufruf, weil die Quote der in Deutschland geborenen Einwanderer wegen der besonderen politischen Verhältnisse in Deutschland gegenwärtig ausgebucht war. Für jeden der Einwanderer hatte zusätzlich ein amerikanischer Bürger eine Verpflichtung auf Unterhalt unterschrieben, das sogenannte Affidavit. Also mußte nun eine politische Entscheidung, etwa vom Präsidenten oder vom Außenminister der Vereinigten Staaten, die Sache administrativ beenden. Beenden hieße natürlich nicht Abweisen, Abdrängen oder Ignorieren. Beenden müßte die Aufnahme bedeuten, sei es als Sonder-Einwanderer, Internierung oder Arbeitslager für eine bestimmte Zeit. Es wäre immer noch besser, in den USA für einige Monate Wald zu roden oder Straßen zu bauen, als gezwungen zu werden, in dieses NS-Deutschland zurückzufahren.

Einige Jugendliche trafen sich bei den Rettungsbooten mit dienstfreien Matrosen, die etwa im gleichen Alter waren. Irgendwer kam auf den Gedanken, deutsche Lieder zu singen, wie es auf Schiffen stets üblich war. Da bot sich das bekannte „Wildgänse rauschen durch die Nacht" an, das Romantik, Fern- und Heimweh, Melancholie, Lagerfeuerstimmung und Sehnsucht enthielt. Elemente also, die in der Jugend besonderes Interesse erwecken. Entgegen der Meinung einiger Passagiere war dies kein Nazilied, von Walter Flex im ersten Weltkrieg gedichtet. Es stammte aus der Jugendbewegung und wurde in der Vorkriegszeit in Wander- und Sportvereinen gesungen, häufig in der Juxfassung:

    D-Züge rauschen durch die Nacht,
    mit schrillem Pfiff nach Süden,
    unruhige Fahrt habt acht, habt acht,
    im Knast da klebt man Tüten.

Nach einigen Tagen lernte die spontan zusammengekommene Singgruppe den offiziellen Text:

    Wildgänse rauschen durch die Nacht,
    mit schrillem Schrei nach Norden.
    Unstete Fahrt habt acht, habt acht,
    die Welt ist voller Morden.

In der letzten Strophe findet sich dann eine melancholische Traurigkeit um das „graue Heer", das man im weitesten Sinne auch auf die damalige Situation der „St. Louis" hätte beziehen können:

    Wir sind wie ihr ein graues Heer,
    und fahren in Kaisers Namen,
    und fahren wir ohne Wiederkehr,
    rauscht uns im Herbst ein Amen.

Die Eltern der jugendlichen Passagiere waren zunächst nicht begeistert von der Freizeitgestaltung ihrer Kinder. Im Hinblick auf die allgemeine Lethargie und desperate Stimmung war es ihnen dann doch recht, daß die Heranwachsenden eine Art Beschäftigung gefunden hatten. Einer der damaligen jungen Passagiere erinnert sich nach über sechzig Jahren noch daran und rezitierte mir die Juxfassung aus dem Gedächtnis. Er betonte, daß er dies auf der „St. Louis" gelernt hatte.

Die „St. Louis" kreuzt vor Florida

Am 4. und 5. Juni kreuzte Kapitän Schröder vor Florida, stets bemüht, nahe an Kuba und den USA zu sein. Er versuchte, sich mit diesem scheinbar planlosen Hin und Her der Nachrichtenlage anzupassen. Diese war ziemlich verworren und widersprüchlich, mal günstig, mal deprimierend – idealer Nährboden für Gerüchte und skurrile Theorien. Sensationell wirkte ein Vorschlag des jüdischen Anwalts Bernard H. Sandler, die „St. Louis" solle den New Yorker Hafen anlaufen. Wer war Mr. Sandler? Es sickerte durch, daß er versuchte, Sponsoren für $ 50.000 zu finden, um den Aufenthalt des Schiffes zu finanzieren. Leider mißlang seine humanitäre Aktivität, es kam nur ein bescheidener Betrag zusammen. Außerdem fehlte die Zustimmung der US-Regierung, die noch kurz zuvor die Landung der „St. Louis" in einem amerikanischen Hafen verweigert hatte.

Sandler versuchte, den Präsidenten und den Kongreß zu einer Goodwill-Geste zu bewegen, angesichts des Besuches des englischen Königspaares in Amerika. Alles mißlang, immerhin hatte Mr. Sandler etwas unternommen. Leider fand er keine Unterstützung, weder finanzieller noch politischer Art. Seine Initiative ist an der Interesselosigkeit der Öffentlichkeit und der Ignoranz der US-Regierung gescheitert. So waren die Menschen auf der „St. Louis" um eine weitere Hoffnung ärmer. Allmählich wurden sie abgestumpft für Nachrichten und Gerüchte. Wer konnte noch Tatsachen und Wunschvorstellungen auseinanderhalten? Das Damoklesschwert über ihnen, das wurde immer deutlicher, die Rückkehr nach Deutschland mit unübersehbaren Folgen.

> „Seit heute ist Sprachunterricht eingerichtet worden, Spanisch und Englisch durch gute Lehrkräfte, so haben wir einige Stunden nützliche Beschäftigung." Dies vermerkt ein Passagier in seinem Tagebuch.[27]

Unter den „St. Louis"-Passagieren waren viele Gebildete, die Zitate aus dem Altertum oder der Literatur- und Musik-Welt benutzten. So ist es nicht verwunderlich, daß immer wieder in den Unterhaltungen Sätze wie diese auftauchten, deren Zweckoptimismus hilfreich erschien:
> „Der Schröder wird's schon richten, es gehört zu seinen Pflichten!"
> „Nur keine übertriebenen Ängste, hier gibt es kaum Eisberge"
> „Lache Bajazzo"
> „Nie sollst Du mich befragen"
> „Immer nur lächeln und immer vergnügt"
> „Noch ist Polen nicht verloren"
> „Zwischen Skylla und Charybdis"

Das letzte Zitat war eine Anspielung auf die Odyssee des Homer und traf voll auf die „St. Louis" zu. Auch diese befand sich auf einer Irrfahrt.

Skylla war die US-Küstenwache, die stets mit Booten und Flugzeugen das HAPAG-Schiff beschattete, sobald es in die Nähe der amerikanischen Küste kam. Offenbar befürchtete man, daß Verzweifelte versuchten, schwimmend das Festland zu erreichen. Charybdis war die Gestapo, die im fernen Deutschland bereitstand.

Eine Zeitung in Florida schrieb angesichts der „St. Louis" vor ihrer Haustüre:
> „Die Situation ist schwierig und schmerzhaft, nicht nur für die Opfer von Deutschlands rücksichtslosem Krieg gegen eine Rasse, sondern auch für die gerecht denkenden großzügigen Menschen im Rest der Welt."[28]

Eine andere Gazette aus der Patenstadt der „St. Louis" bemerkte:
> „Warum können nicht im Namen der Humanität in unserer fortschrittlichen Zeit die Nationen, eingeschlossen die Vereinigten Staaten, zusammenkommen und Quoten beschließen, die das Flüchtlingsproblem ein für allemal lösen. Besonders solche, die über weite und nichtgenutzte oder spärlich besiedelte Gebiete verfügen?"[29]

Erstmals in der Berichterstattung der New York Times erschienen Bilder über die „St. Louis", wenn auch auf Seite 39. Auf den Fotos aus Havanna war die Verzweiflung der Passagiere zu erkennen und die Ohnmacht der Verwandten und Freunde auf den kleinen Booten rings um den HAPAG-Dampfer. Im Text wurde der Anwalt Berenson zitiert: „The conference proceeded most satisfactorily." Diese optimistische Einschätzung verbreitete Hoffnung.[30]

Am 5. Juni begann in dem New Yorker Hotel Commodore eine Veranstaltung mit 5000 Freiwilligen, die Flüchtlingen und anderen Opfern von Verfolgungen in Europa helfen wollten. Mr. Edward M. Warburg wies auch auf das Schicksal der „St. Louis"-Passagiere und auf die Strandung eines Flüchtlingsschiffes in Griechenland hin.[31]

Auf der ersten Seite der New York Times erschien am 6. Juni ein Bericht von R. Hart Philipps „Kuba öffnet Türen für 907 auf der ‚St. Louis'!" Diese sensationelle Überschrift in der ansonsten eher zurückhaltenden und seriösen Times (Wahlspruch: All the News That's Fit To Print), brachte neue Unruhe in die ohnehin schon recht undurchsichtige Nachrichtenlage. War das möglich, konnte man dieser

The New York Times.

NEW YORK, TUESDAY, JUNE 6, 1939.

CUBA OPENS DOORS TO 907 ON ST. LOUIS

Offers Temporary Refuge—
Asks Bond of $500 Each—
Liner Heading Back

By R. HART PHILLIPS
Wireless to THE NEW YORK TIMES.

HAVANA, June 5.—The Cuban Government is willing to consider a plan to permit the Jewish refugees aboard the Hamburg-American

---

The New York Times.

NEW YORK, WEDNESDAY, JUNE 7, 1939.

Cuba Recloses Door to Refugees; 48-Hour Limit on Offer Expires

President Rejects Counter-Proposal to Admit 252 in Addition to 907 on the St. Louis— Liner Reports Heading for Europe

By R. HART PHILLIPS
Wireless to THE NEW YORK TIMES.

HAVANA, June 6.—The Cuban Government will not permit the 907 Jewish refugees from Germany aboard the Hamburg-American liner St. Louis, now somewhere on the Atlantic, to land at any Cuban port, Secretary of the Treasury Joaquin Ochotorena told the press today following a conference with President Federico Laredo Bru.

He cited in explanation the expiration of the forty-eight-hour period granted last Sunday to Lawrence Berenson of the National Coordinating Committee of New York to post cash bonds of $500 for each refugee and to furnish additional in the National City Bank of New York, $40,000 to be subscribed by the refugees and $203,000 which he undertook to raise from New York Jewish aid organizations— on the condition that Cuba also admit ninety-eight refugees aboard the French liner Flandre and 154 on the British steamer Orduna, both turned away by the Cuban authorities.]

Mr. Berenson tonight expressed surprise over the Cuban action, but he asserted he was still trying to make an agreement with the government.

"The announcement at the Presi-

*Der Daily Mirror signalisiert in seiner Karikatur vom 6. Juni 1939 der „St. Louis":
Bleibt draußen.*

Meldung vertrauen? Endlich ein Happy End! Am nächsten Tag titelte das gleiche Blatt einen Bericht vom gleichen Autor „Kuba schließt die Türen für Flüchtlinge". Ein Lehrbuch-Beispiel für überspitzten Reporter-Journalismus auf der Jagd nach der besten und schnellsten Nachricht, entstanden aus der Vermischung von Tatsachen, Vermutungen und Wünschen um die „St. Louis".[32]

Sehr deutliche Worte fand eine große Zeitung an der Ostküste:
> „Zugegeben, das Flüchtlingsproblem ist komplex und schwierig. Es muß für zivilisierte Leute eine bessere Lösung geben, als Polizeiboote hinauszusenden, um die ins Meer Gesprungenen herauszufischen."[33]

Die Coast-Guard-Leute von Fort Lauderdal haben dies wahrscheinlich nicht gelesen, hoffentlich sahen es die Verantwortlichen in Washington.

> „Gebt mir die Müden, Armen und Bedrängten,
> die sich nach der Freiheit sehnen, gebt sie mir,
> von euren Küsten schickt mir die Verstoßenen,
> die Heimatlosen, Sturmgetriebenen, schickt sie mir,
> mit meiner Fackel leuchte ich Ihnen an der goldenen Tür."

Diese dichterische Adresse von Emma Lazarus von 1886, eingemeißelt auf dem Sockel der Freiheitsstatue vor New York, traf mit den ersten vier Zeilen die Situation der „St. Louis"-Passagiere. Die letzte wichtige Zeile jedoch galt leider nicht im Juni 1939. Keine Fackel leuchtete an der goldenen Tür, die von der Roosevelt-Administration verriegelt war. Am 6. Juni erschien im Daily Mirror eine Karikatur, auf der die Freiheitsstatue ein Schild trug „KEEP OUT" und vor dem Jewish Refugee Ship verschämt zur Seite blickte.

Hier noch zwei Berichte von damaligen Passagieren:
> „Nun lief das Schiff wieder in See, wir durchfuhren die Straße von Florida und am Sonntag früh, drei Wochen nach der Abreise aus Hamburg, kreuzten wir vor Miami. Glückliche Stadt! Wie strahlend lag sie da im Sonnenschein, ahnten ihre Bewohner, wie wir sie beneideten, wie sehnsüchtig wir darauf warteten, ein Land betreten zu können, das wir Heimat nennen könnten?"[34]

und
> „Wenn man überlegt, daß dieses Schiff mit insgesamt (fast) 1.500 Menschen völlig zwecklos in langsamer Fahrt zwischen Cuba und

Florida hin und her pendelt, so kann man wohl behaupten, daß dies noch nicht dagewesen ist. Ist das Meer ganz ruhig, so bleiben wir auch mal einige Stunden stehen, wird es dann bewegter, so läßt der Kapitän, der unglaublich fürsorglich ist, wieder die Maschinen laufen, da ein fahrendes Schiff weniger schaukelt als ein stehendes."[35]

Der damals 13 Jahre alte Herbert Karliner hatte von der „St. Louis" aus Gefallen an Miami gefunden. Er kam aus einer kleinen Stadt in Schlesien und war begeistert von den Lichtern und den Hochhäusern von Miami. Deshalb wünschte er sich, einmal dorthin zu kommen. Tatsächlich erreichte er mehrere Jahre später seine Traumstadt, in der er heute noch lebt.

Lawrence Berensons Verhandlungen in Havanna scheitern

In Havanna hatte Berenson seine Verhandlungen mit dem Präsidenten Bru fortgesetzt. Die Kubaner forderten eine Garantieleistung von $ 500 und für den Unterhalt $ 150 pro Person. Eine an sich nicht überzogene Forderung, die auch andere Regierungen erhoben und erhielten. Berenson versuchte die Beträge zu verringern und auch die Flüchtlinge der „Orduna" und „Flandre" in die Gesamtsumme miteinzubeziehen.[36]

Hierzu ein Kommentar von 1971:

„Die jüdischen Organisationen in den USA drängten Berenson, diese Forderung anzunehmen, zumal das Geld verfügbar war. Aber er meinte, daß der Preis heruntergebracht werden könne."[37]

Es liegt auch eine Bemerkung von 1989 vor:

„Üblicherweise kam es 1939 in Kuba darauf an, die richtigen Politiker mit der richtigen Menge Geldes zu versorgen. Warum war Berenson nicht erfolgreich in seiner Mission? Wie konnte ein Mann mit solchen großen Erfahrungen in Verbindung mit Kuba, so guten politischen Beziehungen und so vertraut mit der Politik in Havanna sich derart täuschen?"[38]

Dem jüdischen Harvard-Absolventen und erfolgreichen New Yorker Anwalt Lawrence Berenson, 48, gelang es nicht, seinen Auftrag in Havanna erfolgreich abzuschließen. Durch sein Versagen kamen wenige Jahre später etwa die Hälfte der „St. Louis"-Passagiere in den Lagern der Nazis um. Ob das Scheitern seiner Verhandlungen mit Bru nur auf seine offenbar falsche Strategie zurückzuführen ist, mag dahingestellt bleiben. An finanziellen Gründen kann es nicht gelegen haben, denn die Einnahmen des JOINT betrugen $ 8 138 755 im Jahre 1939. Die Zahlung der von Kuba geforderten $ 589 550 zuzüglich eines „Handgeldes" von mehreren hunderttausend Dollar, hätte die Finanzlage des JOINT keinesfalls überfordert.[39]

Ich benutze hier die Bezeichnung Handgeld anstelle von anderen Worten, weil damit zum Ausdruck kommt, daß derartige Gelder „von Hand zu Hand" gehen. Was wortwörtlich gemeint ist, wodurch auch gleichzeitig Heimlichkeit, Verstohlenheit, Diskretion und Illegalität ausgedrückt werden.

Der recht selbstbewußt auftretende Berenson war früher Vorsitzender der Kubanisch-Amerikanischen Handelskammer und mit Batista gut bekannt. Bei diesem Background hätte ihm klar sein müssen, daß bei einer derartigen Verhandlung ein ansehnliches persönliches Handgeld den Weg zum Erfolg geebnet hätte. Es war allgemein bekannt, daß der Präsident zwar vermögend, jedoch den in Kuba üblichen Gepflogenheiten aufgeschlossen gegenüberstand. Was tat Berenson? Er versuchte, die offizielle Marge zu verringern und machte das Handgeld nicht zum Gegenstand eines Vier-Augen-Gespräches. Dies war ein entscheidender Fehler, der ihm nicht hätte unterlaufen dürfen. Ferner hat er mit seinem Auftreten dem Präsidenten eines kleinen Landes offenbar nicht den erwarteten Respekt entgegengebracht. Wie bekannt, besaßen die USA gegenüber Kuba noch bis 1934 ein Interventionsrecht. Durch die Mißachtung von mentalitätsbedingten Spielregeln hat sich Berenson wie ein Anfänger benommen. Als ihm dann der Stuhl vor die Tür gesetzt wurde, erschrak der siegessichere Routinier ganz erheblich. Nachdem er die Partie verloren hatte, forderte er nicht einmal die von den Flüchtlingen gutgläubig bezahlten $ 150 für die als ungültig erklärten Landungspermits zurück. Auch dies ein grober Fehler, denn für die inzwischen mittellosen Passagiere der „St. Louis" wären diese Beträge sehr wichtig für die Weiterreise in andere Aufnahmeländer gewesen.

Es wurde immer wieder gerätselt, warum der als smart bekannte und recht erfolgreiche New Yorker Anwalt, er wohnte in der Fifth Avenue und hatte sein Büro am Broadway, bei diesen Verhandlungen gescheitert war. Ich erinnere mich an eine Unterhaltung mit dem Sohn eines „St. Louis"-Passagiers. Mein Gesprächspartner vertrat die Ansicht, daß

Berenson die Verhandlungen absichtlich hat platzen lassen, um damit einen gewissen Druck auf die US-Regierung auszuüben. Ob dies der Anwalt aus eigener Machtvollkommenheit tat oder er hierfür einen Auftrag hatte, vermochte mein Gesprächspartner nicht klar zu artikulieren. Zu seiner persönlichen Meinung lassen sich keine Nachweise, weder pro noch contra, führen. Die Beteiligten sind verstorben, Aktenunterlagen nicht mehr vorhanden. Die Rettungsaktion ist mißlungen. Bekanntlich bilden sich bei unklaren oder nicht nachvollziehbaren Vorgängen stets Mythen und Vermutungen. Deshalb ist diese Hypothese, wie andere auch, nichts anderes als ein Herumstochern im Nebel.

Die Bekanntmachung des Präsidenten Bru begann mit einem markanten Satz:

„Die cubanische Regierung wird den 907 Juden auf der ‚St. Louis', die sich im Augenblick irgendwo auf dem Atlantik befindet, nicht erlauben, in irgendeinem cubanischen Hafen zu landen…"

Damit war die berechtigte Hoffnung der Flüchtlinge, den Nazis zu entkommen und in Kuba oder den USA zu landen, zerstört. Die Chance von 907 deutschen Juden war verspielt, die Humanität mit Füßen getreten und verhöhnt. Weder Kapitän noch Bordkomitee konnten in die Verhandlungen eingreifen. Ohnmächtig, verbittert und gedemütigt mußten die Passagiere die Realität erkennen. Nicht einmal ihr „Eintrittsgeld" nach Kuba bekamen sie zurück.
In verschiedenen Städten der USA fanden Sympathie-Kundgebungen für die „St. Louis"-Passagiere statt. Die amerikanische Presse und das Radio haben überwiegend freundliche Berichte verbreitet. Leider waren diese Aktivitäten zu schwach, um gegen allgemeines Desinteresse, Xenophobie und Antisemitismus anzukommen. Auch gelang es nicht, die Passivität von Präsident Roosevelt und die bekannte Einstellung des State Department zu überwinden. Daran konnten auch vereinzelte Briefe, Telegramme, Bittschriften und Botschaften nichts ändern. Ein elfjähriges Mädchen hatte an Mrs. Roosevelt, „Mother of the Country", geschrieben, daß es für die Flüchtlinge sein kleines Bett zur Verfügung stelle und in ihrem Haus drei Räume leerstünden. Ihre Mutter würde sich freuen, wenn diese Zimmer genutzt werden könnten.
Viele der ehemaligen „St. Louis"-Passagiere brachten in Berichten und Gesprächen ihre Enttäuschung und Erbitterung über ihre damalige

Abweisung zum Ausdruck. Ein bekannter Historiker und Publizist, der damals als Jugendlicher am Hafen von Havanna stand und die Abfahrt des Schiffes beobachtet hatte, schrieb hierzu:
> „Ich empfand die Weigerung der Amerikaner, eine Handvoll Parias aus tödlicher Gefahr zu retten, besonders schändlich. Dadurch hat meine Idealisierung der Vereinigten Staaten einige ernste Beulen abbekommen."[40]

Zum gleichen Thema schrieb ein US-Historiker:
> „In den Vereinigten Staaten wurden Sorgen und Sympathie für die europäischen Juden häufig geäußert, in Washington und im ganzen Land. Die Nazi-Verfolgungen wurden energisch verurteilt. Aber die Worte wurden nicht in Handlungen umgesetzt. Die amerikanische Charakterstärke wurde nicht umgesetzt in Hilfe für die unglücklichen Leute auf der ‚St. Louis' oder für mehr als eine kleine Anzahl der anderen verzweifelten Juden von Europa."[41]

Ein amerikanischer Rabbiner hat einen noch härteren Kommentar abgegeben:
> „Amerikas Ablehnung der Rettung der Juden von der ‚St. Louis', unterstrichen durch ein Kanonenboot, um sie von der Küste Floridas fernzuhalten, war eine wichtige Entscheidung, die weiterführte in eine Politik der amtlichen Gleichgültigkeit für das Schicksal der europäischen Juden, Verurteilung von sechs Millionen zum Tod."[42]

Die verständlichen Hoffnungen der „St. Louis"-Passagiere angesichts der kubanischen und amerikanischen Küsten, waren bitter zerstört worden. Deutschland hatte sie hinausgedrängt, wer wollte sie aufnehmen?

Ein amerikanischer Historiker stellte fest:
> „Wohin mit den Juden, falls tatsächlich welche gerettet werden könnten? Kein Land wollte sie aufnehmen, wie sich zwischen 1933 und 1941 gezeigt hatte, als es verfolgten Juden noch freistand, den Nazi-Machtbereich zu verlassen."[43]

Sekundiert wird er von einem anderen Autor:
> „Wo konnten die Juden Zentral-Europas hingehen?… In Wirklichkeit wollte kein Land mittellose Juden."[44]

Die tragischen Ereignisse von 1939 und der folgenden Jahre gehören zur Geschichte und sind auch Teil der Holocaust-Katastrophe. Nichts kann mehr verändert werden. Wie steht es um die Kenntnisse über diese dunkle Zeit in der Gegenwart? Eine Umfrage des US Holocaust Memorial Museums ergab 1997, daß nur 29 Prozent der befragten Amerikaner wußten, daß die USA damals nicht allen europäischen Juden Zuflucht gewährten.

Auch in unseren Tagen werden weltweit Menschen aus rassischen und/oder religiösen Gründen verfolgt und sind als Flüchtlinge unterwegs. Es ist ziemlich gleichgültig, ob diese Bedauernswerten zu Fuß oder mit Verkehrsmitteln flüchten. Sie werden nicht immer von anderen Ländern aufgenommen. Deshalb ist zu befürchten, daß die „St. Louis"-Tragödie auch heute ähnlich verlaufen würde.

1. NYT, May 28, 1939, page 15, JEWISH REFUGEES AWAIT FATE OFF CUBA. Erstmals wurde die St. Louis in der NYT namentlich genannt.
2. NYT, May 28, 1939, page 15, US Embassy in Havana moves.
3. NYT, June 1, 1939, page 16, FEAR SUICIDE WAVE ON REFUGEE'S SHIP.
4. NYT, May 1, 1939, page 1, PRESIDENT OPENS FAIR AS A SYMBOL OF PEACE; VAST SPECTACLE OF COLOR AND WORLD PROGRESS.
5. Schröder, Heimatlos, S. 11
6. Burmester, Aus dem Leben des Kapitäns Gustav Schröder, S. 185
7. NYT, June 1, 1939, page 21, Anzeige.
8. Washington Post, June 4, 1939 und NYT, May 14, 1939, Anzeigen für Kreuzfahrten der „St. Louis".
9. NYT, June 2, 1939, page 5, 906 SEIZED IN PALASTINE.
10. NYT, June 7, 1939, page 8 and 11, 8 Try Suicide off Egypt.
11. NYT June 3, 1939, page 1, 907 Refugees Quit Cuba on Liner, Ship Reported Hofering Off Coast.
12. Gay, My German Question, page 156.
13. Brief Heinrich Ross, 69, 8. Juli 1939.
14. Herlin, Reise der Verdammten, Seite 96.
15. Brief Erich Brauer, 47, vom 3. Juni 1939.
   Zur Dreimeilenzone ist zu bemerken, dass 1939 für Kuba eine „3-Meilen-Hoheitszone" vor dessen Küsten gültig war. Die Vereinigten Staaten hatten damals eine „12-Meilen-Sicherheitszone" vor ihren Küsten erklärt, in der die Coast Guard uneingeschränkt eingesetzt werden durfte.
16. Schröder, Heimatlos, S. 14.
17. Lipstadt, Beyond Belief, page 115–119, NYT, June 24,1939, page 16.
18. Seattle Times, June 5, 1939.
19. Christian Science Monitor, June 2, 1939.

20 NYT, November 30, 1938, page 1.
21 Lookstein, Brother's Keeper, page 90/91.
22 The Day, June 2, 1939, page 4.
23 Forward, June 13, 1939, page 4.
24 Im New Yorker Hafen waren einige deutsche Seeleute von ihren Schiffen ins Wasser gesprungen, weil sie nicht nach Nazi-Deutschland zurück wollten. Sie wurden von der Coastguard aufgefischt und als Einwanderer behandelt. Die deutsche Immigrations-Quote war ohnehin damals nur gering ausgenutzt.
    Goldmann, Autobiography, page 201/202.
    Morse, While Six Million Died, page 29/31.
25 NYT, June 3, 1939, page 4.
26 Washington Post, June 3, 1939.
27 Dublon, Tagebuch 5. Juni 1939.
28 Miami Herold, June 4, 1939.
29 St. Louis Dispatch, June 4, 1939.
30 NYT, June 4, 1939, page 39, CUBA MAY RELENT ON 907 REFUGEES.
31 NYT, June 4, 1939, page 36, DRIVE WILL AID REFUGEES.
    NYT, June 5, 1939, page 4, 5000 TO TAKE PART IN REFUGEE APPEAL.
32 NYT, June 6, page 1, CUBA OPENS DOOR TO 907 OF ST. LOUIS.
    NYT, June 7, 1939, page 1, CUBA RECLOSES DOOR TO REFUGEES.
33 Philadelphia Record, June 5, 1939.
34 Bericht von Lici Dzialowski, 45, vom 17. Juni 1939.
35 Brief Erich Brauer, 47, vom 3. Juni 1939 vor der Küste Floridas.
36 NYT, May 28, 1939, page 15, 700 JEWISH REFUGEES AWAIT FATE OFF CUBA.
37 Gellmann, The St. Louis Tragedy, page 153.
38 Konovitch, The Fiftieth Anniversary of St. Louis, page 204/205.
39 Bauer, Brother's Keeper, page 279.
40 Gay, My German Question, page 158.
41 Wyman, Paper Walls, Preface Paperback Edition, page VIII.
42 Konovitch, The Fiftieth Anniversary of St. Louis, page 207.
43 Wyman, Das unerwünschte Volk, S. 145.
44 Bauer, My Brother's Keeper, page 264.

Umschlagbild von einer Menükarte der „St. Louis"

Zurück nach Europa? Quo Vadis?

> Fürchte dich nicht vor dem,
> was du zu leiden haben wirst.
>
> *Apokalypse, 2,10*

Kapitän Schröder:
„Mir war als ob die ganze ‚St. Louis' von der Welt ausgestoßen sei…"

Am 6. Juni nachts konnte Kapitän Schröder seine Verzögerungstaktik durch Hin- und Herfahren nicht länger fortsetzen. Er hatte, ebenso wie die Passagiere, gehofft, daß sich durch die sichtbare Anwesenheit des Schiffes zwischen Kuba und Nordamerika ein glücklicher Ausgang erzwingen ließe. Entsprechend der Anweisung der HAPAG, alle Möglichkeiten einer Landung zu prüfen, hatte er gehandelt. Alle zunächst positiv erscheinenden Möglichkeiten platzten wie Seifenblasen. Nun hatte die HAPAG die Anweisung gegeben, nach Europa zurückzukehren.
Das war die denkbar schlechteste Nachricht, der absolute Tiefpunkt. Die Stimmung auf der „St. Louis" fiel ins Bodenlose. Die meisten Passagiere verkrochen sich in den Kabinen. Andere diskutierten in kleinen Gruppen. Ohnmächtige Wut bemächtigte sich der Passagiere. Sie waren auf dem Schiff gefangen, konnten keine eigenen Entscheidungen treffen und waren fremden Anordnungen ausgeliefert. Was sollten sie tun? Ins Meer springen? Im Atlantik versinken, um den Demütigungen in Deutschland zu entgehen?
Fast allen war klar, daß sie in Konzentrationslagern landen würden, als mittel- und heimatlose Juden, die sich verpflichtet hatten, nicht ins Reich zurückzukehren. Wo blieb die Menschenwürde? Waren sie nur noch eine Manövriermasse zwischen verschiedenen politischen Systemen? Die Passagiere fühlten sich als Ausgesetzte, als Verfemte. Nazi-Deutschland hatte sie verfolgt, vertrieben, zur Auswanderung gezwungen. Kuba hatte sie abgewiesen und die USA hatten sie von ihrer Küste abgedrängt. Waren sie Stigmatisierte, für die der Ruf „Juden raus" international Geltung hatte? Viele wähnten die Apokalypse nahe. Verzweifelte Passagiere mit Depressionen, Weinkrämpfen und Nervenzusammenbrüchen beschäftigten den Bordarzt, der Unterstützung von anderen Ärzten erhielt. Langsam gingen der Bordapotheke die Beruhigungsmittel aus. Horror vacui, die Angst vor dem Nichts, das Grauen vor der Leere, verbreiteten sich überall. Man fühlte sich von Gott und der Welt verlassen. Wie konnten es die USA zulassen, daß sie nun nach Deutschland zurück mußten?

Ihre Hoffnung, wenn es denn eine gab, richtete sich auf Kapitän Gustav Schröder. Er aber war selbst verzweifelt, wie aus folgender Bemerkung ersichtlich ist:

„Mir war als ob die ganze ‚St. Louis' von der Welt ausgestoßen sei und müßte jetzt versuchen, diesen ungastlichen Planeten zu verlassen."[1]

Auf dem Schiff gab es Selbstmorddrohungen und Gerüchte über eine Sabotagegruppe, die das Schiff kapern und in Brand stecken wolle. Erneut war die „St. Louis" erfüllt von Gerüchten, Ängsten und Verzweiflung.

Ein Passagier berichtet:

„Erwähnt sei nur, daß diejenigen von uns, welche sich nicht aus der Ruhe bringen ließen, unermüdlich darum bemüht waren, die leicht Erregbaren, Schwachnervigen zu beruhigen und in ihnen wieder etwas mehr Hoffnung zu erwecken. Wenn im Ganzen die Ereignisse keine wesentlichen Störungen brachten, trotz des nicht zu verkennenden Ernstes der Lage, so ist das in erster Reihe dem Herrn Kapitän Schröder, den Herren Offizieren, Ärzten und der gesamten Besatzung zu danken, die uns in vorbildlich menschlicher, weit über ihre Pflicht hinaus währender Weise, eine wahrhaft edle Stütze waren. Herr Kapitän Schröder hat sich in unseren Herzen ein unvergeßliches Denkmal errichtet.

Herzlichster Dank gebührt auch dem Bordkomitee, das unermüdlich, einsichtsvoll und mit vollem Verständnis für uns arbeitete."[2]

Es ist nachvollziehbar, welche starken Stimmungsschwankungen auf dem Schiff herrschten. Spannungen und Gegensätze bereits in den Familien, stark beeinflußt von Alter, Lebenserfahrung, Temperament, Charakter und religiöser Orientierung. Jugendliche Hitzköpfe versus Altersweisheit und Besonnenheit. Dazwischen Verängstigte und Labile mit schnell wechselnden Ansichten. Aus Notsituationen ist bekannt, daß sich plötzlich Persönlichkeiten erheben, die vorher niemand beachtete, welche die Meinungsführung übernehmen, mit Ausstrahlung und Einwirkung auf Verzagte und Verzweifelte. Derartige Erscheinungen gab es auch auf dem Schiff, wertvolle Hilfen in psychologischer Hinsicht und Stabilisatoren der Situation. Eine dieser Persönlichkeiten war eine Passagierin der I. Klasse, die das nachfolgende Gedicht 53 Jahre später in einem US-Fernsehfilm auf deutsch vortrug:

Es zieht ein Schiff seine Bahn in der Nacht,
ruhig und sicher ist sein Gleiten.
Kapitän und Mannschaft treu halten Wacht,
sie sorgen zu allen Zeiten.

Das Schiff hat 900 Menschen an Bord,
Frauen, Männer, Kinder gar viele.
Sie mußten all aus der Heimat fort,
und suchen nun neue Ziele.

Schon sehen sie den Hafen,
schon glaubt man an Glück.
Da heißt es: Ihr dürft hier nicht landen.
Ihr müßt weiter, – oder ihr müßt zurück.
Trotz Bitten, – nicht Einlaß sie fanden.

Nun irren sie auf dem weiten Meer,
und Stunden vergehen und Tage.
Zurück ist Verderben, – Vorwärts so schwer,
Unhaltbar ist bald die Lage.

Doch ist es auch hart, – es gibt einen Gott,
auf ihn allein heißt es bauen,
Er hilft bestimmt aus der tiefsten Not.
Drum: Weiter mit Gottvertrauen.[3]

„Drum weiter mit Gottvertrauen", dieser Satz scheint eher aus einer Predigt zu stammen. Er war aber ein Leitsatz, an den sich viele Passagiere klammerten. Der bekannte Strohhalm für Ertrinkende.

Die Rückfahrt der „St. Louis" nach Europa vom 6. bis 17. Juni war für die Passagiere und die Mannschaft eine sehr starke Nervenbelastung, die schlimmste Zeit der ganzen Reise. Ein ganzes Schiff voller Verzweifelter, die bereit waren, überall an Land zu gehen, nur nicht in Deutschland. Der feste Glaube, über Kuba in die USA zu kommen, hatte die Bitterkeit der Auswanderung überlagert und die Menschen mit Hoffnung erfüllt. Ein je nach Quotennummer kürzerer oder längerer Aufenthalt in Kuba schreckte niemand ab. Doch die Weigerung der Zuckerinsel, die Flüchtlinge an Land zu lassen, gab allen Plänen auf ein neues Leben einen har-

ten Dämpfer. Die Zurückweisung durch die Vereinigten Staaten raubte schließlich alle Hoffnung, den amerikanischen Kontinent zu erreichen. Sie waren direkt am Grenzzaun zur Freiheit, aber es fand sich keine Türe oder wenigstens ein Loch im Zaun.
Die Nazi-Propaganda hat aus dieser unglaublichen Situation Nutzen gezogen, indem Dr. Goebbels verkündete, daß das Reich die Juden hätte auswandern lassen, aber niemand wollte sie aufnehmen. Diese Vermischung von Häme, Populismus und Tatsachen blieb den „St. Louis"-Passagieren womöglich erspart, denn auf ihrem Schiff gab es die Nazi-Presse nicht. Über Radio können aber deutsche Kommentare an Bord gelangt sein, hilfreich waren sie sicher nicht.

Die meisten der amerikanischen Zeitungen hatten immer wieder über die „St. Louis" berichtet. Appelle zur Aufnahme der Flüchtlinge und Kritik an der Passivität des Präsidenten und der Verweigerungshaltung des State Department kamen nur selten vor. Nun, nachdem das Schiff bereits auf der Rückfahrt war, erschien ein Editorial in einer der führenden Zeitungen des Landes:

MAN'S INHUMANITY. Die Kreuzfahrt der „St. Louis" schreit zum hohen Himmel…

„Man kann sich das bittere Los des Exils nur schwer vorstellen, wenn sich die Ereignisse in einem fernen Land abspielen. Hilflose Familien von Haus und Hof vertrieben, auf eine kahle Donauinsel gehetzt, über die polnische Grenze gejagt, in Todesangst in die Schweiz oder nach Frankreich flüchtend, das alles können wir uns in einem freien Land nur schwer vorstellen. Aber diese Emigranten befanden sich dicht vor unserer Küste.

Einige stehen auf der amerikanischen Quotenliste und können später an Land kommen. Was mit ihnen in der Zwischenzeit geschehen sollte, blieb Stunde um Stunde unklar. Wir können nur hoffen, daß sich irgendwo Herzen erweichen lassen werden und daß eine Zuflucht gefunden wird.

Die Kreuzfahrt der ‚St. Louis' schreit zum Himmel als Beispiel einer unmenschlichen Behandlung von Mitmenschen."[4]

Kapitän Schröder, ein loyaler HAPAG-Mann, hatte längst für „seine" Passagiere Partei ergriffen, ohne seine Pflichten zu verletzen. Ihm war klar, daß die Stimmung seiner Gäste um so schlechter werden würde, je näher das Schiff nach Europa kam. Hierzu vermerkte er:

„Leider war es nicht ein Traum, daß ich mit neunhundert verzweifelten Passagieren, die kein Land auf der ganzen Welt aufnehmen wollte, mitten auf dem Atlantik herumfuhr. Und ich empfand ein Unbehagen, als mir klar wurde, daß ich die Disziplin nicht mehr mit der Hoffnung auf eine Landung im Westen aufrecht erhalten konnte.
Ich hatte jetzt die traurige Pflicht, meinen Passagieren reinen Wein einzuschenken über die Aussichtslosigkeit einer Landung in Amerika, die durch während der letzten Nacht eingelaufene Telegramme endgültig feststand."[5]

Schröder hatte sich nicht geirrt, denn auf der Heimfahrt äußerte sich die verzweifelte Stimmung der Passagiere nicht nur in Gemurre und Protesten. Die Drohung mit einem Massen-Selbstmord lag seit Tagen in der Luft und war auch der Weltpresse zugespielt worden. Trotz verschärfter Wachsamkeit der Besatzung versuchte eine Gruppe jüngerer Leute die Brücke der „St. Louis" zu stürmen, in der Absicht, die Schiffsführung zu übernehmen. Schröder gelang es, die Meuterer von Gewaltanwendung abzuhalten und sie zu überzeugen, daß ein derartiges Schiff nur mit einer geschulten Mannschaft sicher zu fahren sei. Sein Argument, daß Meuterei in jedem Staat der Welt als Verbrechen gilt, trug dazu bei, daß sich diese Aktion einfach auflöste. Die älteren Passagiere hatten diese Verzweiflungstat einiger Hitzköpfe ohnehin nicht gebilligt. Bei einer Rückkehr nach Deutschland hätten die Beteiligten auch mit harten Strafen rechnen müssen, abgesehen davon, daß sich die Situation aller Passagiere nur verschlechtert hätte.
Viele Passagiere versuchten eine nüchterne Analyse der gegenwärtigen Lage. Das war beinahe unmöglich. Alle Nerven lagen blank, jeder nahm die neuesten Hypothesen begierig auf und gab sie auch weiter. Behauptungen und Dementis durchliefen die Schiffsdecks mit großer Geschwindigkeit und zudem mit dem Hauch von Glaubwürdigkeit behaftet. Es war so gut wie nicht mehr erkennbar, welche Nachricht Tatsache, Kommentar, Diskussionsbeitrag, persönliche Meinung, Galgenhumor, Vermutung oder gar Desinformation sei. Mixturen aus allen möglichen Elementen wurden gehandelt. Hysterie pur oder seelische Notwehr? Wer hatte auf der „St. Louis", die man nun getrost ein „Narrenschiff" nennen konnte, noch eine Übersicht oder gar Durchblick?
Die besonnenen Passagiere vermuteten, daß nur noch der Kapitän diesen gordischen Knoten entwirren konnte. Gustav Schröder, dessen

Autorität und Loyalität zu den Passagieren nie in Zweifel gezogen wurden, war innerlich genau so verunsichert und verzweifelt. Auch ihm war nicht klar, wo er seine Passagiere landen sollte und was mit ihnen geschehen würde. Er hatte Kurs auf Europa befohlen und hoffte insgeheim, daß er die Küsten neutraler Staaten würde ansteuern können. Er war sich sicher, daß die verzweifelten Flüchtlinge überall an Land gehen würden, nur nicht in Deutschland. Wie konnte er „sein Schiff" in einen sicheren Hafen lenken? Die Zeit lief ihm weg. Wenn nicht schnell Hilfe von außen käme, müßte er wohl wieder nach Hamburg zurückkehren.

Kapitän Schröder hatte noch eine andere Sorge: Verpflegung, Frischwasser und Treibstoff wurden knapp. Im Hafen von Havanna hatte niemand geglaubt, daß die „St. Louis" nochmals den Atlantik queren würde. Es war geplant, daß das Schiff nach der Anlandung der Flüchtlinge nach New York führe, um von dort Kreuzfahrten zu unternehmen. Die Passagiere waren immer noch an Bord, und das hatte die Planungen der Schiffsleitung völlig durcheinander gebracht. Kapitän Schröder machte deshalb dem Oberzahlmeister Müller und dessen Stellvertreter Reich keine Vorwürfe. Was war zu tun? Es half nur Rationierung. Die üppigen Mahlzeiten wurden vereinfacht und der Verbrauch von Frischwasser eingeschränkt. Wider Erwarten zeigten die meisten Passagiere dafür Verständnis. Deren Gedanken waren auf europäische Länder, wie etwa Spanien oder Italien, gerichtet. Mit Galgenhumor waren bereits die Schweiz, Liechtenstein oder der Vatikanstaat erwähnt worden. Besonnenen Geistern blieben bei diesen Überlegungen nur noch Frankreich oder Großbritannien als Zielländer übrig, denn in jedem kleineren Land würde ein Schiff mit über 900 deutschen Juden keinesfalls aufgenommen werden. Wo auch immer die „St. Louis" anlegen würde, jeder Flüchtling müßte versuchen, möglichst schnell von dort wieder wegzukommen ins Endziel USA oder nach Palästina. Deshalb wurde auf dem Schiff überall Englisch gelernt. Manche Familien versuchten sich in dieser Sprache zu verständigen, was häufig zu merkwürdigen Wortkonstruktionen und Diskussionen führte. Dadurch lockerte sich jedoch die triste Stimmung und die Verzweiflung etwas auf.

Kapitän Schröder in seinem Tagebuch:

> „Die einzigen, die in all den schweren Tagen unbekümmert blieben, waren die Kinder der Passagiere. Ja, sie freuten sich, länger an Bord bleiben zu können und nahmen ihr Schicksal höchstens spie-

lerisch wichtig, indem sie ein Spiel mit dem Namen erfanden: ‚Juden haben keinen Zutritt'. An einer aus Stühlen hergestellten Barriere standen zwei Jungens mit strenger Amtsmiene und verhörten die Einlaß begehrenden Kameraden. Ein kleiner Berliner, der an der Reihe war, wurde barsch gefragt: ‚Bist du ein Jude?' Als er dies kleinlaut bejahte, wiesen sie ihn streng zurück: ‚Juden haben keinen Zutritt!' – ‚Ach' bat der Berliner Junge, ‚lassen se mir man durch, ick bin doch blos'n janz kleener!'"[6]

Kapitän Gustav Schröder machte sich zunehmend Sorgen um das Schicksal der ihm anvertrauten Flüchtlinge. Durch Elternhaus und humanistisches Gymnasium liberal geprägt, versuchte er sich mit der Seelenlage seiner Passagiere vertraut zu machen. Es war ihm klar, daß seine Gäste ihre Häuser und Geschäfte gezwungen waren zu verkaufen, kräftige Abgaben gezahlt hatten und nur teilweise Möbel und Hausrat in Containern nach Kuba oder in die USA verschiffen konnten. Weiß Gott, ob sie jemals wieder ihr Eigentum erhalten würden. Soweit diese Container nicht an Bord der „St. Louis" waren, standen oder fuhren sie irgendwo herum. Im Falle einer Landung in Deutschland waren die Bedauernswerten heimat- und mittellos und schonungslos den Nazis ausgeliefert. Wo sollten sie hin? Die Verwandten oder Freunde in ihren Herkunftsorten würden in eine schwierige Situation gebracht. Bei arischen Bekannten konnten sie schwerlich auf eine Aufnahme hoffen. Bei der antisemitischen Haltung des Reiches, das sie ja vertrieben hatte, war eine Unterbringung in Lagern unausweichlich, bzw. in Konzentrationslagern, wo einige der Passagiere bereits waren. Im günstigsten Falle kämen sie in ein Juden-Ghetto. Konnte man das verantworten? Derartige Gedanken brachten Kapitän Schröder in heftige Konflikte mit seinem Treueverhältnis zur HAPAG, deren Eigentümer das Reich war. Man hatte ja gerade ihn mit dieser delikaten Mission betraut, weil er als zuverlässiger Kapitän bekannt war und man ihm die notwendigen menschlichen Fähigkeiten zutraute. Was konnte er als Verantwortlicher für Mensch und Schiff tun? Schröder strapazierte seinen Verstand, fand aber keinen vernünftigen Ausweg. Er war an die Weisung der HAPAG gebunden, die da hieß: Rückfahrt nach Europa. Da konnte er nicht einfach einen Hafen in Portugal oder Frankreich anlaufen. Dies hätte unweigerlich rechtliche, disziplinare und diplomatische Folgen gehabt und mit einiger Wahrscheinlichkeit nicht zur Landung seiner Passagiere geführt. Wenn schon die USA als klassisches Einwanderungsland abgelehnt hatten, wie sollte da ein europäisches Land reagieren, ohne vorherige Einholung seines Einverständnisses? Einholung des Einverständnisses, das überschritt seine Kompetenzen.

Die Lösung – eine Notlandung?

Wie kann man aber 900 Personen ohne Zustimmung eines Landes an dessen Küste absetzen? Havarie, Notfall – das war die Lösung. Ob Motorschaden, Brand oder Strandung, bei einem derartigen Notfall würde die „St. Louis" S.O.S. funken. „Save our Souls", da wären alle Schiffe und auch die Küstenwache verpflichtet, dem Havaristen zu Hilfe zu eilen und die Passagiere aus den Rettungsbooten aufzunehmen. Schröder erwog eine Strandung der „St. Louis" an der englischen Küste. Es gelang ihm nicht, von dieser Idee frei zu kommen. Im Gegenteil, er plante alle Phasen dieses gewagten Unternehmens und besprach seine Idee mit seinen Offizieren, auf die er sich voll verlassen konnte und die auch bei der Inszenierung des Seenotfalles mithelfen mußten. So realistisch wie möglich, denn er hatte den NSDAP-Ortsgruppenleiter Schiendick an Bord. Dieser Mann und seine Gefolgsleute durften nichts von dem Plan erfahren. Wenn er zur Ausführung käme, bräche ohnehin eine Panik aus, so daß an der „Echtheit" der Situation keine Zweifel mehr aufkommen könnten. Kapitän Schröder hatte sich zum zweitenmal auf dieser Reise in ein Gedankenmodell verrannt, das ihm Kopf und Kragen kosten könnte. Er setzte sich einer Verurteilung wegen des Mißbrauches des S.O.S.-Signals und der Verletzung seiner Kapitänspflichten aus. Die Brücke eines Schiffes würde er wohl nie mehr betreten dürfen. Da würden auch die humanitären Absichten nicht helfen. Rechtsbruch war für Schröder ein furchtbares Wort. Er verkniff sich, seinen Plan mit den Rechtsanwälten aus dem Bordkomitee zu besprechen. Mißachtung von Gesetzen, Rechtsbruch, Vorsatz, diese juristischen Begriffe bereiteten ihm große Probleme. Rings um ihn her wurden Rechtsbrüche begangen, für die sich gegenwärtig kein Richter interesierte: Münchner Abkommen, Pogromnacht, Judenverfolgung in Deutschland, Zurückweisung seiner Passagiere in Kuba, waren dies nicht auch Rechtsbrüche? Nun war er dabei, im Namen der Humanität zu handeln und mit seinem Schiff an der englischen Küste zu stranden.

Kapitän Schröder wußte zu diesem Zeitpunkt noch nicht, daß intensive Verhandlungen unter verschiedenen Partnern stattfanden, um die Rückkehr der „St. Louis" nach Deutschland zu verhindern. Sowohl die HAPAG, der amerikanische Bankier Warburg, der JOINT und der US-Gesandte in London, Joseph Kennedy, der Vater des späteren Präsidenten, wurden aktiv.
Die Europäer empfanden die Bemühungen der Amerikaner merkwürdig. Das große Amerika hatte es nicht fertiggebracht, 907 deutsche Juden in Kuba unterzubringen oder selbst aufzunehmen. Es erwartete nun von Europa, getreu dem St.-Florians-Prinzip, eine Lösung. Immerhin geschah etwas, die Zeit der Lethargie war vorüber.

„Inmitten all der Hoffnungslosigkeit erwies sich die Zusammenarbeit mit dem Bord-Komitee als äußerst wertvoll," berichtet Kapitän Schröder. „Ich glaube kaum, daß ich dem damaligen Nervenkrieg an Bord ohne unsere täglichen Besprechungen gewachsen geblieben wäre... Außer dem Bord-Komitee gab es noch ein von Herrn Gustav Weil gebildetes Seelsorge-Komitee, das die Aufgabe hatte, bei den zahlreichen Nervenzusammenbrüchen Beistand zuleisten. Die Ärzte hatten genügend andere Patienten."[7]

In Amerika hatten sich Regierung und Öffentlichkeit bereits einem anderen Thema zugewandt. Das englische Königspaar besuchte das Weiße Haus und die New Yorker Weltausstellung. Die Gazetten waren angefüllt mit Bildern und Sonderberichten. Wie waren die Royals angezogen, und was bemerkten sie über der „Welt größte Weltausstellung"? Da blieben für die „St. Louis" nur noch wenige Zeitungszeilen. Nachrufe, im buchstäblichen Sinne, denn das Schiff war ja inzwischen fern auf dem Atlantik, zurück nach Europa.

In Schröders Bericht heißt es:
„Ich wußte, daß heute ein kritischer Tag erster Ordnung bevorstand. Nach einem Besuch auf der Kommandobrücke, um den Kurs auf den englischen Kanal einsteuern zu lassen, ging ich durchs Schiff. Überall roch es nach Verzweiflung und Panik, überall trafen mich fragende Blicke."[8]

Ein Tagebuchschreiber vermerkt hierzu:
„Ein Tag mit grauem Himmel, Regen und stärkerem Seegang, ein grauer Tag auch für uns, Unruhe und Debatten an allen Decks, Debatten und Zweifel, schon bald Verzweiflung bei manchen. Das

einzige Greifbare: Der Kapitän wird selbst zur Lage sprechen. Die Nervosität nimmt zu, was wird er uns zu sagen haben?"⁹

Es darf noch angemerkt werden, daß von keinem prominenten Besucher der Weltausstellung, seien es gekrönte Häupter oder Präsidenten, eine Intervention zugunsten der Passagiere der „St. Louis" erfolgte.

1 Schröder, Heimatlos, Seite 27/28.
2 Brief Heinrich Ross, 69, vom 8. Juli 1939.
3 Gisela Lenneberg, 42, in deutscher Sprache vorgetragen in „The Double Crossing", 1992.
4 NYT, June 9, 1939, page 20.
5 Schröder, Heimatlos, Seite 22.
6 Schröder, Heimatlos, Seite 31.
7 Schröder, Heimatlos, Seite 19/20.
8 Schröder, Heimatlos, Seite 23.
9 Dublon, Tagebuch vom 9. Juni 1939.

Nach der Landung der „St. Louis" in Antwerpen reist die belgische Gruppe sofort in die ihr angewiesenen Zufluchtsorte.

Landung in Belgien, Rettung in letzter Stunde

Wer sich erbarmt des Armen, leiht dem Herrn,
und seine Guttat wird er ihm vergelten.
Sprüche, 19,17

Siehe, ich steh vor der Türe und klopfe an;
wenn einer meine Stimme hört und die Türe aufmacht,
bei dem will ich eintreten und das Mahl mit ihm halten
und er mit mir.
Apokalypse, 3,20

Die Landung im Hafen von Antwerpen

Auf der „St. Louis" gab es einen tragischen Vorfall. Der Steuermann Franz Kritsch, der beim Aufruhr der jungen Passagiere bedrängt worden war, erhängte sich. Er wurde auf See bestattet. Kapitän Schröder war bestürzt: der dritte Tote auf dieser Reise.
Sonntag der 11. bis Mittwoch der 14. Juni, waren entscheidende Tage für die „St. Louis"-Passagiere.
Aus der Gerüchteküche kam die Losung „Landung in Westeuropa", ein ziemlich ungenauer Begriff, der jedoch eine Rückkehr nach Deutschland ausschloß. Dann sickerte als Ankunftshafen Antwerpen durch. Auf der großen Europakarte auf der „St. Louis" konnte man die genaue Lage an der belgischen Küste erkennen. In diesen Tagen interessierte sich niemand dafür, daß dieses kleine neutrale Land im Osten an Deutschland grenzte.
In Paris residierte der Amerikaner Dr. Morris C. Troper als Vorsitzender der europäischen Exekutive des jüdischen Hilfsvereins JOINT (Jewish Joint Distribution Committee). Dieser Mr. Troper hatte sehr genaue Kenntnisse über die Behandlung der deutschen Juden durch die Nazis. Er engagierte sich außerordentlich bei den jüdischen Organisationen in Europa und den USA für die „St. Louis"-Passagiere. Darüber hinaus sprach er auch direkt europäische Regierungen an, obwohl er damit seine Kompetenzen weit überzog. So wandte er sich an Belgien, Frankreich, Großbritannien, Luxemburg, Niederlande und Portugal, womit das gesamte westliche Europa zur Hilfe aufgerufen worden war. Tropers starker Wille zur Rettung, seine Energie und Hartnäckigkeit unterschieden sich kraß von den Aktivitäten der amerikanischen Juden. Wie Kapitän Schröder empfand er offenbar ein starkes Verantwortungsgefühl für die Hilflosen auf der „St. Louis". Tropers Einsatz und der seiner Helfer in den angesprochenen Ländern hatte einen ersten Erfolg, als sich das Königreich Belgien zur Aufnahme von 200 Flüchtlingen bereit erklärte. Hiermit war ihm der entscheidende Durchbruch gelungen. Nun mußte er noch die zögernden anderen Regierungen überzeugen. Auch dies gelang ihm und er konnte am 13. Juni, einen Monat nach der Abfahrt aus Hamburg, an die „St. Louis" telegrafieren:

„Endgültige Abmachungen für Ausschiffung aller Passagiere getroffen. Großartige Zusammenarbeit der Regierungen Belgiens,

Hollands, Frankreichs, Englands mit amerikanischem Joint Distribution Committee machte Resultate möglich."

Diese Nachricht brachte die entscheidende Wende im Schicksal der Passagiere auf dem Schiff. Jedermann empfand dies als eine große Sensation nach Wochen der Ungewißheit, der Ängste und Zweifel durch sich widersprechende Nachrichten. Dies war endlich ein Signal der Erlösung und Entspannung. War dies alles glaubhaft? Schiffsführung und Bordkomitee waren zunächst noch skeptisch und telegrafierten um eine Bestätigung. Als diese eingetroffen war, brach ein Freudentaumel aus.

Wie seinerzeit vor Havanna wurde ein Bordfest organisiert und damit traditionell das Ende der langen Reise gefeiert, gleichzeitig die Nähe der Freiheit. Auch die Kinder und Jugendlichen haben an der großen Feier teilgenommen, wie sie bei späteren Unterhaltungen begeistert berichteten. Die jungen Passagiere, die ohnehin stets eine besondere Gruppe bildeten, tanzten ausgelassen bis spät in die Nacht. So manches Pärchen verließ den großen Festsaal und verschwand auf den Decks. Aber auch die Erwachsenen feierten kräftig mit. Väter tanzten mit den Töchtern, Mütter mit ihren Söhnen. Zahlreiche Passagiere betätigten sich als Sänger oder Rezitatoren. Die Küche der „St. Louis" lieferte ein üppiges Abendessen, was dem Fest sehr zugute kam. Die Singgruppe schmetterte einige Lieder, wie „Wildgänse rauschen durch die Nacht" und auch „Wir lagen vor Madagaskar". Letzteres trug zur allgemeinen Heiterkeit bei, denn es war auch auf der „St. Louis" bekannt, daß auf dieser afrikanischen Insel eine Ansiedlung von Juden aus verschiedenen Staaten geplant war. In musikalischer Hinsicht waren die beiden Lieder deplaziert, denn die Kapelle der „St. Louis" war völlig auf Opern- und Operettenmelodien und Tänze ausgerichtet, sie konnte die Sänger nicht begleiten. Da sprang ein „St. Louis"-Matrose mit seinem Schifferklavier ein und verhalf zu einer Art Seemanns-Romantik. Der Beifall war jedenfalls kräftig. Die Stimmung ging hoch, es herrschte eine Mischung zwischen Silvesterfeier, Karneval und Volksfest. „Land in Sicht" oder die „Suche nach Atlantis", „Volk ohne Hafen", „Reise nach Antwerpen über Kuba und Florida", waren die Themen des Abends.
Als Kapitän Schröder erschien, wurde ein Toast auf ihn und den „Betriebsausflug der HAPAG mit Besichtigung von Florida" ausge-

bracht. An einigen Tischen war der Alkoholpegel kräftig gestiegen. Einige Frauen versuchten ihre Männer in die Kabinen zurückzubringen, denn der nächste Tag verlangte einen klaren Kopf. Als die Kapelle lange nach Mitternacht die Instrumente einpackte, wurde das von vielen Unentwegten sehr bedauert. Es gelang noch eine kleine Verlängerung per Applaus zu erreichen. An den Bars drängten sich dann noch die Nachtschwärmer. Am nächsten Morgen nahmen viele das Frühstück verspätet ein und bekämpften mit Kaffee die Müdigkeit der vergangenen Nacht. Die „St. Louis" durchfuhr den Ärmelkanal und näherte sich dem Festland. Eine Position, die viele noch vor Tagen fürchteten und bei der mancher in selbstmörderischer Absicht in die See springen wollte. Nun versuchten die Passagiere, Land zu erspähen. Irgendwo, rechts oder links, mußte bald eine europäische Küste erkennbar werden, sei es Frankreich oder Großbritannien.

Viele Helfer hatten offen oder verborgen und mit unterschiedlicher Intensität am guten Ausgang der Schiffs-Odyssee mitgewirkt. Wie bekannt, hat der Erfolg viele Väter, jedoch müssen die Meriten dem Amerikaner Morris C. Troper und dem Deutschen Gustav Schröder zugesprochen werden. Ersterem, weil er durch unermüdliche Verhandlungen und Appelle die von Schröder herausgeschundene Zeit optimal nutzte und dadurch letztendlich die internationalen Rettungsbemühungen zum Erfolg führte. Letzterem, weil er durch seine Kreuzfahrten zwischen Kuba und Florida die Weltöffentlichkeit auf das Schicksal der Passagiere aufmerksam machte und wertvolle Tage für Verhandlungen gewann. Die beiden Herren begegneten sich erstmals persönlich auf dem Schiff. Ein gemeinsames Ideal hatte sie unsichtbar verbunden: Humanität. Mr. Troper hatte quasi in letzter Stunde die Passagiere vor der drohenden Rückfahrt nach Deutschland bewahrt. Er hatte erreicht, was weder die amerikanische Regierung, noch der JOINT, noch der sonst so smarte Anwalt Berenson vermocht hatten. Troper verfügte zwar über ausgezeichnete Verbindungen, die seine Mission erleichterten, sein Erfolg war jedoch ausnahmslos seinem hingebungsvollen persönlichen Engagement zuzuschreiben. In dieser Sache praktizierte er auch Chuzpe, als es um Biegen und Brechen ging und nur noch der Glaube an den Erfolg half.

Er wußte um den Antisemitismus in Europa. Auf einer Reise nach Polen hatte er in Berlin die Pogromnacht und das Wüten der braunen

Dr. Morris C. Troper war im Juni 1939 als Leiter des JOINT-Büros in Paris maßgeblich an der Aufnahme der „St. Louis"-Passagiere in den vier Gastländern beteiligt. Während des Krieges diente er als Brigade-General in der US-Army.

Rowdys erlebt. Deshalb war er einer der wenigen ausländischen jüdischen Repräsentanten, der den brutalen Antisemitismus der Nazis aus nächster Nähe kennengelernt hatte. Er wußte auch, daß die allermeisten Passagiere ähnliches erlebt hatten und daß einige vor der Reise bereits in Konzentrationslagern gewesen waren. Seine Informationen und Erfahrungen mögen dazu beigetragen haben, daß er sich so intensiv für die Menschen auf der „St. Louis" eingesetzt hat. Bei seinen Verhandlungen in Westeuropa stellte sich nicht die Frage eines „Handgeldes". Er sicherte den Regierungen der Aufnahmeländer die finanziellen Garantieleistungen des JOINT zu. Hierbei kam ihm sehr zugute, daß er aus der amerikanischen Organisation kam und dort die wichtigen Persönlichkeiten kannte. Aber auch in Europa hatte er sich seit der Übernahme des Postens in Paris im Oktober 1938 gute Verbindungen geschaffen. Zudem ermöglichte ihm sein amerikanischer Paß, überall in Europa, auch in Deutschland, zu reisen. Er war ein „troubleshooter", ein Problemlöser, dessen Durchsetzungsvermögen und persönliche Ausstrahlung stets sehr hilfreich waren. Anläßlich einer Konferenz in Paris bemerkte der Leiter der französischen Staatspolizei M. Bussières:

> „Es ist bedauerlich, daß unsere amerikanischen Freunde nicht in der Lage waren, sie (die ‚St. Louis'-Passagiere) in einen ihrer Häfen einzulassen, anstatt sie einfach nach Europa zurückzuschicken."

Mr. Troper, der sehr wohl wußte, daß dies den Tatsachen entsprach, unterließ es, hierüber eine nutzlose Diskussion zu führen.[1]

Die Passagiere werden aufgeteilt

Am 15. Juni begannen die bürokratischen Vorbereitungen für die Landung im belgischen Antwerpen. Es wurden Listen angefertigt mit den persönlichen Daten der Passagiere, den Adressen von Verwandten und Freunden in den Aufnahmeländern, der Affidavitgeber und sehr wichtig, den USA-Quotennummern. Je niedriger diese Quotennummern waren, desto kürzer der Aufenthalt der Flüchtlinge in den Gastländern. Es ist daran zu erinnern, daß sich in den aufnahmebereiten vier Ländern bereits sehr viele Flüchtlinge befanden, vornehmlich Juden. Hierüber gab es bei der einheimischen Bevölkerung Unwillen und Proteste. In der deutschsprachigen Emigrantenzeitung „Aufbau" in New York erschien am 15. Juni 1939 ein Gedicht von Berthold Viertel:

Schiff mit der Menschenfracht, die es den Küsten
Wie ein Hausierer seine Ware bietet.
Wo ist das Land, das Menschen kauft, tauscht, mietet?
Wo öffnet sich ein Hafen, zu empfangen
Die ausgestoßenen Tausend?

Wo wird der neue Bürger eingetragen?
Wer wagt es, seine Ankunft zu verkünden?
Wir aber leben auch in diesen Tagen
Das Dasein unserer Unterlassungssünden.[2]

Samstag, der 17. Juni, ist der von den Passagieren langersehnte Tag der Landung. Am Vormittag stiegen im niederländischen Vlissingen an der Mündung der Wester-Schelde die beiden Amerikaner Morris C. Troper und sein Mitarbeiter Emanuel Rosen sowie Vertreter der vier Gastländer auf die „St. Louis". Großer Jubel empfängt die Offiziellen.
Liesel Joseph, die Tochter des Vorsitzenden des Bordkomitees, hatte an diesem Tag ihren 11. Geburtstag und verlas folgende Begrüßungsadresse:

„Lieber Mr. Troper! Die Kinder der St. Louis danken Ihnen aus vollem Herzen für ihre Rettung aus tiefster Not. Sie erflehen Gottes Segen für Sie. Leider wachsen an Bord keine Blumen, wir hätten Ihnen gern einen Strauß überreicht. Liesel Joseph, geb. 17.6.1928"[3]

Am nächsten Tag erhielt das Geburtstagskind von Mr. Troper einen Strauß roter Rosen. Das war der erste Blumengruß von einem Herrn, wie sich die Beschenkte später erinnert. Sie stand in Amerika lange mit Mr. Troper und dessen Frau in Verbindung.

Kapitän Schröder begrüßte Mr. Troper und die anderen Herren und stellte den Festsaal für die Registrierungsaktivitäten zur Verfügung. Die Verteilung auf die vier Länder erfolgte nach dem Grundsatz, Familien und Freunde nicht zu trennen. Persönliche Wünsche konnten nicht immer erfüllt werden. Besonders starker Andrang war am Tisch der britischen Kommission, weil viele der Flüchtlinge die Insel als besonders sicher ansahen, was sich später auch bestätigte. Jedes Aufnahmeland versuchte Flüchtlinge mit möglichst niedrigen USA-Quotennummern zu erhalten, weil dadurch deren Verweilzeit eher kurz sein würde. Die demoskopische Struktur der 906 jüdischen Passagiere war wie folgt:

Alter	Zahl	männlich	weiblich
–12	103	–	–
13–21	79	41	38
22–55	578	317	261
55–	146	66	80[4]

Belgien nahm 214, Frankreich 224, Großbritannien 287 und die Niederlande 181 „St. Louis"-Passagiere auf. Aufmerksame Leser werden feststellen, daß in allen Veröffentlichungen über die „St. Louis" von 907 jüdischen Flüchtlingen berichtet worden war. Auch ich habe in diesem Buch diese Zahl benutzt. Die Addition der Verteilung der Flüchtlinge auf die Aufnahmeländer ergibt jedoch nur 906 Personen. Wie erklärt sich diese Abweichung? Ist ein Passagier verlorengegangen, gar über Bord gesprungen? Aus den Akten der damaligen Zeit habe ich festgestellt, daß der „fehlende" Passagier kein jüdischer Flüchtling war. Der ungarische Reisende Istvan Winkler hatte nicht die Absicht zu emigrieren, offenbar hatte er in Havanna das Aussteigen im allgemeinen Durcheinander verpaßt und war noch immer auf dem Schiff, wo er bei der Registrierung in Antwerpen entdeckt wurde. Ich konnte nicht ermitteln, was aus ihm geworden ist.

Die Reise der „St. Louis" wurde in den Zeitungen in Deutschland totgeschwiegen. In den Akten des Reichssicherheitshauptamtes wird die Rückkehr nach Antwerpen für die Nacht vom 16./17. Juni vermeldet.[5]

17. Juni, 214 Passagiere reisen nach Brüssel

Am Nachmittag legte das Schiff am Pier 18 in Antwerpen an. Noch am Abend wurden die für Belgien bestimmten 214 Passagiere mit einem Sonderzug, dessen Fenster zugenagelt waren, nach Brüssel gebracht.

Diese besonderen Maßnahmen erregten zunächst Verwunderung. In Antwerpen demonstrierten belgische Nazis gegen die Landung der Juden. Es wurden Flugblätter verteilt, daß die Juden „Nägel und Stricke" erhalten könnten. Vermutlich haben die „St. Louis"-Passagiere damals keine Kenntnis von diesen unfreundlichen Aktionen erhalten. Aggressiven Antisemitismus in dem Land, dessen König und Regierung sich als erste bereit erkärt hatten, die Flüchtlinge aufzunehmen, hätte man nicht erwartet.

18. Juni, 181 Passagiere fahren nach Rotterdam

Am 18. Juni bestiegen die für die Niederlande Ausgewählten den Dampfer „Jan van Herckel", um nach Rotterdam zu fahren. Dort wurden sie in der Quarantänestation Heiplaat untergebracht. Das Gelände war mit Stacheldraht umzäunt und wurde mit Polizeihunden bewacht. Die Gefühle der soeben vom Rücktransport nach Deutschland Bewahrten kann man sich gut vorstellen.

19. Juni, die Flüchtlinge nach Frankreich und Großbritannien verlassen Antwerpen

Die HAPAG hatte das Frachtschiff „Rhakotis" eilig umbauen lassen und nach Antwerpen geschickt. Es übernahm 224 Flüchtlinge für Frankreich und 287 für Großbritannien. Die Komfortsituation auf der „Rhakotis" war deutlich schlechter als auf der „St. Louis".
Am 19. Juni übernahm die „Rhakotis" das Gepäck für die Frankreich- und England-Flüchtlinge. Für die Passagiere ergaben sich erhebliche Probleme dadurch, daß ihre Container und Pakete in verschiedenen Häfen gelagert waren. Einige Sendungen standen noch in Hamburg, andere waren in Kuba oder den USA angekommen. Am Nachmittag fuhr die „Rhakotis" in Antwerpen ab und erreichte am nächsten Tag Boulogne. Die 224 Frankreich-Flüchtlinge wurden zunächst in Hotels untergebracht.
Eine Zeitung berichtete:
> „Zum ersten Male sehen jetzt viele von ihnen eine Welt ohne SA und SS. Sie können in einen Garten gehen, sich auf eine Bank setzen. Die Erwachsenen blinzeln staunend in die französische Sonne. Die Welt ist voller Wunder."[6]

Der Mittwoch 21. Juni beendete die Seereise für die letzten „St. Louis"-Passagiere mit der Ankunft der „Rhakotis" in Southampton. Im Hafen wurden die Begrüßungsfeierlichkeiten für die Rückkunft des englischen Königspaares aus Amerika vorbereitet. Die Flüchtlinge wurden mit dem Zug nach London gebracht. Von dort kamen einige alleinstehende Männer in das Kitchener Camp in Richborough. Familien brachte man in Privathäusern und Hotels unter.

Die „St. Louis" verläßt Antwerpen via New York

Gegen Mitternacht verließ die „St. Louis" den Antwerpener Hafen mit dem Ziel New York, um von dort aus die vorgesehenen Kreuzfahrten mit Amerikanern durchzuführen.
Schröder bedankte sich schriftlich bei Mr. Troper:
> „Bevor ich Antwerpen verlasse, benutze ich die Gelegenheit, Ihnen noch einmal sehr aufrichtig zu danken für die Zusammenarbeit mit Ihnen und den verschiedenen Komitees bei der Organisation und Verteilung meiner Passagiere und der Hilfe bei der schnellen Ausschiffung. Die ‚Rhakotis' hat das Kontingent für Frankreich und England bereits übernommen.
> Ich bin sicher, daß ich die Passagiere in meine Freude über das zufriedenstellende Ende mit einschließen darf in meinen persönlichen Dank und meine Hochschätzung für alles, was Sie für uns getan haben.
> Gustav Schröder, Kapitän."

Auch Kapitän Schröder erhielt Briefe des Dankes und der Anerkennung von der Hamburg-Amerika-Linie, den Passagieren und von dem Mitglied des Bordkomitees Dr. Ernst Vendig, der in Brüssel untergekommen war.[7]
Besonders freute sich Schröder darüber, daß sich der Ortsgruppenleiter und Abwehrkurier Otto Schiendick im Hafen von Antwerpen von der „St. Louis" abmeldete. Nun war er diesen unangenehmen und wohl auch gefährlichen Spitzel endlich los.

Hamburg-Amerika Linie 16. Juni 1939
   Vorstand

Sehr geehrter Herr Kapitän Schröder!

Es ist dem Vorstand der Hamburg-Amerika Linie ein Bedürfnis, Ihnen bei Ankunft in Antwerpen mit diesen Zeilen unseren Dank auszusprechen, daß Sie die „St. Louis" wohlbehalten zurückgebracht haben.

Die Aufgabe, die Ihnen und Ihrer Besatzung gestellt wurde, war nicht einfach. Der uns vorliegende Bericht des Zahlmeisters gibt ein anschauliches Bild Ihrer Ausreise und hat unseren vollen Beifall gefunden. Die Unmöglichkeit, die Passagiere in Cuba zu landen, stellte Sie vor neue Aufgaben und aus Ihren Telegrammen haben wir mit Sorge Ihre Heimkehr nach Europa verfolgt. Wir beglückwünschen Sie, daß Sie es verstanden haben, das Schiff, Ihre Besatzung und Ihre Passagiere über die kritischen Tage hinwegzubringen und hoffen, daß Sie auf der Ueberfahrt nach New York neue Kräfte finden, die Vergnügungsreisen ab New York mit Erfolg durchzuführen.
Mit der Bitte, unseren Dank und unsere Anerkennung auch Ihrer Mannschaft zum Ausdruck zu bringen, verbleiben wir

                    Hamburg-Amerika Linie
                    gez. Hoffmann – Holthusen

Hafen Antwerpen, 18. 6. 1939

Herrn Kapitän S c h r ö d e r an Bord M.S. „ST. LOUIS"

Hochverehrter Herr Kapitän!

Als wir in Hamburg Ihr schönes Schiff betraten und auf der Fahrt nach fernen und unbekannten Gestaden waren, ahnten wir noch nicht, welch seltsames und schweres Geschick uns beschieden sein würde. Nach den ungeheuren Sorgen in der Heimat, die wir verließen, nach den aufreibenden Vorbereitungen der Ausreisearbeiten war Ihr wunderschönes Schiff, Herr Kapitän, Ihre sichtbar waltende Fürsorge für die Passagiere, die fabelhafte Verpflegung, die Aufmerk-

samkeit Ihres gesamten Personals und insbesondere aller Ihrer leitenden Herren so eindringlich und geradezu überwältigend, daß wir fast vergessen konnten, was zu verlassen und zu verlieren wir im Begriffe waren.

Als dann das Unheil von Habana über uns hereinbrach und Sie mit uns den Hafen unserer Hoffnungen verlassen mußten, war es wiederum Ihre unendliche Güte und Geduld, Ihr menschliches Verstehen und mitfühlendes Herz, das es uns ermöglichte, in täglicher und stündlicher Zusammenarbeit mit Ihnen unsagbares Unheil und Elend, eine Panik von unabsehbaren Folgen zu vermeiden.

Daß Sie, Herr Kapitän, in dieser vorbildlichen Arbeit mit uns zusammen wirkten, dafür, Herr Kapitän, danken Ihnen alle Passagiere, danken Ihnen ganz besonders die über 400 Frauen und Kinder der „ST. LOUIS" aus vollen heißen Herzen. Sie haben, als das Schiff sich weiter entfernen mußte, unsere Hoffnungen neu belebt, indem Sie an der Küste von Florida langsam kreuzten und dadurch die schon in Verzweiflung Geratenen aufrichteten. Sie haben verständnisvoll Rücksicht geübt auf uns, als den meisten Passagieren auf der Rückfahrt das Bordgeld ausgegangen war.

Wir selbst haben die Vereinfachung der Speisekarte bei Ihnen angeregt, und jeder Passagier erkennt uneingeschränkt an, daß Verpflegung und Behandlung an Bord vom Anfang bis zum Ende der Reise höchstes Lob verdienen.

Ihnen selber aber, Herr Kapitän, möchten wir sagen: In unseren Herzen und in den Herzen unserer Kinder wird eingegraben sein – dauernder als in Erz und Marmorstein – unvergeßlich und unauslöschlich das schöne Schiff „ST. LOUIS" und sein wunderbarer Kapitän S c h r o e d e r. Auch den übrigen Herren der Schiffsleitung gilt dieser unser Dank und Anerkennung.

In ehrungsvoller steter Dankbarkeit
die Passagiere der M. S. „ST. LOUIS" von der
Habana-Fahrt Mai – Juni 1939

Dr. Ermst Vendig *den 10. Juli 1939*
69, rue des Aduatiques
B r u x e l l e s

Sehr geehrter Herr Kapitän!

Die überstürzte schnelle Ausbootung der Passagiere für Belgien am 17. Juni nahm mir leider die Möglichkeit, meine Absicht, mich bei Ihnen persönlich zu verabschieden, auszuführen. Ich konnte damals nur Herrn Dr. Joseph bitten, Ihnen, Herr Kapitän, meine besten Grüße und meinen Dank für all Ihr Bemühen um unser Schicksal auszusprechen, und Ihnen zugleich im Namen des Bordkomitees und damit in dem meinen ein Erinnerungsbild an die denkwürdige Ausfahrt aus Habana überreichen zu wollen.

Nachdem nun die Tage der äußeren und inneren Unruhe etwas gewichen sind und alle – die 200 Angehörigen der Belgischen St.-Louis-Gruppe – durch die dankenswerte und verständnisvolle Einstellung unserer neuen Heimat zu uns wieder einigermaßen festen Boden – im realen wie symbolischen Sinne – unter den Füßen haben, ist es mir ein Bedürfnis, Ihnen einige Zeilen zu schreiben, von denen ich hoffe, daß sie Sie ehestens bei einem Zwischenaufenthalt in New York erreichen werden.

Vor allem möchte ich Ihnen meinen besten Dank für die schriftliche Anerkennung aussprechen, die Sie mir wie allen Herren des Bordkomitees für unsere selbstverständliche Betätigung im Interesse aller noch auf dem Schiff haben übermitteln lassen. Dieses Schreiben wird mir immer eine wertvolle Erinnerung bleiben an diese Tage, die bei aller Schwere doch dadurch leichter zu ertragen und zu überwinden waren, weil sie geeignet waren, den Glauben an die unzerstörbare Kraft der humanitären Idee, ein Glaube, der uns auf Grund der hinter uns liegenden Erfahrungen fast schon verloren gegangen war, wieder zurückzugeben.

In diesem Sinne bin ich Ihnen, sehr geehrter Herr Kapitän, zu ganz besonders tiefem Dank verbunden, denn Ihre Haltung – die die des ganzen Schiffes bestimmte – in diesen Tagen und Wochen gegenüber uns Menschen und gegenüber unserem besonderen Schicksal war für uns ein Kraftquell ganz seltener Art. Sie haben es verstanden, mit dem tiefen Verständnis für unsere Lage zugleich ein solches Feingefühl in der Behandlung aller uns berührenden Fragen zu verbinden, daß wir wußten, Sie hatten in diesen Tagen unsere Sache zu der Ihren gemacht.

Das Ihnen nochmals zum Ausdruck zu bringen, sollte der Sinn meines heutigen Schreibens sein, und ich hoffe gerne, daß Sie dieser Brief in alter Frische antrifft, die Sie wieder zurückgewonnen haben, nachdem die Arbeit und Sorgen um uns und mit uns Ihnen seit Antwerpen genommen waren.

Ich darf mich Ihnen bestens empfehlen und begrüße Sie

mit aller Hochachtung ergebenst
Ernst Vendig

Die Odyssee der „St. Louis" ist beendet

Die abenteuerliche Irrfahrt der „St. Louis" war beendet. In Anspielung auf die griechische Mythologie kann man sie eine Odyssee nennen. Um nach Antwerpen zu gelangen, mußten sie zweimal den Atlantik überqueren und Demütigungen erleiden, denen sie mit ihrer Ausreise aus Deutschland entkommen wollten. Es war ihnen zwar die Rückkehr ins Reich erspart geblieben, aber sie waren wieder recht nahe an Deutschland. Antwerpen lag etwa 2 Autostunden von der Reichsgrenze entfernt. Belgien, Frankreich und die Niederlande grenzten direkt an Deutschland. Waren die „St. Louis"-Flüchtlinge nun in Sicherheit? Am 1. September 1939, also zehn Wochen später, begann mit dem deutschen Überfall auf Polen der zweite Weltkrieg.
Zwei Tage später erklärten Großbritannien und Frankreich dem Reich den Krieg. Dies veränderte schlagartig die Situation der deutschen Flüchtlinge in diesen Aufnahmeländern. Über Nacht waren sie plötzlich „feindliche Ausländer", was zur Internierung der Männer führte. Im Sommer 1940 überrannte die deutsche Wehrmacht die Niederlande, Belgien und Frankreich. Dadurch gerieten diejenigen „St. Louis"-Passagiere, denen es nicht gelungen war, schnell diese Gastländer zu verlassen, erneut in den Einflußbereich der Nazis. Viele dieser Bedauernswerten verloren ihr Leben im Holocaust.
Was wäre geschehen, wenn Kapitän Schröder seine Passagiere auftragsgemäß in Havanna hätte landen können? Die allermeisten Flüchtlinge hätten in Kuba den Aufruf ihrer Einwanderungsnummer in die USA abgewartet und wären dorthin übersiedelt, glücklich den verbrecherischen Ereignissen in Europa entkommen zu sein. Zwei Buchautoren bemerken hierzu:
> „Eines ist sicher: Hätten Kuba oder die Vereinigten Staaten den Flüchtlingen Asyl gewährt, so hätten fast keine Passagiere der ‚St. Louis' frühzeitig sterben brauchen."[8]

In New York veröffentlichte der JOINT, daß die Rettungsaktivitäten für die „St. Louis"-Passagiere nicht als Präzedenzfall für andere dienen könne. Eine bittere Nachricht für alle, die noch auf den Meeren herumfuhren oder sonstwo auf eine Fluchtmöglichkeit warteten.

Hypothesen zur Fahrt der „St. Louis"

Es hat vielfältige Berichte, Diskussionen und Meinungen darüber gegeben, ob die Fahrt der „St. Louis" von geheimnisvollen, noch nicht geklärten Umständen begleitet war. Hierzu gibt es zwei Hypothesen:

1. Die „St. Louis" war ein ganz „normales" Flüchtlingsschiff, wie es seinerzeit viele gab, die im Mittelmeer, nach Shanghai oder Südamerika unterwegs waren. Die Kapitäne dieser Schiffe hatten einige Probleme bei der Anlandung ihrer Passagiere. Teilweise lag dies an fehlenden oder mangelhaften, auch gefälschten Papieren. Hauptsächlich aber an der Überfüllung von möglichen Fluchthäfen mit Juden sowie an der schwindenden Bereitschaft vieler Länder, flüchtende Juden aufzunehmen. Shanghai war damals der einzige Ort auf der Welt, der Flüchtlinge ohne Visa aufnahm. Man konnte dorthin per Bahn via Rußland oder per Schiff gelangen. Einige der Flüchtlingsschiffe mußten in ihre Abfahrtshäfen in Deutschland, Frankreich, England oder Italien zurückkehren. Die HAPAG wußte bei der Abfahrt der „St. Louis" vom kubanischen Dekret 937. Einerseits hatte man eine Zusicherung, daß dieses Schiff hiervon nicht betroffen sei. Andererseits glaubte man eventuelle Probleme mit „ortsüblichen Mitteln" in Havanna regeln zu können. Wäre die „St. Louis" vor dem 5. Mai abgefahren, hätte man dort die Landepermits routinemäßig anerkannt. Daß auf dem Schiff ein Abwehrkurier als Besatzungsmitglied war, ist nichts außergewöhnliches, denn die Spionagedienste aller Nationen benutzten derartige Übermittlungswege.

2. Einige Diskutanten sind überzeugt, daß die Passagiere der „St. Louis" von den Nazis zu Propagandazwecken losgeschickt worden waren. Das Reich wollte der Welt beweisen, daß man deutsche Juden auswandern lasse und kein Land die Emigranten aufnehmen wolle. Man unterstellt, daß Berlin fest damit rechnete, daß Kuba die Landung ablehnen werde, was sich dann leider bewahrheitet hat. Dagegen spricht, daß die Buchungen für dieses Schiff schon monatelang getätigt wurden und niemand den Erlaß des kubanischen Dekrets vorhersehen konnte. Wenn es tatsächlich ein Propagandacoup der Nazis gewesen sein sollte, dann war er so simpel wie erfolgreich. Bedauerlicherweise hat niemand in der westlichen Hemisphäre damals diesen Trick erkannt und ihn durch die Auf-

nahme der Passagiere wirkungslos gemacht. In diesem Lichte betrachtet, erscheinen die kubanischen und amerikanischen Verweigerungen recht problematisch. Spätestens seit der Pogromnacht 1938 wußte man weltweit um die Lage der Juden in Deutschland. Die behauptete Propagandaversion ist aktenmäßig nicht nachweisbar. Auch in den Goebbels-Tagebüchern findet sich kein Eintrag. Im Schriftwechsel der deutschen Gesandtschaft in Havanna mit dem Auswärtigen Amt in Berlin bezüglich der Flüchtlingsschiffe wird erwähnt, daß die Rückkehr dieser Schiffe nach Deutschland „nicht in unserem Interesse liegt."

Auch die Gründe für die kubanische Ablehnung der „St. Louis" wurden vielfältig und kontrovers diskutiert. Hier eine Auflistung, die weder die Wertigkeit der Argumente noch die historische Wahrheit berücksichtigt:
– Machtpolitische Intrigen der kubanischen Politiker,
– Nichterfüllung „privater" finanzieller Erwartungen,
– antisemitische Strömungen in der öffentlichen Meinung,
– Nazi-Hetze,
– Befürchtungen einer jüdischen Majorität in Kuba,
– Passivität der jüdischen Gemeinde in Havanna,
– zu geringe amerikanische Einflußnahme,
– zu starke amerikanische Einflußnahme,
– schlechte wirtschaftliche Lage,
– ungeschickte Verhandlungsführung von Berenson,
– zurückhaltende Politik des JOINT,
– Befürchtungen, die USA würden die Weiterwanderung stoppen,
– antideutsche Strömungen in der kubanischen Regierung,
– Demonstration der Unabhängigkeit gegenüber den USA,
– Korruption in Kuba,
– ordnungspolitische Erwägungen,
– bevorstehende Präsidentschaftswahlen.
Welche Hypothese, Tatsache, Vermutung, Meinung oder Mischung aus allen der historischen Wahrheit entspricht, ist heute nicht mehr klar erkennbar. Wahrscheinlich waren damals mehrere Gründe relevant.

Kapitän Schröder hat hierzu notiert:
„Von Verschiedenen bin ich gefragt worden, wie das ganze überhaupt möglich war, und wer das Landungsverbot in Havanna

erließ. Ich habe es nie erfahren können und längst aufgegeben, es klarzustellen. Es liegt mir nicht, Schuldfragen zu klären, vielleicht leben die Menschen, die vom Schicksal ausersehen waren, eine entscheidende Rolle zu spielen, schon nicht mehr."[9]

Alle an der Debatte Beteiligten sind sich darüber einig, daß die „St. Louis"-Affäre ein Teil des Holocaust ist, dessen Ursache in der gewalttätigen Juden-Politik der Nazis zu suchen ist. Die Aufnahme der „St. Louis"- Flüchtlinge in Westeuropa war eine humanitäre Notaktion in letzter Stunde, jedoch keine sichere Lösung des Problems. Das Desinteresse und die Ablehnung vieler anderer Regierungen bei der Rettung der europäischen Juden ermutigte die Nazis in der Fortsetzung ihrer Politik.

Hierzu die Bemerkung eines bekannten amerikanischen Historikers:
„Amerika, traditionell das Land der Hoffnung für Verfolgte und Unterdrückte, hat wenig Hilfsbereitschaft gezeigt. Die amerikanischen Christen waren keine barmherzigen Samariter. Selbst den amerikanischen Juden gebrach es an tatkräftigem Engagement, das angesichts der Ungeheuerlichkeit dessen, was mit den europäischen Juden im Dritten Reich geschah, geboten gewesen wäre. Die Nazis waren die Mörder, aber wir ließen sie gewähren… Der Holocaust war gewiß eine jüdische Tragödie. Aber er war nicht nur dies. Er war auch eine christliche Tragödie, eine Tragödie für die westliche Zivilisation, ja, für die ganze Menschheit. Menschen haben Menschen umgebracht, während andere untätig zusahen!"[10]

---

1 Morse, While Six Million Died, page 286.
2 Aufbau, 15. Juni 1939.
3 Das Manuskript befindet sich im US Holocaust Memorial Museum.
4 Bericht Emanuel Rosen vom 4. März 1940.
5 Tagesmeldung des Reichssicherheitshauptamtes vom 15.06.39, Bundesarchiv Berlin, R 58, Sign. 992. Dort wird auch vom Rückruf des HAPAG-Dampfers „Orinoco" berichtet, dessen Passagiere wieder in Hamburg an Land gingen.
6 Pariser Tageszeitung, 23. Juni 1939.
7 Herlin, Reise der Verdammten, Seite 181; Schröder, Heimatlos, Seite 43/44.
8 Thomas/Morgan-Witts, Das Schiff der Verdammten, Seite 368.
9 Schröder, Heimatlos, S. 11 u. 34.
10 Wyman, Abandonment, Preface page IX und XII.

Die „Joodsche Schouwburg", Spielstätte vertriebener jüdischer Künstler, wurde nach dem Einmarsch der Hitlertruppen zum Sammellager für den Transport nach Westerbork.

Auch in das Lager Les Milles kamen ehemalige „St. Louis"-Passagiere. Viele der Insassen des Lagers wurden durch Varian Fry, den „Engel von Marseilles", gerettet.

Zweiter Weltkrieg und das Schicksal der Flüchtlinge

It is a fantastic commentary on the inhumanity of our times that for thousands and thousands of people a piece of paper with a stamp on it is the difference between life and death.

Dorothy Thompson, 1938

Deutsche Deportationspläne

Einige der „St. Louis"-Passagiere kannten sich bereits von früheren Zeiten, sei es, daß sie aus der gleichen Stadt kamen oder berufliche Kontakte hatten.
Andere fanden auf dem Schiff zueinander durch religiöse, sportliche oder gesellschaftliche Aktivitäten, Reisebekanntschaften, Tischgespräche. Unter den jungen Emigranten ein Flirt bei den häufigen Tanzabenden. Die Mütter versuchten ihre Töchter zu behüten und die jungen Männer freuten sich, wenn sich ein heimliches Stelldichein im Kino oder Schwimmbad ergab. Einige Familien waren mit mehreren Generationen vertreten. Für sie entstanden meist altersbedingte Kontakte zu anderen Mitreisenden. Am schnellsten wurden Verbindungen durch die Kinder geknüpft, für die das Schiff eine Art Abenteuerspielplatz war. Es gab viel zu entdecken, und man konnte sich der elterlichen Kontrolle für Stunden entziehen. Nach der Verteilung auf vier Gastländer wurde es zunehmend schwieriger, Kontakte zu halten. Diejenigen mit niedrigen USA-Quotennummern versuchten möglichst schnell direkt nach Amerika zu gelangen. Dies setzte Energie und Geld voraus. Stärker als zuvor war nun die Hilfe von Verwandten oder Freunden in Übersee gefragt. Viele empfanden einen starken Zeitdruck, denn in Europa roch es nach Krieg. „Rette sich wer kann", war die Devise.

Einige versuchten sich aus den direkt ans Reich grenzenden Ländern abzusetzen nach Spanien, Portugal, in die Schweiz oder Italien. Andere meinten sich zunächst geborgen und sicher in einem „neutralen Land", wie etwa die Niederlande oder Belgien. Noch war Frieden und man fühlte sich zunächst vor den Verfolgungen der deutschen Nazis sicher. Zwar gab es in den Gastländern auch Rassisten und Antisemiten, aber deren Aktivitäten hielten sich in gewissen Grenzen. Durch die wochenlange Irrfahrt waren einige Passagiere derart demoralisiert und lethargisch, daß sie dringend einer Ruhepause bedurften, um neue Energien zu sammeln. Leider arbeitete die Zeit gegen sie, denn am 1. September 1939 brach der zweite Weltkrieg aus und zwei Tage später waren die Flüchtlinge in Frankreich und Großbritannien feindliche Ausländer, ein Status, mit dem niemand gerechnet hatte.

In Deutschland entstand der „Nisko- und Lublinplan", der alle Juden in ein Reservat bei Lublin bringen sollte, eine Art von „Reichs-Ghetto". Heydrich hatte von einem „jüdischen Staat unter deutscher Verwaltung" gesprochen, in dem auch Polen und andere „unzuverlässige Elemente" untergebracht werden sollten. Die obersten Nazis hatten diesen Plan gutgeheißen und Eichmann wurde beauftragt, ihn zu realisieren. Im Oktober 1939 wurde ein Durchgangslager bei Nisko aufgebaut und erste Transporte dorthin geführt. Dieses Lager wurde im April 1940 wieder aufgelöst und der Nisko- und Lublinplan fallengelassen.[1]
Die Büro- und Technokraten des Dritten Reiches beschäftigten sich anschließend mit dem „Madagaskar-Plan". Diese Insel, vor Südost-Afrika gelegen, war eine französische Kolonie und schon früher für die Ansiedlung von Juden im Gespräch. Zwischen den beiden Weltkriegen hatten die britischen Antisemiten Beamish und Leese und der Holländer Winghene diese Idee verbreitet. Polen hatte 1937 eine dreiköpfige Prüfungskommission auf die Insel entsandt. Die Regierungen von Frankreich und Großbritannien sowie der amerikanische JOINT hatten sich ebenfalls mit der Ansiedlung von Juden auf Madagaskar befaßt. Nach der Aufgabe des Nisko- und Lublinplanes bastelten Rademacher vom Auswärtigen Amt und Eichmann vom Reichssicherheitshauptamt an dieser Idee. Hitler und Himmler hatten das Vorhaben gefördert. Letzterer hatte geäußert, daß diese Deportation eine bessere Lösung sei, als der „bolschewistische Weg" der physischen Vernichtung. Diese Meinung Himmlers ist an Verlogenheit und Menschenverachtung nicht mehr zu übertreffen.
Hitler sprach am 18. Juni 1940 hierüber mit Mussolini, der, obwohl Verbündeter, in Italien die Juden nicht mit gleicher Härte wie die Deutschen verfolgte. Zahlreiche Organisationen der Nazis waren mit der Planung und Vorbereitung der Deportation nach Madagaskar befaßt, auch Eichmann. Die Ideologen des Dritten Reiches sahen hier einen Weg, das Judenproblem zu lösen. Sie verfolgten die gleiche Theorie wie die Konferenz von Evian und anderer Regierungen, nämlich das St.-Florians-Prinzip: „Heiliger Sankt Florian, verschon mein Haus, zünd andere an". Nach dem deutschen Sieg über Frankreich wurde der Madagaskar-Plan im September 1940 aufgegeben. Vermutlich weil der Seetransport in den indischen Ozean nicht gesichert war.[2]
Die Aufgabe beider Ansiedlungspläne für Juden durch die Nazis war für das europäische Judentum ein Todesurteil. Die Unmöglichkeit der Emigration einer großen Zahl von Juden scheiterte auch an der fehlen-

den Aufnahmebereitschaft anderer Länder. Die nächste Theorie und Praxis der Nazis führte zur „Endlösung", zum Holocaust, der Millionen jüdische Opfer forderte. Ein Völkermord von unglaublicher Dimension. Unschuldige Frauen, Männer und Kinder wurden ermordet, weil sie Juden waren. Leider hat die Menschheit hieraus nichts gelernt. Genozide fanden noch in der jüngsten Vergangenheit in Europa, Afrika und Asien statt.

Schicksal der Flüchtlinge in Belgien

Belgien war das erste Land, das der Aufnahme der „St. Louis"-Passagiere zugestimmt hatte. Abgesehen von einigen Nazi-Sympathisanten war die belgische Bevölkerung nicht unfreundlich zu den ehemaligen Passagieren. So gut es ging, wurden sie untergebracht und versorgt. Nach dem Überfall der Wehrmacht im Juni 1940 wurden alle deutschen Männer interniert und nach Südfrankreich abgeschoben. Hierbei wurde kein Unterschied zwischen Juden und Christen gemacht. Es ist unklar, ob die Belgier verhindern wollten, daß in ihrem Lande deutsche Männer als potentielle Gegner lebten, oder ob sie in einer gewissen Voraussicht die Flüchtlinge vor dem Hakenkreuz in Sicherheit bringen wollten. Die belgische Armee leistete 18 Tage lang Widerstand und kapitulierte dann auf Befehl König Leopolds, der während des Krieges im Lande blieb. Nach der Einführung des „Judensterns" gab es viele Solidaritätsbeweise der Belgier gegenüber den Flüchtlingen und Hilfen beim Überleben im Untergrund oder bei der Fortsetzung der Flucht. Hier einige Beispiele:
Die Familie Dublon gehörte zu den bekannten Bürgern in Erfurt. Zwei Schuhgeschäfte wurden von den jüdischen Geschäftsleuten betrieben. Die Familie fühlte sich in Erfurt verwurzelt und dachte zunächst nicht an Auswanderung.
Nach der Pogromnacht 1938 und der „Arisierung" ihrer Geschäfte war ihnen die wirtschaftliche Existenz entzogen, und man bemühte sich um die Emigration. Willi Dublon, 50, gelang es für sich, seine Frau Erna, 36, und die Töchter Lore, 12, und Eva, 6, Plätze auf dem Motorschiff „St. Louis" und Landegenehmigungen für Kuba zu bekommen. Auch sein Bruder Erich Dublon, 49, sollte mit in die neue Welt. Die Familie Dublon wollte in Kuba den Aufruf ihrer USA-Quotennummern abwarten und dann nach dort übersiedeln.

Anzeigen der beiden Firmen Dublon im Erfurter Adreßbuch von 1937

Einige Wochen vorher hatte auch Margaret Heiman mit ihrem Sohn Peter ihre Heimatstadt Erfurt verlassen, um dem Familienvater in die USA zu folgen. Die zu Hause befreundeten Familien wollten sich in Nordamerika wiedertreffen. Mutter und Sohn Heiman kamen 1939 in New York an. Dieser ehemaligen Erfurter Familie gelang es in den USA heimisch zu werden. Der Sohn Peter, in Erfurt ein Spielkamerad von Lore Dublon, lebt heute in Kalifornien. Dort hat er nach über 60 Jahren eine Kopie des Reisetagebuches von Erich Dublon gefunden. Dadurch ist ein wichtiges Dokument zur Geschichte der „St. Louis" wieder aufgetaucht, das zahlreiche Details und Stimmungsberichte zur Reise enthält. (Kompletter Abdruck im Anhang S. 218 ff.)
Hieraus ein Beispiel:

„Schon der erste Eindruck vom Schiff und seinen Einrichtungen ist der allerbeste. Man denkt unwillkürlich an ein Luxushotel erster Ordnung und die Ausdehnung ist über Erwarten groß… Die Kabinen erster Klasse sind außerordentlich komfortabel eingerichtet, ich habe das beste der Betten zugeteilt bekommen und kann im Liegen das Bullauge öffnen und die Lüftung regulieren. Es ginge zu weit, alle Räume beschreiben zu wollen, Speisesaal und Halle, Lesezimmer und Rauchsalon, bequem und elegant ausgestattet. Da sind ferner Baderäume und Frisiersalons, Turnsaal und manches andere."

Als die „St. Louis" in Havanna ihre Passagiere nicht anlanden durfte und man nach einigen Tagen das Schiff aus dem Hafen wies, vermerkt Erich Dublon:

„Der sechste Tag im Hafen Habanas, neue Unruhe, neue Ungewißheit. Am Nachmittag wird bekannt, daß die cubanische Regierung den Aufenthalt im Hafen nicht länger gestattet, man spricht sogar von evtl. Gewaltanwendung. Wir müssen außerhalb der 3-Meilen-Zone die Klärung abwarten."

Soweit der nüchterne, auf der Bord-Schreibmaschine getippte, Bericht des ehemaligen Erfurter Bürgers.

Die Familie Dublon wurde nach der Ankunft in Antwerpen dem belgischen Kontingent zugeordnet, wohl weil sie in Brüssel Verwandte hatte. Zunächst gelang es der Familie, sich vor den Nachstellungen der Gestapo und der einheimischen Antisemiten zu verbergen. Erich Dublon wurde am 8. August 1942 nach Auschwitz deportiert. Willi, Erna, Lore und Evi waren wahrscheinlich in einem Lager festgehalten. Am 15. Januar 1944 standen ihre Namen auf der Deportationsliste nach Auschwitz. So endete die Familie, die so hoffnungsvoll die „St. Louis" bestiegen hatte.

Frau Feilchenfeld aus Breslau, deren vier Kinder schon vor der „St. Louis"-Fahrt in einem belgischen Kinderheim waren, kam nach Brüssel. Dort gelang es ihr in Verstecken, die deutsche Besatzungszeit zu überstehen. Sie konnte 1946 in die USA kommen, wo sie ihren Mann wieder traf, der im Juni 1939 in Havanna vergeblich auf seine Familie gewartet hatte.

Das Ehepaar Ilse, 25, und Kurt, 33, Marcus stammte aus Breslau und kam am Ende der „St. Louis"-Reise nach Brüssel. Dort versuchten sie sich mit belgischen Papieren zu verbergen. Sie wurden entdeckt und deportiert. Frau Marcus überlebte als einzige der Familie, ihr Mann, ihr Bruder und ihre Eltern kamen im Holocaust um. Ilse wurde im Viehwagen nach Auschwitz transportiert. Sie mußte Steine schleppen und kam schließlich in die Munitionsfabrik von Krupp in Birkenau. Dort wurde sie von den Russen befreit. Sie erinnert sich, daß damals viele junge Russinnen dort arbeiten mußten. Von einem KZ-Häftling wurde sie nun zu einem DP (verschleppte Person) und wurde nach Belgien repatriiert, weil die Aliierten grundsätzlich Flüchtlinge in jenes Land zurückbrachten, in dem sie zuletzt lebten. Das war in ihrem Falle Belgien. Sie wartete dort auf Nachrichten von ihren Angehörigen und auf den Aufruf ihrer USA-Quotennummer, die eine Übersiedlung nach Amerika ermöglichte. Sie lebt jetzt in New York und arbeitet als Buchhalterin bei einem christlichen Institut. Langsam wird es Zeit an eine Pensionierung zu denken, was ihr auch deshalb schwerfällt, weil sie „einen wunderbaren Chef" hat.

Über ihre schlimmen Erlebnisse als junge Frau redet sie nicht gerne, viele ihrer Bekannten wissen nichts von ihrem schweren Lebensweg. Deutsch redet sie sehr selten, sie fährt auch keine Autos aus Deutschland. Rückblickend auf das „St. Louis"-Abenteuer empfindet sie es auch heute noch merkwürdig, „daß die USA zwar von Einwanderern aufgebaut wurden, jedoch 1939 keinen Platz fanden für die 900 Flüchtlinge, die in Todesgefahr waren." Auch über Präsident Roosevelt findet sie kritische Worte. Er war judenfreundlich in Amerika und wurde auch von den US-Juden unterstützt, aber „nach außen war er antisemitisch". Die rüstige und energische alte Dame hadert nicht mit ihrem Schicksal „Hilf dir selbst, dann hilft dir Gott", ist einer ihrer Wahlsprüche. Ihr Gesicht strahlt Güte aus und Menschenfreundlichkeit.

Dr. jur. Walter Rinteln, 52, war in Essen als Fachanwalt für Steuerrecht tätig. Er und seine Frau Else, 47, kamen nach Belgien. Frau Rinteln schildert in einem Brief vom 28.7.1948 aus ihrer Heimatstadt Essen ihre Erlebnisse:

„Unsere Möbel sind mit einem holländischen Schiff gegangen und ausgeladen worden. Im Mai 1940 kamen die deutschen Flieger und bombardierten Brüssel, gleich am selben Tag wurden alle Deutschen verhaftet, auch die Juden. Sie wurden nach Frankreich geschleppt, ich war dann acht Monate ohne Nachricht von meinem lieben Mann, dann bekam ich endlich aus dem Camp Verné/Pyrenäen Nachricht, daß mein Mann nach Agen käme zu einer Arbeitskolonne, da er (deutscher) Reserveoffizier war. Ich hatte dies auch schon von einem jüdischen Comité erfahren. Ich habe mir Papiere besorgen lassen und bin dann am 21. Januar 1941 nach Agen gefahren. Als ich mich dort anmelden wollte bei der Prefecture, sagte man mir, ich müsse auf ein ganz kleines Dorf und dürfe nicht in der Stadt bleiben, ich blieb aber doch. Es kamen nach und nach immer mehr Frauen. Mein Mann hatte sich Arbeit bei einem Architekten gesucht, mußte Sand schippen und Handlangerarbeiten auf dem Bau machen. So durfte er außer dem Lager frei wohnen mit mir zusammen. Im Camp hatte mein Mann 25 Kilo abgenommen. Als wir vier Monate in Agen waren, bekamen wir jeder ein Schreiben von der Prefecture, daß wir in fünf Tagen in einem uns angewiesenen Dorf sein müßten, sonst kämen wir in ein Lager. Wir kamen nach Cours par Laugnac, das war eine Stunde mit dem Autobus von Agen und dann noch eine Stunde zu laufen. Ein ganz kleines Dorf von 300 Einwohnern, die Häuser standen sehr weit auseinander. Wir mußten in einem alten Pfarrhaus wohnen, das zwanzig Jahre leer stand, kaum zu verschließen, ohne Scheiben, fast ohne Dach, kein Licht. Wir bekamen im Monat einen halben Liter Petroleum und hatten eine ganz kleine Lampe, nicht größer als das Licht eines Streichholzes. Das ganze Haus voller Pilze. Wir waren verzweifelt, als wir das sahen. Aber wir mußten bleiben. Wir haben uns dann zwei Zimmer in Ordnung gebracht und haben bei den Bauern arbeiten müssen. Aber gekocht habe ich selbst, denn den Dreck konnte man nicht essen. Wir hatten Flöhe und sahen abends aus, als hätten wir die Masern, trotzdem wir sehr sauber waren. Im August 1942 wurden wir morgens um vier Uhr von französischen Gendarmen verhaftet und kamen in das Lager Oasseneuil. Dort waren schon unzählige Männer, Frauen und Kinder, alles Juden, ein herzzerreißendes Bild. Dort blieben wir zehn Tage. Nach zehn Tagen war ein Anschlag, daß alle christlichen Frauen, die mit jüdischen Männern verheiratet waren, frei seien. Wir sind aber nicht gegangen, nachmittags um fünf Uhr kamen auch unsere Männer frei. Ein halbes Jahr später am 20. Februar 1943 war wieder die Jagd nach den Juden, auch mein Mann wurde mitgenommen. Ich bekam täglich Nachricht von meinem Mann, ich solle ja den Mut nicht sinken lassen und durchhalten, mein Mann käme bald wieder frei. Aber am vierten März 1943 bekam ich die Nachricht, daß mein Mann mit unzähligen Kameraden an einen unbekannten Bestimmungsort komme und seit dieser Zeit bin ich ohne jegliche Nachricht von meinem lieben Mann geblieben. Ich bin mit allen möglichen Comités in Verbindung getreten, aber niemand konnte mir helfen. Ich bin dann noch bis Mai 1947 auf diesem kleinen Dorf alleingeblieben, manchmal dachte ich, ich werde verrückt. Ich durfte ja nicht weg, dann habe ich es aber durchgesetzt und habe meine Papiere bekommen und bin nach Deutschland gefahren. In Remagen habe ich meinen Koffer aufgegeben, weil ich ihn nicht mehr tragen konnte. Der ist natürlich nicht angekommen. 25 Kilo, mein Naturpersianer, alle meine Costüme, Wäsche, Strümpfe und alle meine besten Sachen waren darin. Dann habe ich drei Nächte im Bunker am Tisch gesessen. Jetzt habe ich ein Zimmer, aber leer, nur meine Koffer und ein Chaiselongue, das ich geliehen habe, aber monatlich zehn Mark kostet. Sonst nichts, aber es hilft niemand, überall wird man wie ein Bettler behandelt. Ich bekomme eine kleine Unterstützung… Daß Essen nur noch ein Trümmerhaufen ist, werden Sie schon gehört haben. Ganze Stadtteile sind niedergemacht. Auch die Bismarkstraße ist fast ohne Häuser und dem Erdboden gleich. Auch Ihre Gegend, ich habe aber doch ungefähr rauskriegen können, wo Ihr Haus einmal gestanden hat."

Soweit der Brief von Frau Rinteln an eine Bekannte aus der Vorkriegszeit, die damals auch in Essen gelebt hat. Frau Rinteln ist eine der wenigen „St. Louis"-Passagiere, die nach dem Krieg nach Deutschland zurückkehrten. Ihr Mann ist im Holocaust umgekommen. Tragisch an diesem Flüchtlingsschicksal ist, daß es dem Ehepaar Rinteln nicht gelang, aus Agen, an der Garonne gelegen halbwegs zwischen Bordeaux und Toulouse, über die Pyrenäen nach Spanien zu entkommen. Sie verharrten etwa zwei Jahre in Vichy-Frankreich. Ob sie körperlich zu einer Flucht nicht in der Lage waren oder sich in der trügerischen Hoffnung wiegten, daß sie im unbesetzten Teil Frankreichs sicher seien, ist nicht bekannt. Nach der Deportation ihres Mannes im März 1943 blieb Frau Rinteln noch bis Mai 1947 in einem kleinen Dorf in Südwest-Frankreich, offenbar in der Hoffnung auf eine Rückkehr ihres Mannes. Erst dann kehrte sie in die frühere Heimat Essen zurück.

Sehr abenteuerlich ist die Fluchtgeschichte der Familie Wallerstein aus Fürth in Bayern. Nach der Pogromnacht im November 1938, bei der auch ihr Schmuck- und Juweliergeschäft verwüstet wurde, beschlossen sie nach USA auszuwandern. Ihre Möbel wurden direkt zu einem Verwandten gesandt. Die Wartezeit ihrer USA-Quotennummer hätte fünf Jahre betragen. So lange wollten sie nicht warten und buchten vier Plätze auf der „St. Louis". Nach der Landung in Antwerpen verständigten sie von Brüssel aus ihre Verwandten über ihren Aufenthalt. Der Vater Anton, 45, wurde nach Kriegsausbruch interniert und in ein Lager in Südfrankreich gebracht. Frau Wallerstein bat einen deutschen Soldaten, beim Heimaturlaub Geld von ihrer in Fürth zurückgebliebenen Mutter mitzubringen. Ein für beide nicht ungefährliches Unternehmen. Der deutsche Landser hielt Wort und die Mutter konnte mit zwei Kindern nach Südfrankreich aufbrechen. Über Marseille erreichten sie zusammen mit dem Vater Kuba auf einem portugiesischen Schiff. Im Januar 1942 kamen sie in New York an, 31 Monate nach der Abfahrt aus Hamburg. Der Sohn Julius sah im August 1945 als 18jähriger US-Soldat seine zerstörte Heimatstadt wieder. Alle seine Verwandten waren deportiert und umgekommen. Auch viele seiner deutschen Altersgenossen waren im Krieg gefallen oder verschollen. Er lebt in Neuengland und hält Vorträge über den Holocaust in Schulen.

Julius Wallerstein vor seinem Haus in den USA

„St. Louis"-Flüchtlinge in Frankreich

Die nach Frankreich verbrachte Flüchtlingsgruppe wurde von Boulogne in das Lager Camp d'Amitièe übersiedelt. Alle erhielten Aufenthaltsgenehmigungen für vier Wochen, die stets verlängert wurden. Ende August 1939 wurden alle männlichen Deutschen und andere Ausländer zwischen 17 und 50 Jahren interniert. Die Verhältnisse in den über 100 Lagern waren sehr verschieden, teilweise katastrophal. Namen wie Drancy, Gurs, Laval, Le Mans, Nimes oder Perpignan dokumentieren diese Zeit. In diese Lager kamen auch deutsche Internierte aus Belgien, so daß sich zahlreiche ehemalige „St. Louis"-Passagiere dort wieder trafen. Einige konnten fliehen. Eine offizielle Möglichkeit, den Lagern zu entkommen, war die „freiwillige" Meldung zur Fremdenlegion oder zu Arbeitskompanien (Prestataire). Viele der Internierten konnten so die Lager verlassen. Natürlich war dieser Weg für Familienväter, die mit ihren Familien zusammen Frankreich verlassen wollten, nicht geeignet. Nach dem deutschen Angriff auf Frankreich im Juni 1940 wurden Männer bis 65 Jahre und Frauen bis 55 Jahre interniert. Einige „St. Louis"-Passagiere wurden regulär entlassen und konnten ihre Flucht fortsetzen. Nach der deutschen Invasion 1940 wurden die Internierungslager im besetzten Frankreich von den Deutschen übernommen, im anderen Teil Frankreichs von der Vichy-Regierung verwaltet, indirekt wurden sie ab 1942 ebenfalls von den Deutschen kontrolliert. Von diesen Lagern starteten später Deportationszüge in die Vernichtungslager im Osten.

Während die Männer interniert waren, versuchten zahlreiche Frauen mit Kindern in den unbesetzten Teil Frankreichs zu flüchten. Dies gelang gelegentlich auf eigene Faust, häufig waren auch Schmuggler tätig, die sich teuer bezahlen ließen und auch gefälschte Papiere besorgten. Einige Familien konnten die Väter aus den Lagern herausholen und die Flucht gemeinsam fortsetzen. Es gelang auch ehemaligen „St. Louis"-Passagieren, von Frankreich in die Schweiz oder nach Spanien zu flüchten. Die französische Polizei in beiden Teilen Frankreichs arbeitete teilweise mit den Deutschen zusammen. Hierüber ist bereits viel geschrieben worden. Auch wurden durch Prozesse in der Nachkriegszeit diese Zusammenhänge bekannt, weshalb ich hier nicht darauf eingehen will. Verräterisch war der Gebrauch der deutschen Sprache oder eines holperigen Französisch. Hervorgehoben werden muß, daß viele deutsche Kinder in französischen Kinderheimen versteckt und auch mit gefälschten Papieren, um sie zu retten, als „Elsässer" deklariert wurden.

In Peiskretscham, nahe Gleiwitz, betrieb der jüdische Kaufmann Josef Karliner einen landwirtschaftlichen Handel. Er war deutscher Staatsbürger und sprach auch das sogenannte „Wasser-Polnisch", das in ländlichen Gebieten üblich war. In der Pogromnacht 1938 wurde Josef Karliner inhaftiert. Nach seiner Freilassung betrieb man die Auswanderung und verkaufte das Geschäft. Für die Fahrt mit der „St. Louis" durfte nur sehr wenig Geld mitgenommen werden, deshalb kaufte der Familienvater vier Leicas für alle Fälle.

Die sechsköpfige Familie kam nach Frankreich. Dort wurde nach dem Kriegsausbruch der Vater interniert. Es gelang, die Franzosen davon zu überzeugen, daß Karliner zwar Deutscher war, aber ein Verfolgter. Die Familie bezog eine kleine Wohnung, die beiden Jungen Walter, 15, und Herbert, 13, kamen in ein Kinderheim. Dort hatte man ihnen nach dem deutschen Einmarsch französische Papiere mit dem Geburtsort Straßburg, zur Erklärung ihrer Zweisprachigkeit, besorgt. Dies rettete beiden das Leben, denn Vater Josef, 41, Mutter Martha, 44, und die Töchter Ilse, 16, und Ruth, 12, wurden 1943 von der französischen Gendarmerie verhaftet und an die Deutschen ausgeliefert. Sie wurden nach Auschwitz deportiert und umgebracht. Die beiden Brüder entwuchsen langsam dem Kinderheim in Montpellier. Sie arbeiteten bei Bauern, wo sie auch gut verpflegt wurden. Fleißig besuchten sie die katholischen Gottesdienste, was ihrer französischen Identität in einer Landgemeinde zugute kam. So überstanden sie den Krieg und erfuhren erst später, daß sie die einzigen Überlebenden der Familie waren.

Walter Karliner und sein Bruder Herbert überlebten in französischen Verstecken, während die Eltern und zwei Schwestern im Holocaust umkamen.

Es gelang ihnen, nach den USA zu emigrieren, wo sie fast 8 Jahre nach dem ersten Versuch mit der „St. Louis" ankamen. Herbert Karliner ging nach Miami Beach, das ihm schon 1939 vom Schiff aus sehr gut gefallen hatte. Er wurde Konditor und lebt heute noch dort. Sein Bruder Walter ging nach Neuengland. Ohne Englischkenntnisse arbeitete er in einer Möbelfabrik, später als Gärtner in einem Hotel. Heute betreibt dieser nette ältere Herr ein Antiquitätengeschäft in Connecticut und verkauft altes Porzellan und Hummel-Figuren.

Gefälschter Ausweis für William Paul Kiener (alias Walter Karliner), ausgestellt am 5. Januar 1943 in Montpellier/Frankreich

Der wohlhabende Wiener Zahnarzt Gerson Reif beging in Wien im September 1938 Selbstmord, nachdem ihm die Weiterführung seiner Praxis untersagt worden war. Nach der Pogromnacht bemühte sich seine Witwe Chaje Leja, 43, mit den Kindern Friedrich, 12, und Liane, 5, zu Verwandten nach den USA zu kommen. Sie buchte eine Passage erster Klasse auf der „St. Louis", um den Nazis möglichst wenig Geld zu hinterlassen. Vor der Abreise warf sie Gold aus der Zahnarztpraxis in die Donau. Nach der Landung in Antwerpen brachte die „Rhakotis" die Familie nach Boulogne, weiter per Bahn nach Paris und Loudon.
Friedrich, der dort die Schule besuchte, fand den Aufenthalt in Frankreich nicht besonders glücklich. Im Sommer 1940 wurden sie vom deutschen Einmarsch überrascht und flüchteten weiter nach Limoges im unbesetzten Teil Frankreichs. Es gab Probleme mit der Unterbringung und Verpflegung, da alles mit Flüchtlingen überfüllt war. Liane Reif erinnert sich, daß sie als Kind in Bäckereien nach Brot gebettelt hat für die ganze Flüchtlingsgruppe. Später fand sie dies erniedrigend, damals war es überlebenswichtig. In Limoges besuchte sie auch erstmals die Schule. Nachdem die USA-Quotenzahl aufgerufen war, hatte die Schwester des toten Vaters Schiffskarten nach Lissabon gesandt. Die Familie erhielt in Lyon Visa und konnte über Marseille durch Spanien nach Portugal gelangen. Mit dem US-Schiff „Exeter" erreichten sie im November 1941 Newark. Frau Reif war sehr niedergeschlagen, als sie ihre Verwandten am Hafen abholten und durch Manhattan fuhren. Liane Reif-Lehrer machte eine Karriere als Wissenschaftlerin und Publizistin. Ein Gedicht auf ihren unglücklichen Vater endet:
    Black was the color of time then and after,
    Black were the clothes of the widow left to stay.
Eingedenk der Fluchterlebnisse ihrer Kindheit hat sich Liane Reif-Lehrer stets für Flüchtlinge eingesetzt.

Ernst Weil, 15, aus Landau, reiste alleine auf der „St. Louis". Sein Bruder Henry und sein Cousin Harry waren bereits vor ihm nach Havanna gefahren und warteten dort auf ihn. Vergeblich, wie wir wissen. Der Knabe Ernst kam in die Kinderheime Montmorency und Les Tourelles, zusammen mit einigen gleichaltrigen Jungen, die nicht alle den Holocaust überlebten. Ihm gelang es im Mai 1940, kurz vor dem deutschen Einmarsch, mit dem französischen Schiff „Champlain" nach New York zu kommen. Weil hat sich bereits in Frankreich für Kochen und Backen interessiert. In San Francisco eröffnete er 1948 eine Konditorei, die er 40 Jahre lang betrieb. Seine Frau Margot, eine Jugendliebe aus Deutschland, half ihm hierbei.

Außer Eigeninitiative und dem starken Willen, den Nazis zu entkommen, gab es in Frankreich eine hilfreiche Adresse: Varian Fry vom „Centre Americaine des Secours" in Marseille. Dieser amerikanische Journalist, damals 33 Jahre alt, wurde vom privaten Emergency Rescue Committee (ERC) im August 1940 nach Vichy-Frankreich gesandt, um möglichst viele Bedrängte und Verfolgte vor den Nachstellungen der Nazis und den Kollaborateuren der Vichy-Regierung zu retten. Südfrankreich war zu einer Falle für Flüchtlinge geworden, weil im Waffenstillstandsabkommen die französischen Behörden verpflichtet wurden „alle in Frankreich sowie in den französischen Besitzungen befindlichen Deutschen, die von der deutschen Reichsregierung namhaft gemacht werden, auf Verlangen auszuliefern". Es gelang Fry und seinen Mitarbeitern etwa 2000 Flüchtlinge auf verschiedenen Wegen legal und illegal in Sicherheit zu bringen. Es waren Prominente, wie z. B. Max Ernst, Lion Feuchtwanger und Franz Werfel, aber auch viele Unbekannte. Werfel hatte gelobt, das Leben der heiligen Bernadette zu beschreiben, falls es ihm gelänge, Europa zu verlassen. Im amerikanischen Exil entstand „Das Lied der Bernadette". Fry selbst hat seine Beweggründe für die Rettungsaktionen genannt:

„Unter den Flüchtlingen, die in Frankreich festsaßen, waren viele Künstler und Schriftsteller, deren Werk ich bewunderte. Einigen fühlte ich mich, obwohl ich sie nur durch ihre Arbeiten kannte, persönlich tief verbunden; und allen schuldete ich großen Dank für die Freude, die sie mir mit ihrer Kunst gemacht hatten. Jetzt wo sie in Gefahr waren, fühlte ich mich verpflichtet, ihnen wenn irgend möglich zu helfen, so wie sie mir, ohne es zu wissen, in der Vergangenheit oft geholfen hatten."[9]

Fry sollte ursprünglich nur vier Wochen in Frankreich bleiben, es sind dann 13 Monate daraus geworden. Seine Aktivitäten sind derart bekannt geworden, daß ihn die Vichy-Regierung verhaftete und auswies. Auf seine Frage, warum dies geschehe, erhielt er die Antwort: „Weil Sie Juden und Anti-Nazis beschützt haben."
Fry kehrte unfreiwillig nach Amerika zurück, seine Organisation konnte noch bis Herbst 1941 ohne ihn weiterarbeiten.

Der „gute Engel von Marseille" starb 1967 in Connecticut. Sein mutiges Eintreten für Verfolgte wurde ihm in den USA nicht gedankt. Im Gegenteil, er geriet in die Mühlen der McCarthy-Zeit, in der alle Links-Intellektuellen zu Feinden Amerikas wurden. Frankreich verlieh ihm noch zu Lebzeiten das Kreuz der Ehrenlegion, und die Israelis ernannten ihn als einzigen Amerikaner zum „Gerechten unter den Völkern". Am neu errichteten Potsdamer Platz in Berlin ist eine Straße nach ihm benannt.

Auch die HICEM und einige andere amerikanische Organisationen haben sich sehr bemüht, Flüchtlinge aus Frankreich herauszuschleusen.
In Lissabon hat der Amerikaner Emanuel Rosen, der frühere Assistent von Morris Troper in Paris, ein JOINT-Büro betrieben, nachdem das französische Büro nach dem Einmarsch der Deutschen geschlossen worden war. Er versuchte vom neutralen Portugal aus, möglichst vielen Flüchtlingen den Weg nach den USA oder nach Südamerika zu ermöglichen. In Lissabon traf er auch einige ehemalige „St. Louis"-Passagiere wieder.

„St. Louis"-Flüchtlinge in Großbritannien

Die nach Großbritannien verbrachten „St. Louis"-Passagiere hatten wegen der Insellage ein sehr großes Sicherheitsgefühl. Sie wurden vom Jewish Refugees Committee (JRC) betreut. Einige ehemalige Passagiere waren privat untergebracht. Als immer mehr Flüchtlinge auf die Insel kamen, wurde nach einem Aufnahmelager gesucht. Durch die Weiterreise in andere Länder (Transmigrants) hoffte man, daß stets Lagerplätze verfügbar wären. In Richborough in der Grafschaft Kent fand man ehemalige Armeelager, das Kitchener- und Haig-Camp. Das Gelände war in privater Hand und wurde angemietet, alle Gebäude mußten saniert werden, denn sie stammten aus dem ersten Weltkrieg. Im Februar 1939 begann eine Gruppe von jüdischen Handwerkern aus Deutschland mit Renovierungsarbeiten. Elektro- und Wasser-Installationen wurden erneuert, Dächer abgedichtet, ein Wasserturm errichtet und Straßen gebaut. Im Haig-Camp wurden Turnhalle und Kino geplant. Nach und nach kamen Flüchtlinge aus Deutschland, Österreich und der Tschechoslowakei. Ende April 1939 waren bereits 1000

Bewohner angekommen. Zwei Monate später trafen 400 Flüchtlinge aus Österreich ein, die aus Buchenwald und Dachau entlassen worden waren. Um diese Zeit erreichten auch etwa 30 junge Männer von der „St. Louis" das Kitchener Camp. Emigrierte Ärzte und Zahnärzte versuchten, die Flüchtlinge zu versorgen, Künstler und Lehrer bauten ein kulturelles Programm auf. Bei Kriegsausbruch waren 3500 Flüchtlinge im Lager, unter ihnen etwa 800 Christen. Die Mehrzahl der Lagerbewohner stammte aus Deutschland und Österreich, lediglich 500 waren aus Belgien, der Tschechei und Italien gekommen. Inzwischen waren in dem Lager auch etwa 200 Ehefrauen und Kinder aufgenommen worden. Der Kriegsausbruch zwischen Großbritannien und Deutschland hatte die Flüchtlinge zu „feindlichen Ausländern" gemacht. Von Kommissionen (Aliens Tribunals) wurde ihre Loyalität zu England überprüft. Im Kitchener-Camp meldeten sich über 1000 junge Männer als Freiwillige für das unbewaffnete Royal Pioneer Corps, das 1940 zur englischen Invasionsgruppe in Frankreich gehörte und über Dünkirchen wieder nach England zurückkam.[3]

Im Mai 1940 beschloß die englische Regierung, daß alle männlichen Flüchtlinge zwischen dem 16. und 60. Lebensjahr in Schottland und an der Ost- und Südküste zu internieren seien. Ende Mai folgten alle deutschen und österreichischen Frauen und Männer der Kategorie B[4] vorwiegend auf die Isle of Man. Kinder kamen zusammen mit ihren Müttern hinter Stacheldraht. Im Juli 1940 sollten 8000 männliche Flüchtlinge nach Australien und Kanada deportiert werden. Damit konnten von den Nazis Verfolgte in Länder gelangen, die ihnen in Friedenszeiten die Aufnahme verweigert hatten. Durch den Kriegsausbruch waren die Flüchtlinge zu Deportierten geworden, eine merkwürdige Metamorphose. Wie in deutschen Lagern waren nun plötzlich Stacheldraht und Wachmannschaften sichtbare Zeichen der Status-Veränderung.

Der 15 000 Tonnen Luxus-Liner „Arandora Star" der Blue Star Line lief am 1. Juli 1940 unter seinem Kapitän Edgar Moulton von Liverpool mit dem Ziel Kanada aus. An Bord waren neben den 174 Mannschaften noch 200 Briten, 712 Italiener und 478 Deutsche. Gegenüber den in Friedenszeiten üblichen 450 Passagieren war das Schiff etwa zweifach überbelegt. Die Deutschen und Italiener waren „feindliche Ausländer", die von der britischen Regierung wegen befürchteter Sabotageakte, Spionagegefahr und zur Verhinderung einer „fünften Kolonne" im Falle einer deutschen Invasion nach Kanada deportiert wurden. Es waren auch deutsche Kriegsgefangene an Bord, meistens Angehörige der Handelsmarine.

Am nächsten Tag sichtete das deutsche U-Boot U-47, unter seinem Kommandanten Günter Prien, die „Arandora Star" auf 56° 17'N, 11° 05'W. Prien erkannte zwei Kanonen auf dem Schiff und schoß aus 2500 m Entfernung sein letztes Torpedo ab, das die „Arandora Star" mittschiffs traf. Kurz vor 7.00 Uhr morgens waren die meisten Gefangenen noch in Pyjamas. Es begann ein hektisches Zu-Wasser-lassen der Rettungsboote und Rettungsflöße.

Da die meisten der deutschen Deportierten gefangene Seeleute der Handelsmarine waren, hatten sie ein größeres Geschick im Umgang mit den Rettungsgeräten als die Italiener, die größtenteils in England ansässige Geschäftsleute waren. Die elektrische Stromversorgung war ausgefallen. In der ausgebrochenen Panik erwies sich die Stacheldrahtbewehrung der Decks als besonders hinderlich. Von den 14 Rettungsbooten der „Arandora Star" kamen 12 ins Wasser und 10 wurden von dem kanadischen Zerstörer „St. Laurent" nach 6 1/2 Stunden noch gefunden. Zahlreiche Überlebende hatten sich auf Flöße und andere schwimmende Teile gerettet. Es gab hohe Verluste, etwa 2/3 der Italiener und 1/3 der Deutschen ertranken. Von der Wachmannschaft kamen 37 Männer um und von der Crew 42, darunter Kapitän Moulton und der 2. und 4. Offizier. Während in Berichten von Überlebenden keine Kämpfe um die Plätze in den Rettungsbooten erwähnt werden, finden sich Hinweise in der britischen und amerikanischen Presse.

Die „Arandora Star" und die „St. Louis" sind sich übrigens bei Kriegsausbruch auf dem Atlantik begegnet, die Engländer fuhren nach New York und die Deutschen waren auf östlichem Kurs. Die Matrosen beider Schiffe waren damals damit beschäftigt, ihre hellen Aufbauten mit Tarnfarbe zu übermalen. Hans Herlin berichtete, daß über 80 ehemalige „St. Louis"-Passagiere mit der „Arandora Star" untergegangen seien. Dies läßt sich nicht bestätigen. Gleichwohl können unter den Überlebenden „St. Louis"-Flüchtlinge gewesen sein, ebenso wie auf anderen britischen Deportationsschiffen dieser Zeit.

Am 7. Juli 1940 legte das 11 000 Tonnen Truppenschiff „Dunera" der British India Steam Navigation Company von Liverpool nach Australien ab. Unter den 2400 Passagieren waren Flüchtlinge und Über-

lebende der „Arandora Star", so daß sich auch hierunter ehemalige „St. Louis"-Passagiere befunden haben können. Am 12. Juli feuerte das deutsche U-Boot U-56 zwei Torpedos auf die „Dunera", die jedoch das Ziel verfehlten. Die „Dunera" geriet in die Schlagzeilen der Weltpresse, als bekannt wurde, daß die Wachmannschaften die Deportierten terrorisierten und ihnen Wertsachen abnahmen. Am 3. September 1940 erreichte das Schiff die Melbourne Bay. Die britische Regierung zahlte £ 30 000 Entschädigungen an die ausgeraubten Passagiere.[5]
Es gab noch weitere Deportierten-Schiffe, so die „Ettrick" und die „Sobieski". Auch die „Duchess of York" brachte Internierte und Kriegsgefangene nach Kanada. Bis zum 15. Juli 1940 waren 6750 „feindliche Ausländer" in Kanada angekommen.

Auch auf andere Weise hat die Regierung ihrer Majestät versucht, Flüchtlinge abzuschieben. Der britische Botschafter hat in Washington mit dem State Department verhandelt, ob die englische Einwanderungsquote in die USA mit Flüchtlingen aus Europa aufgefüllt werden könne. Im Jahre 1938 sind tatsächlich nur 4 000 Briten in die USA eingewandert. Die vom britischen Botschafter eher halbherzig vorgetragene Bitte wurde vom State Department abgelehnt mit dem Hinweis, daß die jüdischen Funktionäre in Amerika ein Ansteigen des Antisemitismus befürchteten, falls es zu einer offenen jüdischen Einwanderung käme. Der an sich vernünftige Vorschlag wurde von der Bürokratie torpediert.[6]
In Großbritannien gab es einige faschistische Gruppen, wie Anglo-German Fellowship oder die British Union of Fascist von Sir Oswald Mosley. Auch Zeitungen wie The Fascist und Fascist Week verbreiteten Antisemitismus und Fremdenfeindlichkeit. Aber insgesamt war der Einfluß dieser Gruppen gering und hat den Flüchtlingen nicht erkennbar geschadet.[7]
Großbritannien hat sich in diesen schwierigen Jahren ebenso wie die Niederlande durch die Aufnahme von Kindertransporten verdient gemacht. Viele tausend jüdische Kinder haben so in Gastfamilien den Krieg überlebt.
Einige ehemalige „St. Louis"-Passagiere versuchten möglichst schnell in die USA zu kommen und nahmen das seinerzeit hohe U-Boot-Risiko auf sich. Andere verbrachten die Kriegszeit im Gastland, stets bedroht von deutschen Bombenangriffen und der damals befürchteten Invasion der Insel durch die Deutschen.

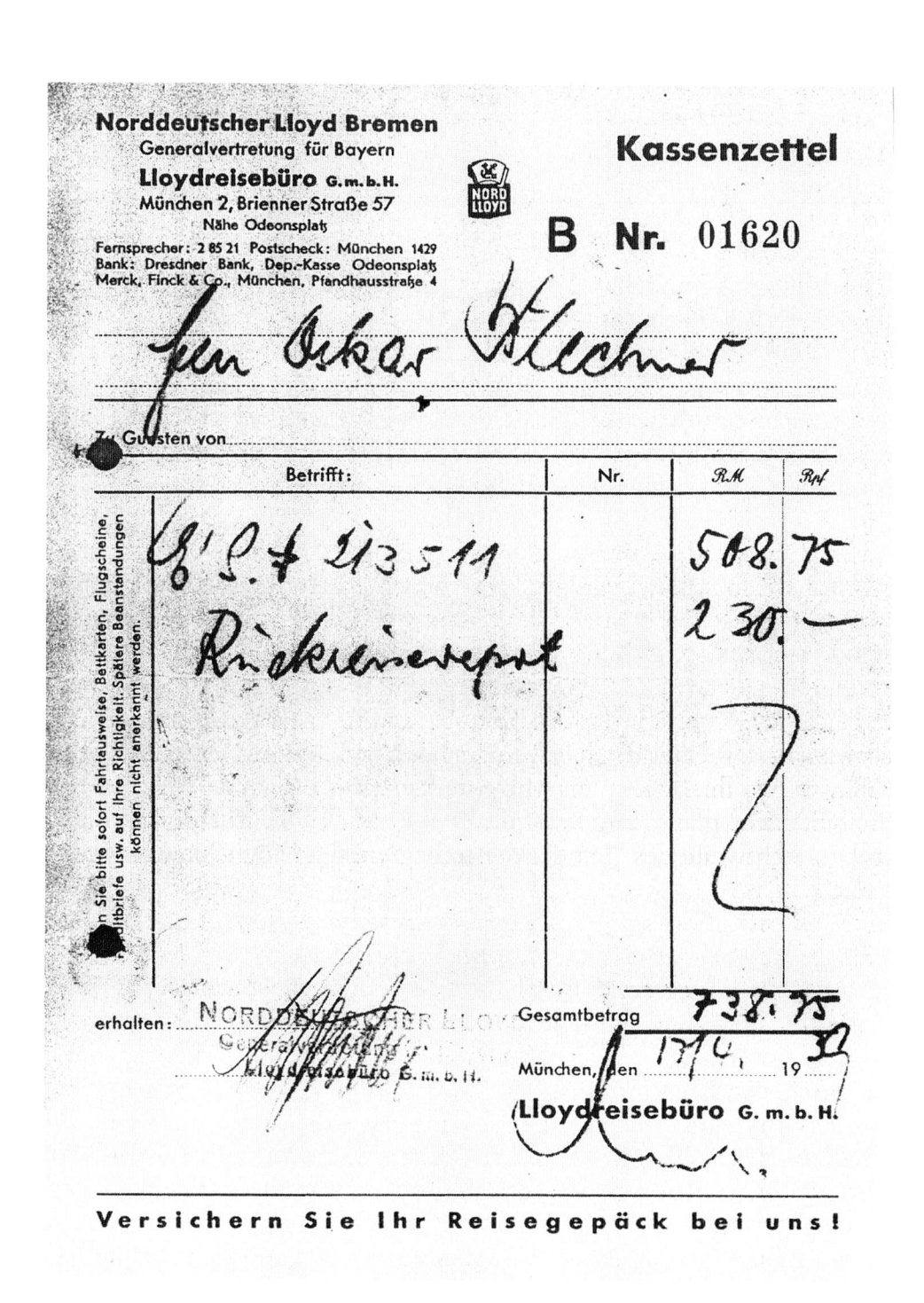

Der Passagier Oskar Blechner hat am 17. April 1939 seine Fahrkarte für die Reise mit der „St. Louis" in der Touristenklasse und das Rückreisedepot im Lloydreisebüro in München bezahlt. Das Original befindet sich in der Sammlung Blechner.

Mordechei Blechner, polnischer Staatsbürger kam um 1910 von Galizien nach München und änderte seinen Vornamen in Markus. Er war als selbständiger Kaufmann im Schuhhandel tätig, seine vier Söhne wuchsen in München auf.
Der Sohn Oskar Blechner hatte sich bereits 1938 um eine USA-Quotennummer aus dem polnischen Kontingent beworben und erhielt die Nummer 959. Gleichzeitig bemühte er sich zusammen mit seinem Bruder Jakob um die Einreise nach England. Als es ihm gelang, eine Passage auf der „St. Louis" zu erhalten, zog er seine englische Bewerbung zugunsten seines Bruders zurück. Am 17. April 1939 hatte er bei der Generalvertretung für Bayern des Norddeutschen Lloyd in der Briennerstraße 57 in München RM 738,75 einbezahlt für seine Passage in der Touristenklasse und für das Rückreisedepot (RM 230). Auch hatte er sich eine Landungserlaubnis für Kuba besorgt. Der damals 28jährige Kaufmann kam ohne Probleme nach Hamburg und schiffte sich auf der „St. Louis" ein. Sein jüngerer Bruder Sidney (Salo) verpaßte dieses Schiff, weil er nicht rechtzeitig seine Papiere erhielt. Oskar Blechner genoß das Bordleben auf der „St. Louis". Beim Zwischenstop in Cherbourg schrieb er eine Postkarte an Verwandte in London, ohne zu wissen, daß er dort nach wenigen Wochen ankommen würde. Vor Kuba wurde ihm wie allen Mitreisenden klar, daß diese Reise in die Freiheit nicht planmäßig verläuft. Der Anblick von Miami war qualvoll, in Sichtweite des „Landes der unbegrenzten Möglichkeiten" wurde die „St. Louis" abgewiesen. Für den sportlichen jungen Mann war die Versuchung groß, schwimmend das Festland zu erreichen, zumal er dort Verwandte und seinen Bruder Leon hatte. Wie wir wissen, waren alle Gedankenspiele vergebens. Dem Kapitän waren die Hände gebunden, und die Passagiere waren zum Spielball der politischen Verhältnisse auf beiden Seiten des Atlantik geworden.
Bei der Aufteilung der Passagiere in Antwerpen hatte Oskar Blechner großes Glück (er schrieb mehrmals in Briefen „Massel"), weil er dem englischen Kontingent zugeteilt wurde. Hierbei hatte sicher seine polnische Staatsangehörigkeit eine Rolle gespielt, ferner seine niedrige USA-Quotennummer und seine Kontaktadressen in England. Nach seiner Ankunft blieb ihm ein Lageraufenthalt erspart, weil er bei Bekannten Wohnung fand. Bei Kriegsausbruch war er kein „Enemy Aliens", denn als Pole gehörte er zu demjenigen Volk, welches als erstes von der deutschen Wehrmacht überfallen worden war. Er bemühte sich um eine Tätigkeit, die ihm laut Paß-Stempel ausdrücklich unter-

sagt war (AND WILL NOT TAKE ANY EMPLOYMENT). Bei seinen Verwandten konnte er nicht auf Dauer bleiben, er fand einen Platz bei der jüdischen Familie Verat, deren Tochter Gwendoline er später ehelichte. Auch hatte er Kontakt zu früheren Freunden aus der Heimat gefunden, so daß sich in London eine „Münchner Kolonie" gebildet hatte. Im August 1940 erlangte er eine Arbeitserlaubnis und war dann in einer Fabrik für Damengürtel tätig. Ein Jahr später entwickelte er eine Maschine, die Ledergürtel oder Bänder mit Verzierungen versehen konnte. Im Oktober 1941 gründete er eine eigene Firma „Verat und Blechner" zur wirtschaftlichen Verwertung seiner Erfindung. Im März 1942 heirateten Oskar Blechner und Gwendoline Verat, aus dieser Verbindung gingen drei Söhne hervor. Oskar Blechner blieb in England, wo er 1976 verstarb. Sein Bruder Leon kam in den USA und sein Bruder Jakob in der Schweiz über den Krieg. Sehr unglücklich und leidvoll verlief das Schicksal seines Bruders Sidney (Salo). Er versuchte, nachdem er die „St. Louis" verpaßt hatte, mit seinen Eltern mit der Eisenbahn in die Schweiz zu flüchten. Obwohl sie Transitvisa hatten, wurden sie im August 1939 an der Schweizer Grenzstation St. Margarethen zurückgewiesen. Wenige Tage später wurden bei Kriegsausbruch alle polnischen Staatsbürger in Deutschland interniert. Sidney wurde in Berlin verhaftet und in verschiedenen Konzentrationslagern bis zum Kriegsende festgehalten. Als er in Bergen-Belsen befreit wurde, schrieb er am 26.4.1945 eine Postkarte an seinen Bruder Jakob in der Schweiz:

„Ich lebe! Das ist ein Wunder Gottes. Die Alliierten haben mich gerettet. Nach 6 Jahren hinter Stacheldraht an Euch schreiben zu können..."[8]

Die Eltern Blechner kamen im Holocaust um.

Die Familie Grunstein wollte bereits 1937 nach Palästina auswandern. Frau Grunstein verstarb 1938 in Deutschland. Der Witwer Heinz, 34, buchte mit seinem Sohn Gerd Fritz, 6, auf der „St. Louis". Beide kamen nach England und überlebten dort den Krieg.

Dr. Josef Joseph, 57, Rechtsanwalt aus Rheyt, diente als Vizefeldwebel im ersten Weltkrieg. Als Vorsitzender der jüdischen Walther-Rathenau-Loge wurde er nach der Pogromnacht verhaftet. Nachdem ihm die Zulassung als Rechtsanwalt zum 30.11.1938 entzogen wurde, übrigens auch seinem Partner Dr. Heymann, der nach Brasilien auswanderte, stand er vor dem Nichts. Zusammen mit seiner Frau Lilly, 38, und der Tochter Liesel, 11, entschloß er sich zur Auswanderung. Auf der „St. Louis" war er eine geachtete Persönlichkeit, die stets um Ruhe und Ordnung besorgt war und als Vorsitzender des Bordkomitees vorbildlich mit Kapitän Schröder zusammenarbeitete. Nach der Landung in England kam die Familie Joseph zunächst bei einem englischen Freund privat auf dem Lande unter. Dessen Gastfreundschaft wollten sie nicht zu lange in Anspruch nehmen, weshalb sie nach London übersiedelten. Nach Kriegsausbruch wurde Dr. Joseph auf der Isle of Man interniert. Frau und Tochter erlebten mehrere deutsche Fliegerangriffe in London. Die Auswanderung nach USA war weiter ihr Ziel. Im September 1940 konnte Dr. Joseph zusammen mit der Familie von Glasgow aus, während eines deutschen Fliegerangriffes, nach New York abfahren.

Erneut überquerten sie den Atlantik. Ihr Schiff wurde von einem deutschen U-Boot beschattet, jedoch nicht angegriffen. In den USA hatten die Josephs mit wirtschaftlichen Problemen zu kämpfen. Der ehemalige Rechtsanwalt verdiente sein Brot als Vertreter für Schokolade, seine Frau arbeitete zunächst als Dienstmädchen, später in einem Juweliergeschäft. Dr. Joseph arbeitete dann bei der deutschsprachigen Zeitung in Philadelphia. Er starb bereits 1945. Die Tochter Liesel, inzwischen Großmutter geworden, ist sehr aktiv und hält Vorträge über den Holocaust. Zurückblickend sagt sie: „Die ersten zehn Jahre meines Lebens waren so wunderbar wie sie nur hätten sein können. Ich will diese Tatsache gewiß nicht romantisieren. Mein Vater war ein Anwalt, wir hatten ein sehr schönes Haus und Verwandte waren in der Nähe." Liesel Loeb weist immer wieder auf den Einsatz von Kapitän Schröder und Morris Troper bei der Rettung der „St. Louis"-Passagiere hin.

Dr. Max Loewe aus Breslau, der vor Havanna ins Meer gesprungen und anschließend ins kubanische Hospital gebracht worden war, kam 1940 nach England. Dort traf er seine Frau Elise und die Kinder Ruth und Fritz wieder. Er starb 1942 in England.

Dr. med. Max Weis und seine Ehefrau Bella lebten in der Vorkriegszeit in Beuel, das heute zu Bonn gehört. Weis stammte aus Windsheim in Bayern. Er studierte in Würzburg und München Medizin und eröffnete 1906 in Beuel eine Arztpraxis. Er war als „Armenarzt" bekannt, weil er ärmliche Patienten umsonst behandelte. Im ersten Weltkrieg war er

Stabsarzt in einem Reservelazarett in Vilich. Er arbeitete im Vorstand der Synagogengemeinde und ab 1922 im Gemeinderat in Beuel. Ab 1. Oktober 1938 hatte er Berufsverbot und durfte nur noch jüdische Kranke als „Krankenbehandler" betreuen. Nach der Pogromnacht wurde er inhaftiert. Er verkaufte sein Haus und seine Praxis und bemühte sich um Auswanderung. Auf der „St. Louis" gehörte er dem Bordkomitee an, welches Kapitän Schröder in den Krisenzeiten vorbildlich unterstützte. Ab 1941 arbeitete er im Rockwood Krankenhaus in Blackpool, später in Llandaff bei Cardiff/Wales. Das Ehepaar verstarb 1952 in Großbritannien. Die Stadt Bonn erinnert im Stadtbezirk Beuel am 25. Oktober 2002 mit dem „Doktor-Weis-Platz" an diesen vertriebenen ehemaligen Bürger.

Dr. med. Max Weis als deutscher Militärarzt im ersten Weltkrieg. Auf der „St. Louis" war Dr. Weis Mitglied des Bordkomitees.

„St. Louis"-Flüchtlinge in den Niederlanden

Die in die Niederlande gebrachten „St. Louis"-Flüchtlinge wunderten sich über die strenge Bewachung in der Quarantänestation Heyplaat. Stacheldraht und Polizisten mit Schäferhunden erinnerten sehr an deutsche Lager, denen einige gerade entkommen waren. Im Herbst 1939 hatte die niederländische Regierung ein grosses Flüchtlingslager in Westerbork eröffnet, das für die Aufnahme von deutschen Flüchtlingen bestimmt war. Das Lager befand sich in einer trostlosen Gegend und wurde später als Sammelstätte für Deportationen nach dem Osten benutzt.
An der heutigen Gedächtnisstätte befindet sich folgende Inschrift:
„Man belauerte unsere Schritte;
wir konnten uns nicht im Freien bewegen.
Nahe war unser Ende,
erfüllt unsere Zeit,
ja es kam unser Ende.
Jeremias, Klagelieder, 4,18"[10]

Im Sommer 1940 wurden die Niederlande von den Deutschen überrannt. Die niederländischen Streitkräfte kapitulierten nach mehrtägigem Kampf. Königin Wilhelmine und ihre Regierung gingen nach England ins Exil. Die meisten „St. Louis"-Flüchtlinge waren im Lager Westerbork untergebracht. Nur wenige lebten in den Niederlanden in Privatquartieren, regulär oder im Untergrund. Diese mußten sich nicht nur vor der Gestapo verstecken, sondern auch vor einheimischen Nazi-Gefolgsleuten, die gegen ein Kopfgeld Juden denunzierten. So wurde auch Anne Frank verraten.

Aus Wien kam die Familie Blumenstein. Der Vater Franz Blumenstein war nach dem Anschluß Österreichs in Dachau inhaftiert worden. Er emigrierte nach Venezuela und sandte seiner Familie Landungspermits für Kuba. So kamen seine Mutter Regina, 73, seine Frau Elsa, 34, und der Sohn Heinz Georg, 4, auf die „St. Louis". Die Familie Blumenstein kam von Heyplaat nach Amsterdam. Dort erhielten sie Einreise-Visa für die Dominikanische Republik, jedoch konnten sie nach dem Einmarsch der Deutschen keine Ausreisepapiere mehr bekommen. Nun saßen sie in der Falle und lebten im Amsterdamer Judenviertel. Bei einer Wohnungsdurchsuchung wurde die Großmutter Regina verhaftet. Es gelang ihr noch, das Kind Heinz im Küchenschrank zu verstecken, wo es später von seiner Mutter gefunden wurde. Mutter und Kind flüchteten nach Westfriesland, wo beide von der niederländischen Widerstandsbewegung getrennt versteckt wurden. Elsa Blumenstein wurde verhaftet und kam in Auschwitz um. Das Kind Heinz wuchs bei Bauern auf und war bei Kriegsende 9 Jahre alt. Es gelang ihm, zu seinem Vater in die USA zu übersiedeln. Franz Blumenstein war ein gebrochener Mann, der später in seine Heimatstadt Wien zurückging. Heinz blieb in den USA und wurde in Ohio seßhaft. Sein Überleben in den Niederlanden bezeichnet er als eine „glückliche Fügung". Mehrmals hat er seine Zieheltern besucht. Sie haben ihn vor den niederländischen und deutschen Nazis gerettet.

Leopold Dingfelder betrieb in Plauen/Vogtland eine koschere Metzgerei. In der Pogromnacht 1938 wurde auch sein Laden angegriffen, weshalb die Familie beschloß auszuwandern. Bereits früher, im Mai 1938, wurde der ältere Sohn Martin, 18, in die USA geschickt. Vater Leopold, 53, Mutter Johanna, 48, und Sohn Rudi, 15, hatten auf der „St. Louis" gebucht und kamen in die Niederlande. Offenbar fühlten sie sich dort sicher, denn nach einem Aufenthalt in Rotterdam wohnten sie in Gouda. Dort wurden sie im Oktober 1942 verhaftet und in das Sammellager Westerbork gebracht. Die Eltern Dingfelder kamen nach Auschwitz und wurden dort umgebracht. Der Jugendliche Rudi arbeitete in einer holländischen Firma als Werkzeugmacher. Er war sehr an technischen Dingen interessiert. 1942 wurde er in einer Flugzeugfabrik in Holland eingesetzt. Dort hat er sich offenbar handwerklich qualifiziert, was sich später als überlebenswichtig erwies. Als er im März 1944 nach Auschwitz deportiert wurde, trug seine Karteikarte die Berufsbezeichnung „Maschinenschlosser, Schweißer". Dadurch kam er in die Siemens-Schuckert-Fabrik in Bobrek. Dort reklamierten ihn zwei Werkmeister wegen seiner technischen Begabung und retteten ihn so vor der Gaskammer. Als die Russen immer näher kamen, wurde er nach Buchenwald verlegt, ganz in die Nähe seiner Heimatstadt Plauen. Im Januar 1945 kam er nach Berlin und Schwerin, wo ihn amerikanische Truppen befreiten. Dingfelder war nun ein „DP" und ging zurück nach Gouda, wo er seine Eltern zu treffen hoffte. Aus Amerika kam sein Bruder Martin als amerikanischer Soldat, den er viele Jahre nicht mehr gesehen hatte. „Es war einer der glücklichsten Tage in meinem Leben, den ich nie vergessen werde", sagte er über diese Begegnung. In Gouda traf er auch seine spätere Frau Gerry, deren Familie ebenfalls aus Deutschland vor den Nazis geflohen war und im Untergrund überlebte. Rudi Dingfelder emigrierte 1947 nach Detroit, wo sein Bruder Martin seßhaft geworden war. Er änderte seinen Namen, was die Suche nach ihm sehr erschwerte. 1986 verstarb er, sein Bruder Martin lebt in Florida.

Rudi Dingfelder kurz nach Kriegsende in den Niederlanden vor seiner Übersiedelung in die USA

Erich Jacobsohn, 37, war Abteilungsleiter im jüdischen Kaufhaus Tietz in Bamberg, wo er mit Frau und zwei Kindern lebte. Mit seinem sechsjährigen Sohn Rudolf beobachtete er den Brand der Synagoge in der Pogromnacht 1938.

Am nächsten Tag wurde er verhaftet und in Dachau eingeliefert. Nach mehreren Monaten Haft, die ihm sehr zusetzte, entließ man ihn mit der Auflage der schnellen Auswanderung. Seine Frau Margarete, 31, hatte sich inzwischen um Papiere und eine Schiffspassage bemüht, so daß die Familie Jacobsohn auf die „St. Louis" gelangte. Von Antwerpen kamen sie in das Lager Heyplaat, an das Rudolf angenehme Erinnerungen hat, etwa, daß dort auch Schokolade an die Kinder verteilt wurde. Der Vater Jacobsohn hatte sofort Verbindung zu seinen Verwandten in Milwaukee aufgenommen. Sein Cousin Edwin Ostermann sandte Schiffspassagen für das moderne Schiff „Staatendamn" der Holland-Amerika-Linie. Wegen des Kriegsausbruches setzten die Holländer das ältere Schwesterschiff „Felsendamn" ein, weil man annahm, daß ein U-Boot-Kommandant beim Anblick dieses Seelenverkäufers keinen Torpedo abfeuern würde. Diese Überlegung hat sich bewahrheitet und am 5. Februar 1940 landete die Familie Jacobsohn in Hoboken, New Jersey.

Die zweite Atlantiküberquerung war nicht so komfortabel wie jene auf der „St. Louis", aber diesesmal glückte die Landung in den USA. In Milwaukee ließ sich die Familie nieder, und Vater Jacobsohn arbeitete wieder in Warenhäusern, 46 Wochenstunden an $5\frac{1}{2}$ Tagen. Auch die Söhne waren als Schüler in der Freizeit als Verkäufer tätig, so daß die Familie finanziell gut zurecht kam. 1952 starb der Vater 50jährig an seinem Arbeitsplatz. Die Söhne waren damals 19 und 14 Jahre alt. Rudolf, der ältere, besuchte die Marquette-Universität und wurde Zahnarzt. Mit der US-Marine kam er weit herum, nach Marokko, Spanien und auch nach Kuba, wo man ihn 1939 nicht an Land gehen ließ. Während seiner Militärzeit besuchte er auch erstmals wieder unsere gemeinsame Heimatstadt Bamberg. Dort fand er das Haus, in dem seine Familie früher wohnte, unbeschädigt vor. Die jüdische Fabrikantenfamilie, der dieses Wohnhaus ursprünglich gehörte, war noch vor Kriegsbeginn nach England emigriert. Es ist mir gelungen, eine Verbindung zum Sohn dieser Familie, also einem ehemaligen Spielkameraden, herzustellen.

Rudolf Jacobsohn ist nach seiner Militärzeit nach Denver gegangen, wo er bis vor einigen Jahren als Zahnarzt tätig war. Heute lebt er in Mexiko. Sein Bruder Thomas Michael und die hochbetagte Mutter blieben in Milwaukee.

In der Vorkriegszeit lebte auch ich in Bamberg, einer Mittelstadt mit damals etwa 50 000 Einwohnern. Deshalb haben sich unsere Wege immer wieder gekreuzt. Es sei erlaubt, hier einige Örtlichkeiten zu erwähnen, die für Kinder im Vorschulalter eine magische Anziehungskraft ausübten und deshalb in der Erinnerung noch heute haften. Da war zunächst, ganz in der Nähe der Jacobsohnschen Wohnung, ein weitläufiger Park im englischen Stil, in Bamberg „Hain" genannt. Groß und Klein vergnügte sich darin. Bei einem See konnte man sommers Wasservögel füttern und winters Schlittschuhlaufen oder einfach über das Eis „höscheln". Inmitten dieses Parkes lag das Cafe Theresienhain mit einer kleinen Menagerie. Was Kinder in höchstem Maße faszinierte, war ein Automat mit einer lebensgroßen Henne aus Blech, die nach Münzeinwurf (goldene) Blecheier legte. Darin befanden sich alle Dinge zur kindlichen Glückseligkeit, etwa Ringe, Würfel, Autos, Schiffe. Apropos Schiff, entlang dem Hainpark fuhr ein kleiner Flußdampfer, das „Haindompferla", zu einem Ausflugsort. Dieses Gefährt dieselte gemütlich etwa 20 Passagiere, darunter viele Kinder. Deren Eltern erwarteten sie an der Endhaltestelle und hörten sich mit Vergnügen die Abenteuer einer Dampferfahrt an. Dann gab es noch einen Bratwurststand, an den sich Rudolf lebhaft erinnert, weil er dort häufig mit seinem Vater verweilte. Auch ich war dort öfters mit meinen Eltern, und ich vermeine manchmal noch den appetitanregenden Geruch zu verspüren. Soweit gemeinsame Erinnerungen an Bamberger Kindertage aus der Vorkriegszeit.

Im bayerischen Regensburg war Simon Oberdorfer eine stadtbekannte Persönlichkeit. Er betrieb eine Fahrrad- und Autohandlung und war der Erbauer und Besitzer des Velodrom, eines Vielzwecksaales, der kurz vor der Jahrhundertwende eröffnet wurde. Es war der größte Saal der Donaustadt, in dem über 1000 Personen Platz fanden. Dort veranstaltete er Bälle, Varieté-Aufführungen, Konzerte, Zaubervorstellungen und politische Versammlungen. Dressierte Wölfe waren ebenso zu bewundern wie die indischen Elefanten des Circus Renz. Die ehemalige Primaballerina des russischen Hofballetts Anna Pawlowa gab ein Gastspiel. Um 1930 baute der rührige Oberdorfer das Velodrom in ein Kino um. Er selbst war Kunstradfahrer und Inhaber vieler Preise und Medaillen, bayerische und deutsche Meisterschaften errang er. 1891 gründete er den heute noch bestehenden Radfahrerverein „Wanderer". Im Jahre 1911 erhielt Simon Oberdorfer das Bürgerrecht der Stadt Regensburg. Seine beiden Söhne emigrierten 1933 nach Paris und New York. Der Pogromnacht 1938 entging er, weil er nicht in der Stadt war. Wenige Tage später wurde er in Dachau eingeliefert und erhielt die Häftlingsnummer 20.168. Am 20. 11. 38 wurde er wieder entlassen, nach dem damals üblichen Verfahren: Arisierung seines Betriebes und Auswanderung. Zusammen mit seiner Frau Hedwig, 61, deren Bruder Julius Springer, 59, und seiner Schwester Maria Kugler, 70, hatte er 1.-Klasse-Passagen auf der „St. Louis" gebucht. Nach der Landung in Antwerpen kamen die Verwandten nach Rotterdam, von dort aus nach Naarden, wo sie privat wohnten. Einzig Maria Kugler gelang es im Oktober 1939, vor dem deutschen Einmarsch in die Niederlande, nach Los Angeles zu emigrieren. Am 23. April 1943 wurden Hedwig Oberdorfer und Julius Springer in das Sammellager Westerbork gebracht, einen Tag später folgte ihnen Simon Oberdorfer. Alle drei wurden am 27. April 1943 nach Sobibor deportiert und dort ermordet. Das niederländische Standesamt in Naarden hat ihren Tod auf den 30. April 1943 festgestellt. So endete ein in Regensburg bekannter und geschätzter Unternehmer und Sportler, der Oberdorfer „Simmerl" im Holocaust.

Max Pander, zurückgekehrt aus dem ersten Weltkrieg, ließ sich in Bochum nieder. Zusammen mit seiner Frau Bertha eröffnete er ein Uhren- und Schmuckgeschäft, das später in die Innenstadt verlegt wurde. Die Tochter Hilde wurde 1923 geboren und besuchte eine jüdische und nach 1933 eine private Schule, bis im Frühjahr 1938 den jüdischen Kindern Schulbesuch verboten wurde. In der Pogromnacht wurde das Pandersche Geschäft verwüstet und der Vater während der Aufräumarbeiten am nächsten Tag verhaftet und in ein Konzentrationslager eingeliefert. Nach einem Monat entließ man ihn mit der Verpflichtung zur Auswanderung. Die verängstigten Eltern schickten die 16jährige Hilde im Januar mit einem Kindertransport in die Niederlande und bemühten sich selbst um eine Schiffspassage. Nachdem sie Plätze auf der „St. Louis" gebucht hatten, kehrte die Tochter wieder nach Deutschland zurück, um gemeinsam mit den Eltern nach Hamburg zu fahren. Die drei Panders kamen zusammen an Bord der „St. Louis".
Hilde, der Backfisch, wie man damals junge Mädchen nannte, erinnert sich daran, daß ihr Vater auf dem Schiff stets Walzer mit ihr tanzte. Auch sonst hat sie an die Wochen auf der „St. Louis" nur angenehme Erinnerungen.
Bei der Verteilung der „St. Louis"-Passagiere in Antwerpen traf Hilde eine Frau Weissmüller, die sie bereits aus dem Kinderheim in Holland kannte. Diese Dame sorgte dafür, daß die Familie Pander trotz einer

hohen USA-Quotennummer nach Holland kommen konnte. Von Heyplaat wurden sie im Februar 1940 nach Westerbork verlegt. Dort trafen sie einige andere „St. Louis"-Passagiere. Leider gelang es den Panders nicht, ihre Flucht von Westerbork fortzusetzen. Hilde arbeitete als Hausmädchen beim holländischen Lagerkommandanten. Vater Max hatte sein Uhrmacherwerkzeug mitgebracht und versuchte im Lager durch Reparaturarbeiten ein Zubrot zu verdienen. Die Deutschen hatten das Lager 1941 übernommen, wodurch sich die allgemeinen Bedingungen verschlechterten. Irgendwann hieß es: „Juden ihr kehrt zurück ins Reich". Im Januar 1944 wurden die Familien Pander und Wolff, die sich angefreundet hatten, nach Theresienstadt deportiert.

In dieses „Musterlager" kamen Inspektoren des Internationalen Roten Kreuzes. Es gab dort Musik- und Theater-Aufführungen und sportliche Veranstaltungen. Die Nazis trieben ihre Menschenverachtung so weit, daß sogar dort ein Propagandafilm gedreht wurde: „Der Führer schenkt den Juden eine Stadt". Hilde Pander, inzwischen 21jährig, hatte sich im Lager in Adolf Wolff verliebt. In Anbetracht der schlimmen äußeren Umstände waren beide Familien mit einer Heirat einverstanden, die im Juni 1944 in Theresienstadt stattfand. Nach drei Monaten wurde Adolf Wolff mit seinen vier Brüdern und Max Pander nach Auschwitz deportiert und ermordet. Hilde und ihre Mutter blieben in Theresienstadt und hatten keine Nachricht von den Deportierten. Hilde war in einer Werkstatt beschäftigt, in der Glimmer verarbeitet wurde. Als ihre Mutter ins Lagerkrankenhaus kam, bestand die Gefahr einer Deportation für sie. Deshalb setzte die energische Hilde durch, daß auch ihre Mutter in derselben Werkstatt wie sie beschäftigt wurde. Damit waren beide Frauen vor Deportationen geschützt und erlebten am 5. Mai 1945 die Befreiung von Theresienstadt durch russische Truppen. Beide Frauen wurden nach Amsterdam „repatriiert", wo sie bis 1947 lebten. Im August 1947 kam Hilde Pander zu einem Onkel nach USA, ihre Mutter Bertha folgte einige Monate später. Im New Yorker Wohnviertel Washington Heights heiratete Hilde 1949 und betrieb mit ihrem Mann ein Geschäft für medizinische Geräte. Diese Überlebende des Holocaust mit einer dramatischen Fluchtgeschichte verbringt ihren Lebensabend als fünffache Großmutter in Florida.

„Warum habe gerade ich überlebt, ich hatte keine besondere Begabung", sagt sie und fährt fort „Heute glaube ich, daß mich eine höhere Macht geführt hat."

Harry Rosenbach, 20, aus Kassel bekam einen der letzten freien Plätze auf der „St. Louis". Er trug eine goldene Uhr seines Großvaters. Auf der Rückfahrt nach Europa warf er dieses wertvolle Familienstück aus Wut und Verzweiflung in den Atlantik. In Holland erfuhr er, daß seine USA-Quotennummer aufgerufen war. So entkam er noch vor dem deutschen Einmarsch nach USA. Er wurde Unternehmer an der Ostküste und äußerte sich kürzlich in einer Zeitung über seine Erinnerungen an 1939:

> „Die Botschaft der St. Louis ist, daß niemand die Juden haben wollte. Als wir vor Miami Beach kreuzten, kamen die Schiffe der Coast Guard um zu verhindern, daß jemand ins Meer sprang und an die amerikanische Küste schwamm."

Gertrud Scheuer, 24, kam aus Alzey. Sie besuchte ein Lyzeum und eine höhere Handelsschule und arbeitete dann in Köln. Auf der „St. Louis" reiste sie alleine. Die jungen Passagiere und die Matrosen umschwärmten diese jugendliche Schönheit. Man bot ihr an, sie in Havanna in einer leeren Kiste an Land zu schmuggeln oder sie auf dem Schiff verborgen in New York zu landen. Dort wollte sie ja hin, denn ihr Verlobter aus Deutschland wartete in Amerika auf sie. Gertrud lehnte die verlockenden Angebote ab und blieb auf der „St. Louis". Bei der Ankunft in Antwerpen hatte sie sich durch Schreibarbeiten als geübte Sekre-

Gertrud Mendels, geborene Scheuer, vor ihrem Haus in Baltimore 1999

tärin sehr nützlich gemacht. In den Niederlanden schlug sie sich als Dienstmädchen bei verschiedenen Familien durch. Ein holländischer Kommunist versteckte sie in einem Wandschrank, als ein Polizist vor einer Razzia gewarnt hatte. Kurz vor Kriegsende wurde sie noch in Utrecht und Amsterdam inhaftiert. Kanadische Truppen befreiten sie. Über das Rote Kreuz konnte sie ihre Tante in Amerika verständigen. Ihr Verlobter, inzwischen US-Soldat, suchte und fand sie. Noch in Holland heiratete das Paar. Diese temperamentvolle Dame lebte in Maryland, wo sie 2001 verstarb.

Dr. Fritz-Spanier, 37, kam aus dem Rheinland und arbeitete als Oberarzt am Virchow-Krankenhaus in Berlin. wo er 1933 entlassen wurde. Durch eine Privatpraxis hielt er seine Familie über Wasser, bis 1938 seine Approbation zwangsweise erlosch. Zusammen mit seiner Frau Babette, 34, und den Zwillingstöchtern Ines und Renate, 7, buchte er auf der „St. Louis". Er weigerte sich, dem Bordkomitee beizutreten, half aber bei der medizinischen Betreuung der Passagiere.

Im Lager Westerbork wurde er zum Chefarzt des Lagerkrankenhauses ernannt. Dort verfügte er über 1725 Betten, 120 Ärzte und 1000 Pflegekräfte. Es waren Ärzte für alle medizinischen Sparten vorhanden. Häufig hat man sich verwundert, warum die Nazis ein derartig großes Krankenhaus zuließen, das eine Großstadt hätte versorgen können. Man schreibt

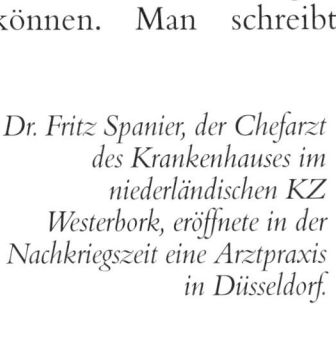

Dr. Fritz Spanier, der Chefarzt des Krankenhauses im niederländischen KZ Westerbork, eröffnete in der Nachkriegszeit eine Arztpraxis in Düsseldorf.

dies dem Einfluß von Dr. Spanier auf die Lagerleitung zu. Das Krankenhaus war eine Art „Staat im Staate". Echte Kranke und als krank Erklärte konnten so temporär vor der Deportation geschützt werden.

Nach der Befreiung der Niederlande ging Dr. Spanier sofort nach Bergen-Belsen und übernahm das dortige Lagerkrankenhaus. Später eröffnete er eine Arztpraxis in Düsseldorf, wo er 1967 starb. Dr. Spanier war einer der wenigen „St. Louis"-Passagiere, die nach dem Kriege nach Deutschland zurückkehrten. Seine Zwillingstöchter leben in den USA.

Die „St. Louis"-Flüchtlinge in den besetzten Ländern

Auf der „St. Louis" war die Familie Fink, Vater Manfred, 33, Mutter Herta, 28, und Sohn Michael, 4, registriert. Sie wurden nach Theresienstadt deportiert, wo die Mutter und der Sohn überlebten und nach Kriegsende nach Palästina gingen. Dort wurde aus Michael Fink ein Michael Barak. Er ist verbittert über die Abweisung der „St. Louis" in Kuba und den Vereinigten Staaten und macht die USA indirekt für den Tod seines Vaters verantwortlich und hat kein Verständnis dafür, daß „damals die 900 Passagiere abgelehnt wurden."

Diejenigen der „St. Louis"-Flüchtlinge, die in die drei kontinentalen Gastländer gekommen waren, trafen sich sporadisch in Lagern oder Unterstützungsstellen. Allmählich verloren sich die Verbindungen aus der gemeinsamen Schiffsreise. Jene, die im Untergrund lebten, waren darauf angewiesen, daß ihnen zahlreiche Helfer, Idealisten und Professionelle, Schutz und Unterstützung gewährten. Hierbei haben sehr viele ziviles Heldentum praktiziert, um mit List und Kreativität die Verfolger fernzuhalten. Die Verfolger, das waren die deutsche Gestapo und die Antisemiten und Nazis unter der einheimischen Bevölkerung. Teilweise arbeitete auch die Polizei der Gastländer mit den Deutschen zusammen. So ist es rückblickend kaum verstehbar, daß die französische Vichy-Polizei Razzien und Verhaftungen für die Deutschen durchführte und dadurch Deportationen ermöglichte. Im Gegenzug versuchten die Widerstandsbewegungen der drei Länder, so viele Verfolgte wie möglich durch Fluchtunterstützung oder Untergrundverstecke vor den Deutschen zu retten. Die klassische Fluchtroute führte von Belgien und Holland nach Frankreich in den unbesetzten Teil des

Landes. Von Vichy-Frankreich mußten Spanien, Portugal oder Nordafrika erreicht werden. In Amsterdam fand am 9. Februar 1941 eine Art Pogromnacht im Judenviertel mit anschließenden Verhaftungen statt. Hierauf antworteten die Holländer mit Streiks. Als ab April 1942 der Judenstern getragen werden mußte, steckten viele Holländer aus Protest gelbe Blumen ans Revers.

Jene, die im Untergrund oder mit gefälschten Papieren lebten, konnten durch Zeitungen oder „Radio London" die Kriegslage verfolgen. Wie im Reich war es auch in den besetzten Ländern verboten, „Feindsender" zu empfangen. Aus guten Gründen war dies verboten, denn nur dadurch konnte die wirkliche Kriegslage beurteilt werden. Es muß furchtbar gewesen sein, wenn Flüchtlinge in ihren Verstecken die heisere und sich überschlagende Stimme Hitlers vernahmen, mit seinen Drohungen und Attacken auf alle, die nicht seiner Meinung waren.
In seiner Rede vom 30. Januar 1941 führte er aus:
> „Schon jetzt ergreift unsere Rassenerkenntnis Volk um Volk, und ich hoffe, daß auch diejenigen, die heute noch in Feindschaft gegen uns stehen, eines Tages ihren größeren inneren Feind erkennen werden und daß sie dann doch in eine Front mit uns eintreten werden: die Front gegen die internationale jüdische Ausbeutung und Völkerverderbung."

Am 30. Januar 1942, dem neunten Jahrestag seiner Machtergreifung enthielt die Hitlerrede wiederum eine aggressive Passage gegen das Judentum:
> „Wir sind uns dabei im klaren darüber, daß der Krieg nur damit enden kann, daß entweder die arischen Völker ausgerottet werden oder daß das Judentum aus Europa verschwindet... daß das Ergebnis dieses Krieges die Vernichtung des Judentums sein wird... Und es wird die Stunde kommen, da der böseste Weltfeind aller Zeiten (die Juden) wenigstens auf ein Jahrtausend seine Rolle ausgespielt haben wird."

Die Haß- und Hetztiraden Hitlers konnten nicht darüber hinwegtäuschen, daß die Kriegserfolge der Nazis der Vergangenheit angehörten. Die Zeit der „Blitzsiege" war vorbei. Deutsche Armeen mußten in Rußland und Afrika kapitulieren. Unter den deutschen Soldaten ging der Spruch um: „Vorwärts Kameraden, wir müssen zurück."

Am 17. Dezember 1942 haben die Alliierten in der Drei-Mächte-Erklärung den Schuldigen an den Nazi-Vernichtungsaktionen strenge Bestrafung angedroht. Ein Beleg dafür, daß die deutschen Verbrechen an Wehrlosen in London, Moskau und Washington nicht nur bekannt und zur Kenntnis genommen worden waren, sondern endlich auch amtlich dokumentiert wurden.

LABOR DAY.

The New York Times, 5. September 1943

Bei Kriegsende waren die überlebenden Passagiere der „St. Louis" weit verstreut, in Süd- und Nordamerika und Kanada, in England, Frankreich, Holland, Belgien, Spanien, Portugal und der Schweiz. Selbst in Deutschland hatten einige den Holocaust überlebt. Jeder bemühte sich, eine neue Existenz aufzubauen, Verwandte zu suchen und normale Verhältnisse zu erreichen. Das war mit Orts-und auch Namensveränderungen verbunden. In Europa bemühte sich die UNRRA, die Flüchtlingsorganisation der inzwischen gegründeten Vereinten Nationen, um die zahlreichen entwurzelten Menschen aus vieler Herren Länder. Aus den „St. Louis"-Passagieren waren nun „DP" – displaced persons – geworden. Fast alle noch in Europa Befindlichen fanden nun endlich das Ziel ihrer Reise von 1939 in den USA. Mit 6, 7 und mehr Jahren Verspätung waren die Schützlinge von Kapitän Schröder endlich „angekommen". Die Odyssee war beendet, vielerlei Gefahren hatten sie bestanden. Man hat die „St. Louis"-Affäre einen „Microcosmos des Holocaust" genannt, eine treffende Bezeichnung. Die Passagiere dieses Schiffes waren deutsche Juden, von denen nur etwas mehr als die Hälfte überlebten.

Alle Juden, die sich nach Kriegsbeginn außerhalb Deutschlands in Europa aufhielten, versuchten, unabhängig von ihrer Nationalität, weiter zu flüchten, im Idealfall nach Übersee. Dies war meist nur in Etappen möglich. Zunächst mußte ein sicheres oder neutrales Land erreicht werden, wie England, Frankreich, Spanien, Portugal, Schweden, Finnland, Rußland, Italien, Balkanländer, Türkei oder Palästina. Von Fall zu Fall war ein Verbleiben möglich, meist mußte die Flucht fortgesetzt werden, um nicht erneut unter das Hakenkreuz zu geraten. Einige Fluchtgeschichten von „St. Louis"-Passagieren spiegeln diese Probleme wider.

Aus Deutschland war die Auswanderung nach dem 1. Oktober 1941 nicht mehr möglich.[11] Die Statistik der „Reichsvereinigung" weist im September 1939 im Altreich 215 000 und am 1. Oktober 1941 noch 163 696 Juden aus.[12] Wenn man von diesen Zahlen ausgeht und die natürlichen Todesfälle abzieht, dann wären etwa 30 000 Verfolgte zwischen Kriegsbeginn und dem Verbot der Auswanderung den Nazis in allerletzter Stunde entkommen. Dann war die Falle im Reich zugeschnappt. Ab September 1941 wurde das Tragen des „Judensterns", also die optische Stigmatisierung, angeordnet. Ein bekannter US-Autor, selbst Emigrant aus Wien, bemerkt zu den Flüchtlingen nach ihrer Ankunft in einem Aufnahmeland: „Sehr wenige dieser Menschen schrieben Memoiren und niemand von ihnen bezeichnete sich lange als ‚Flüchtling'. Dieser Begriff galt nicht als Auszeichnung oder Ehre: Man spürte bis ins Innerste, daß er einen herabsetzte, sobald man in ein fremdes Land kam oder ein Schiff verließ."[13]

Was geschah, wenn Flüchtlinge in den USA angekommen waren? Wenn die Einwanderungspapiere und Pässe in Ordnung waren, konnte das Schiff am Anlegepier verlassen werden. Die meisten wurden dort von Freunden oder Verwandten abgeholt. Nun waren Hoffnungen und Wünsche verwirklicht: man war in der Freiheit auf amerikanischem Boden. Falls Probleme mit Papieren oder der Gesundheit bestanden, kamen die Neuankömmlinge nach Ellis Island, nahe der Freiheitsstatue. Die Erwartung, bald dieser Isolation zu entkommen, und die Hoffnung auf ein neues Leben in Sicherheit und Freiheit halfen über die Tristesse der Einwanderungsstation hinweg. In den ersten Monaten war die direkte Hilfe der Verwandten und Freunde sehr wichtig. Die Öffentlichkeit begegnete den Flüchtlingen mit Desinteresse oder Ablehnung, beispielsweise bei der Suche nach einem Arbeitsplatz. Dem amerikanischen Judentum wurde vielfach der Vorwurf der Passivität am Schicksal der europäischen Glaubensgenossen gemacht. Viele dieser US-Juden waren in der ersten oder zweiten Generation in Amerika und hatten noch zahlreiche Verwandte in Europa. Aus deren Briefen und den Schilderungen der englischsprachigen und jiddischen Zeitungen wußten sie um die Not und Bedrängnis, denen Juden in Deutschland und einigen Satellitenländern ausgesetzt waren. Doch Europa war fern, das amerikanische Judentum versuchte in der Mehrzahl amerikanischer als alle anderen Amerikaner zu sein. Hierzu trug natürlich die US-Politik des Isolationismus entscheidend mit bei. Ferner die unterschwellige Furcht vor dem Ansteigen des Antisemitismus in den Staaten, wenn zuviele Juden in einer Stadt ansässig wurden, wodurch auch die eigene Assimilierung gefährdet war. Hierdurch ist die Einstellung der Eingesessenen gegenüber den Neuankömmlingen definiert. Dies gilt sowohl für den Einzelnen, wie auch für Organisationen. Die Behandlung der „St. Louis" vor den Küsten Kubas und Floridas ist hierfür ein Musterbeispiel.

Das Hauptproblem für die Neuangekommenen war das Finden eines geeigneten Arbeitsplatzes. Relativ leicht war dies für junge Leute, Handwerker und praktisch veranlagte Menschen. Sehr schwirig erwies sich die Stellensuche für ältere Akademiker, zumal wenn deren Sprachkenntnisse gering waren. Das Durchschnittsalter der „St. Louis"-Passa-

giere, nicht gerechnet die Jugendlichen unter 21 Jahren, lag bei knapp 45 Jahren. Da verdingten sich ehemalige Rechtsanwälte als Hilfsarbeiter, früher wohlhabende Damen arbeiteten als Hausmädchen. Eine nicht sehr erfreuliche Situation. Den Naziverfolgungen war man entronnen, dem Lebenskampf mit unterqualifizierten Beschäftigungen nicht.
Diese Verhältnisse änderten sich nach dem Kriegseintritt Amerikas, denn nun wurden überall Arbeitskräfte gesucht. Dadurch gelang es zahlreichen Flüchtlingen, auch den „St. Louis"-Passagieren, einen sozialen und finanziellen Aufstieg zu erreichen. In den jüdischen Gemeinden gab es hie und da auch religiöse und gesellschaftliche Probleme zu überwinden. Einige der assimilierten und erfolgreichen jüdischen Geschäftsleute, smarte und arrivierte Persönlichkeiten, sahen in den Neuankömmlingen eher Proletarier und Habenichtse, möglicherweise auch Kommunisten. Deshalb boten bereits ansässige „amerikanische Amerikaner" den Flüchtlingen nicht immer die hilfreiche Hand, welche einen Neuanfang und die soziale Integration sehr gefördert hätten. Fast alle den Verfolgungen und Demütigungen in Deutschland und Europa glücklich Entronnenen hatten ihre beste Garderobe am Leib und versucht, Schmuck und Kameras mit auf die Reise zu nehmen. Da waren die Passagiere der „St. Louis" keine Ausnahme.[14] Leider mußten sie feststellen, daß ihre europäischen Maßanzüge und Kostüme nicht der amerikanischen Mode entsprachen. Jedermann erkannte sofort, daß diese Personen aus Übersee kamen. Wem es gelungen war, Möbel und Hausrat per Container, den sogenannten „Judenkisten", in die neue Welt zu verschiffen, stellte fest, daß in Amerika andere Designs „modern" waren. Die Sprachprobleme der älteren Generation waren ein temporäres Manko. Ein bejahrter Einwanderer aus Berlin oder Wien war an seinem Akzent erkennbar. Kinder hatten hier keine Probleme, denn sie lernten das Englisch ihrer Umgebung, automatisch mit dem Idiom der Gegend.

Die Amerikaner internierten nach Kriegsausbruch alle Japaner. Dies blieb den Einwanderern deutscher Herkunft erspart, obwohl hierüber diskutiert worden war. Sie wurden allgemein als „Krauts", vereinzelt als „Nazi-Krauts" bezeichnet. Von bereits in Amerika ansässigen Juden wurden die Neuankömmlinge als „Jeckes" gesehen, als typisch deutsche Pedanten in bezug auf Pünktlichkeit, Genauigkeit oder Zuverlässigkeit. Während „Krauts" eindeutig abwertend gemeint war, galt „Jeckes" eher als spöttisches Wort.

Die deutsch-jüdischen Einwanderer siedelten sich in der Stadt New York vornehmlich in der Gegend Washington Heights an. Bekannte Immigranten sind Dr. Ruth Westheimer aus Frankfurt und Prof. Henry Kissinger aus Fürth. Einige nannten Washington Heights „The Fourth Reich".[15]

Die Schilderungen der Lebensschicksale einiger „St. Louis"-Passagiere stützen sich auf persönliche Gespräche, Telefonate, Briefe, Berichte, Tagebücher, Publikationen, Archive und Ausstellungen. Zur Wahrung der Vertraulichkeit wurde auf Wunsch der Interviewten auf Quellenangaben und die Nennung der heutigen Wohnorte verzichtet.

1   Enzyklopädie des Holocaust, S. 1011 ff.
2   Ebenda, S. 915 ff.
3   Gottlieb, Men of Vision, p. 135–148.
4   Etwa 48 000 Flüchtlinge wurden von den 120 Aliens Tribunals seit November 1939 überprüft und bewertet:
    Kategorie A: Personen, die zu internieren sind.
    Kategorie B: Personen, die in Freiheit blieben, jedoch mit Auflagen.
    Kategorie C: Personen, die als „Flüchtlinge vor den Nazi Unterdrückungen" anerkannt wurden und von Beschränkungen befreit wurden. Sie galten als „freundliche Fremde".
    Ende März 1940 waren 73 800 „enemy aliens" überprüft und 64 200 in C, 6 000 in B und 3 600 in A eingestuft worden. Gottlieb, Men of Vision, p. 167.
.5 Gottlieb, Men of Vision, p. 169.
6   Sherman, Island refugee, p. 177.
7   Ebenda, p. 216.
8   „Ich lebe! Das ist ein Wunder" war der Titel einer Ausstellung im jüdischen Museum in München 2001/02, in der die Geschichte der Familie Blechner ausführlich dargestellt wurde.
9   Fry, Varian, Auslieferung auf Verlangen, Seite 10.
10 Boas, Boulevard des Misères, page 51.
11 Wolffsohn, Ungeliebte Juden, S. 47: „Bis 1939 wanderte die Hälfte der rund 500 000 deutschen Juden aus. Nur ein Bruchteil kam nach Palästina."
12 Reitlinger, Endlösung, S. 24 bezogen auf den 1. Oktober 1941.
13 Hilberg, Täter, Opfer, Zuschauer, S. 137.
14 Ein „St. Louis"-Passagier berichtete, daß in der mehrköpfigen Familie jeder eine Leica mit auf die Reise nahm. Die ursprünglich als Geschenk für amerikanische Verwandte vorgesehenen Kameras erwiesen sich später als sehr nützliche Tauschobjekte.
15 Laqueur, Geboren in Deutschland, Seite 163.

Hoffnung auf die USA

> We All Stand Before The Bar Of Humanity,
> History And God.
> *NYT, 30.08.1943*

> Amerikaner waren nicht die Verfolger,
> Amerikaner waren nicht die Opfer,
> aber wir hatten eine Rolle als Zuschauer.
> *Scott Miller, 1998*

Die „Nichtkriegsführung" der USA

Im dritten Kapitel dieses Buches wurde der Leser mit den Verhältnissen in den Vereinigten Staaten während der dreißiger Jahre bekanntgemacht. Wie haben sich die politischen und wirtschaftlichen Zustände der USA nach dem Ausbruch des zweiten Weltkrieges in Europa verändert? Die amerikanische Politik war damals von Isolationismus und Neutralität geprägt. Nichteinmischung war eines der politischen Schlagworte. In der Neutralitätsakte von 1939 war bestimmt, daß Handelsschiffe der USA nicht bewaffnet werden und zum Kampfgebiet erklärte Gewässer nicht befahren dürfen. Die nach außen immer wieder erklärte Neutralität wurde von innen her immer häufiger unterlaufen, indem man die Herstellung von militärischem Gerät forcierte. Derartige Maßnahmen werden im allgemeinen als Aufrüstung bezeichnet. Präsident Roosevelt hat nach dem Zusammenbruch Frankreichs einen neuen Begriff geprägt, die „Nichtkriegsführung". Darunter verstand man eine Unterstützung Englands durch die Lieferung von Kriegsgerät. Es war allgemein befürchtet worden, daß Hitler nach dem Sieg in Westeuropa eine Invasion Englands unternehmen würde.
Hierzu waren tatsächlich Vorbereitungen durch die Bombardierung englischer Städte, Häfen, Flugplätze und Industrieanlagen erkennbar. Durch das Leih- und Pachtgesetz vom 11. März 1941 waren die USA de facto und de jure zum Nachschublieferanten für England geworden. Diese Hilfslieferungen wurden in späteren Jahren auch auf die Sowjetunion ausgedehnt und trugen entscheidend zur Niederlage Deutschlands im weiteren Kriegsverlauf bei. Bereits ab November 1940 überließen die USA den Engländern die Hälfte ihrer steigenden Flugzeugproduktion. Zur Bekämpfung der damals sehr erfolgreichen deutschen U-Boote gaben die Vereinigten Staaten 50 Zerstörer an England als Gegenleistung zur Verpachtung englischer Stützpunkte in Westindien. Alle diese Lieferungen, sowohl vor als nach dem Leih- und Pachtgesetz vom 11. März 1941, erforderten natürlich enorme Anstrengungen in der amerikanischen Industrie. Die noch 1939 hohen Arbeitslosenzahlen in den USA sanken rapide. Überall wurden Arbeitskräfte gesucht.
Dies kam auch denjenigen „St. Louis"-Passagieren zugute, die nach der Landung in Antwerpen möglichst schnell in die Vereinigten Staaten gekommen waren. Im nun einsetzenden Boom fanden sie nicht nur Beschäftigung, sie konnten auch einen gewissen sozialen Aufstieg verwirklichen. Die Familie eines ehemaligen „St. Louis"-Passagiers, die

nicht genannt werden möchte, hat mir versichert, daß der nicht mehr ganz junge Vater zunächst nur eine schlecht bezahlte Stellung im Textilviertel von New York gefunden hatte. Es gelang ihm dann, in die Statistikabteilung eines Industrieunternehmens zu kommen, wo er später sogar Abteilungsleiter wurde.

Die Vereinigten Staaten beschlagnahmten am 30. März 1941 die in ihren Häfen befindlichen deutschen und italienischen Schiffe und schlossen kurz darauf die Konsulate der Achsenmächte. Diese außergewöhnlichen Maßnahmen wurden durch den Befehl Präsident Roosevelts verstärkt, daß Kriegsschiffe der Achsenmächte angegriffen werden, falls diese in für Amerika wichtige Seegebiete eindrängen. Sowohl Roosevelt wie Hitler zögerten jedoch, diesen faktischen quasi-Kriegszustand durch eine völkerrechtliche Erklärung zu legalisieren. Hitler hatte die wahnsinnige Idee, zunächst die Sowjetunion niederzuringen und dann Nordamerika anzugreifen. Roosevelt hatte innenpolitische Gründe, nicht offiziell in den Krieg in Europa einzugreifen. So bestand eine Art „kalter Krieg", lange bevor dieser Begriff allgemein benutzt wurde. Amerika lieferte Kriegsmaterial nach Europa, und Deutschland versenkte amerikanische Schiffe, die diese Nachschublieferungen durchführten.

Saul Friedländer hat in seinem Buch „Auftakt zum Untergang" diesen äußerst gefährlichen und explosiven Zustand beschrieben. Ein Funke konnte zur Katastrophe führen. Dieser folgenreiche Funke war der japanische Angriff auf Pearl Harbor am 7. Dezember 1941, der in den USA einen Schock auslöste. Deutschland und Italien erklärten daraufhin in einer Art Achsen-Solidarität den Krieg mit den Vereinigten Staaten. Nun nahm der Wahnsinn des zweiten Weltkrieges, anfänglich auf Europa beschränkt, eine völlig andere Dimension an. Ein globaler Krieg rund um den Erdball, an dessen Ende eine neue Geisel die Menschheit bedrohte: Atombomben.

Waren die USA über die Nazi-Untaten informiert?

Was war über die Verfolgung der europäischen Juden in Amerika bekannt? Über die Bedrängungen, Demütigungen, Enteignungen und Aufforderungen zur Emigration und ersten Deportationen war man informiert. Die Vernichtungsaktionen der „Endlösung" konnten von den Nazis eine Zeitlang geheimgehalten werden, doch dann sickerten zunehmend Informationen darüber ins westliche Ausland. Diese ersten

Nachrichten wurden nicht ernsthaft bewertet und gingen im Desinteresse gegenüber der jüdischen Frage im fernen Europa beinahe unter. Man muß den Kenntnisstand Amerikas differenzieren in:

a) Das offizielle Amerika, also vereinfachend gesagt die Regierung, hatte natürlich über ihre diplomatischen Vertretungen in Deutschland und anderen Staaten sehr genaue Informationen über die allermeisten Vorgänge. Ergänzt und mit Details versehen gaben die Berichte der Journalisten und Geheimdienste einen zusätzlichen Kenntnisstand. Jeder, der die damaligen Papiere liest, wundert sich über die Nichtreaktion des offiziellen Amerikas dieser Zeit.

b) Das jüdische Amerika, also die zahlreichen Vereinigungen und ihre Führer waren ebenfalls über die Vorgänge in Europa gut unterrichtet. Zahlreiche persönliche Briefe und Berichte von Verwandten und von jüdischen Vereinigungen waren vorhanden und gaben sehr realistische Vorstellungen von den dortigen Ereignissen. Zusätzlich verbreitete eine jüdische Nachrichtenagentur Informationen, die auch in die englisch- und jiddischsprachigen Gazetten Eingang fanden. Diese Zeitungen wurden jedoch nur in jüdischen Kreisen gelesen, weshalb sie die amerikanische Öffentlichkeit kaum erreichten. Es wurde früher schon bemerkt, daß die Reaktionen des amerikanischen Judentums recht bescheiden und gering in ihrer Wirkung waren.

c) Die amerikanische Öffentlichkeit, das waren die Zeitungsleser und Radiohörer, die Frau und der Mann von der Straße, aber auch die Intellektuellen, die Wirtschaftsführer, Gewerkschafter, Politiker und Künstler. Die letztgenannten Gruppen lasen vermutlich die New York Times, die über die besten und zuverlässigsten Auslandsverbindungen verfügte. Dort war ab 1941 über die Morde von deutschen und ukrainischen Einsatzgruppen zu lesen und im Herbst 1943 eine Tabelle über die Vernichtungsopfer in Europa, deren Zahl damals mit drei Millionen angegeben war.[1]

Im Sommer 1942 gelangte ein aus Polen herausgeschmuggelter Bericht über die beginnenden Deportationen und die Vernichtung der Juden durch die Nazis nach London. Dieser „Bund-Bericht"[2] wurde zunächst nicht sehr ernst genommen. Weitere Informationen über die Juden-Vernichtung gelangten aus verschiedenen Quellen nach London und Washington, beispielsweise durch Jan Karski.[3]
Auch diesen Hinweisen auf den Beginn der „Endlösung" begegneten die Alliierten zunächst mit Skepsis. Die Analytiker des State Depart-

ment standen den Nachrichten aus Osteuropa ungläubig gegenüber. Warum sollten die Nazis im Sommer 1942, als es galt, weite und teilweise unsichere Nachschublinien für die deutschen Armeen in Rußland, auf dem Balkan, in Skandinavien, Frankreich und in Nordafrika zu bedienen, erhebliche Transportkapazitäten durch die Umsiedlung der Juden blockieren?

Ein amerikanischer Historiker bemerkt hierzu:

> „Die Ausrottung der Juden war den Nazis so viel wert, daß sie bereit waren, dafür den Preis einer gewissen militärischen Schwächung zu bezahlen. Dagegen war die Bereitschaft der USA und ihrer Verbündeten, etwas für die Rettung der Juden zu opfern, nahezu gleich Null."[4]

Die Nazis hatten stets von „Arbeitseinsätzen im Osten" gesprochen. Arbeitseinsätze wofür und warum in Polen? Logisch wäre doch die Beschäftigung von Juden in den Fabriken im Reich gewesen, als Ersatz für die deutschen Arbeiter, die zur Wehrmacht eingezogen worden waren. Die alliierten Analytiker ließen sich von der Nazi-Propaganda täuschen und waren weiterhin untätig bei der Rettung von Juden aus Europa.

Im Mai 1942 wurde ein in Deutschland tätiger amerikanischer Journalist, Glen M. Stadler, gegen internierte Bürger der Achsenmächte ausgetauscht. Er kabelte aus Lissabon detailliert über die Ermordung von 97.600 Personen in den von den Deutschen besetzten Ländern.[5] Im Juni 1942 berichtete die New York Times über die Drohung von Goebbels, die Juden in Europa und möglicherweise darüber hinaus auszurotten, als Vergeltung für die alliierten Luftangriffe.[6] Im gleichen Monat nennt ein Bericht die Einrichtung eines „gewaltigen Schlachthauses für Juden" in Osteuropa durch die Nazis.[7]

Am 21. Juli 1942 protestierten im New Yorker Madison Square Garden 20 000 Teilnehmer gegen die Nazi-Untaten in Osteuropa. Auch in anderen amerikanischen Städten gab es Demonstrationen. Die polnische Exilregierung in London forderte, daß alle Deutschen und Mitglieder der fünften Kolonne in den alliierten Staaten bestraft werden sollten, als Vergeltung für das Vorgehen der Nazis gegen die Juden in Polen.[8]

Die amerikanischen Medien hatten bis 1942 die Nachrichten aus Europa so gut wie nicht kommentiert. Gegen das Jahresende erschienen große Anzeigen, die versuchten, die Lethargie und das Desinteresse der Amerikaner zu bekämpfen und die Öffentlichkeit zu mobilisieren.

Hier einige Schlagzeilen von ganzseitigen Anzeigen:
- 05.12.42 To the Conscience of America
- 07.12.42 We shall no longer witness with pity alone…
- 28.12.42 Christmas Declaration men and women of German ancestry
- 08.02.43 ACTION – NOT PITY CAN SAVE MILLIONS NOW!
- 16.02.43 FOR SALE to Humanity 70.000 Jews. Guaranteed Human Beings at $ 50 a Piece
- 26.02.43 Died in the course of liquidation of the Jewish Problem[9]

Die Auftraggeber für diese Anzeigenserie waren COMMITTEE FOR A JEWISH ARMY OF STATELESS AND PALESTINIAN JEWS, Emergency Conference to Save the Jewish People of Europe und AMERICAN RESETTLEMENT COMMITTEE FOR UPROOTED EUROPEAN JEWRY.

Weihnachts-Erklärung von Männern und Frauen deutscher Abstammung, New York Times, 28. Dezember 1942

Von der EVIAN-Konferenz zur BERMUDA-Konferenz

Um eine gewisse Unruhe in der Presse, in jüdischen Kreisen und in der amerikanischen und englischen Öffentlichkeit zu besänftigen, wurde die BERMUDA-Konferenz zwischen England und den USA am 19. April 1943 eröffnet. Man wählte die Bermuda-Inseln aus, weil man dort durch Kriegsrecht größere Aktivitäten der Presse und Demonstrationen hätte unterbinden können. Genau wie weiland in EVIAN wurden von beiden Teilnehmern bestimmte Themen tabuisiert. Den USA war es wichtig festzustellen, daß die Flüchtlingsfrage „kein rein jüdisches Problem" sei. Man wollte damit signalisieren, daß die Verfolgten aller Nationen, auch Angehörige der Achsenmächte und ihrer Verbündeten, gemeint seien, um den Antisemitismus in den Vereinigten Staaten nicht weiter zu fördern. Es wurde eine Erhöhung der Einwanderungsquoten ausgeschlossen, womit die USA allen anderen aufnahmewilligen Ländern ein sehr negatives Signal gaben.

England wünschte seine restriktive Palästina-Politik nicht zu diskutieren. Bekanntlich hatte man 1917 in der Balfour-Deklaration den Juden eine nationale Heimstätte in Palästina versprochen. Die dort ansässigen Araber hatten dagegen zunehmend protestiert. Deshalb hat England mit seinem Weißbuch vom Mai 1939, die „St. Louis" war mitten auf dem Atlantik, die Einwanderung auf 75.000 Juden bis 1944 beschränkt. Diese Zahl wurde dann erheblich unterschritten, wodurch Tausenden von flüchtenden Juden aus Mittel-, Süd- und Osteuropa die Rettung versagt blieb. Politiker und Diplomaten beider Länder befürchteten, daß im Falle der Freigabe von Millionen verfolgter Juden durch die Nazis den Alliierten große Probleme durch Transport, Verpflegung und Unterbringung entstünden. Als eine Art Alptraum schwebte über der BERMUDA-Konferenz die Befürchtung, daß Hitler durch geschicktes Manövrieren die Lösung der jüdischen Frage in Europa den Alliierten aufbürden würde.

Das US-State Department und das englische Foreign Office standen den Judenverfolgungen des Dritten Reiches jahrelang passiv gegenüber. Beiden Behörden wurde ein „amtlicher Antisemitismus" nachgesagt, der sich im wesentlichen durch bürokratische Untätigkeit dokumentierte. Sehr aktiv waren beide Ministerien in der Produktion von Ausreden und Begründungen, die offensichtlich die Ablehnung einer jüdischen Einwanderung in beide Länder kaschieren sollte. Was blieb unter Berücksichtigung der vorgegebenen Einschränkungen auf den Bermudas noch zu beschließen? Lange wurde über die Evakuierung von 5000 Juden aus Spanien diskutiert, von denen mehr als die Hälfte nach Palästina hätten gebracht werden sollen. Wohin mit den Anderen?

Wie schon damals in EVIAN kam eine Vielzahl von Vorschlägen: Angola, Jamaika, Ostafrika, Cyrenaika, also möglichst weit weg von den eigenen Ländern. Wäre es gelungen, diese 5000 Juden aus Spanien wegzubringen, würden wahrscheinlich weitere Verfolgte aus Frankreich oder Italien nach dort kommen, so daß eine Art Sog entstanden wäre. In Spanien waren noch etwa 15 000 jüngere Franzosen, die ebenfalls vor den Deutschen geflohen waren. Man räumte deren Transport nach Nordafrika Priorität ein, weil sie dort die französischen Truppen verstärken konnten. Eine der Begründungen zur Unmöglichkeit der Rettung von Juden war die durch die Armeetransporte sehr knappe Schiffskapazität. Dabei wurde völlig übersehen, daß sehr viele US-Schiffe bei der Rückfahrt in die Staaten leer waren. Dem Transport von deutschen Kriegsgefangenen in die USA gab man absoluten Vorrang. Es standen auch Schiffe neutraler Staaten, wie Spanien, Portugal, Schweden und Türkei zur Verfügung, die während des Krieges Liniendienste nach den USA unterhielten und zudem nicht von deutschen U-Booten bedroht waren.

Obwohl der Abschlußbericht der BERMUDA-Konferenz zunächst geheim gehalten wurde, sickerte doch durch, daß die Ergebnisse „traurig und beschämend" waren. Besonders die Empfehlung, nicht mit Hitler über die Freilassung von Bedrohten zu verhandeln, stieß auf großes Unverständnis. Erneut war eine Chance, ungezählte Nazi-Opfer zu retten, vertan worden. Rabbiner Israel Goldstein faßte die Enttäuschung der amerikanischen Juden zusammen:

„Den Opfern wird nicht geholfen, weil die Demokratien sie nicht haben wollen."[10]

Ironie der Geschichte: Am gleichen Tag begannen die Alibi-Veranstaltung auf den Bermudas und der Aufstand im Warschauer Ghetto. Da diplomatische Spiegelfechterei, dort Kampf ums nackte Leben. Auf die BERMUDA-Konferenz angesprochen, gaben die US-Regierung und das State Department stets die formelhafte Antwort:

„Der beste Weg die Verfolgten zu retten, ist den Krieg zu gewinnen."

Je länger jedoch die Nazi-Endlösung ungestört weiter betrieben wurde, desto weniger Verfolgte würden das Kriegsende erleben. Nun erschienen wieder Großanzeigen in den amerikanischen Zeitungen mit beeindruckenden Schlagzeilen:

04.05.43

> **To 5,000,000 Jews in the Nazi Death-Trap Bermuda Was a "Cruel Mockery"**
>
> THE VOICE OF AMERICA
>
> When Will The United Nations Establish An Agency To Deal With The Problem of Hitler's Extermination of a Whole People?

13.07.43   32 United Nations – and one Forgotten People[11]

Nachdem weder EVIAN noch BERMUDA praktische Lösungen für die Verfolgten erbrachten, entschlossen sich engagierte Juden zu einer privaten Initiative. Vom 20. bis 25. Juli 1943 fand im New Yorker Hotel Commodore die „Notkonferenz zur Rettung der Juden Europas" statt. Etwa 1500 Teilnehmer diskutierten in Arbeitsgruppen zahlreiche Aspekte der Rettungsmöglichkeiten. Die US-Regierung hielt sich bedeckt, lediglich Innenminister La Guardia und der Zeitungszar Hearst unterstützten die Ziele der Konferenz. Auch viele nichtjüdische Teilnehmer waren registriert. Die Publicity dieser Veranstaltung soll auch die bisherige Untätigkeit von Präsident Roosevelt gelockert haben. Weitere Zeitungsanzeigen titelten:

12.08.43   „They Are Driven To Death Daily, But They Can Be Saved."

30.08.43

> **We All Stand Before the Bar of Humanity, History and God**
>
> We will all be judged bloodguilty if we do not create the machinery to save the Jewish People of Europe
>
> GOVERNMENTAL AGENCY PREREQUISITE FOR ACTION

Einen Höhepunkt bei dieser Anzeigen-Kampagne bildete das Inserat vom 7. September 1943 des „Emergency Committee to Save the Jewish People of Europe" mit einem offenen Brief an den amerikanischen Präsidenten und den englischen Premier:

„Only then we shall be able to say:

‚Our hand have not shed this blood'" (Deuteronomy 21,7)[12]

Only then we shall be able to say:

"Our hands have not shed this blood"

An open letter to the President and the British Prime Minister

Emergency Committee to Save the Jewish People of Europe
1 East 44th Street, New York 17, N. Y.

MUrray Hill 2-7237

To His Excellency Franklin D. Roosevelt,
President of the United States of America,
And
To the Right Honorable Winston S. Churchill,
Prime Minister of Great Britain,
Sunday, September 5th, 1943
The White House, Washington, D. C.
Sirs,
Seven months have gone by since I addressed "An Appeal to the Concience of Humanity" on the occasion of your historic meeting in Casablanca, where the era of offensive warfare of the United Nations was inaugurated. If I venture to write again on the same subject, I do so by order of a high command that comes from the death agony of a people. As then, seven months ago, Jewish human beings, men, women and children, are being massacred day in, day out in those somber regions of Eastern

The more one admires Britain and the British people the more one feels his heart shrink when it is seen that precisely in the hour when the Jewish people are systematically exterminated the ancient homeland of the Jews which is under British mandate is closed even to those men and women, who by almost superhuman efforts succeed in escaping from the Nazi hell. The immigration policy of Palestine operates even in accordance with the terms of that White Paper, of which Mr. Churchill said at the time of its forced passage through Parliament that it was "a plain breach of promise" and "a repudiation of the Mandate" ... He asked if the British government was "too weak to carry out its obligations and wish to file a petition in moral and physical bankruptcy."
That was in 1939. Since that time Germany's design to cut the British Empire in twain by the drive on the Suez Canal has been foiled by the brilliant victories of General Montgomery and the Eighth Army. In this triumph Jewish Palestine played a

His Excellency Franklin D. Roosevelt and The Right Honorable Winston S. Churchill werden auf die Vernichtungsaktionen der Nazis in Europa nachdrücklich hingewiesen.

„Open the doors of the Holy Land to its children!", eine deutliche Aufforderung an Churchill, die Palästina-Politik endlich zu ändern und dort jüdische Flüchtlinge aufzunehmen. Der Hinweis auf Deuteronomium 21,7 enthält einen versteckten Vorwurf an die beiden angesprochenen Herren. Bibelkenner wissen, daß der Originaltext lautet:

„Unsere Hände haben dieses Blut nicht vergossen,

unsere Augen haben es nicht gesehen!"

Der in der Anzeige weggelassene zweite Satzteil sollte besonders auf die bisher unterlassenen Hilfeleistungen hinweisen. Die Behandlung der „St. Louis" im Sommer 1939 war hierfür nur ein Beispiel unter vielen anderen.

Obwohl die öffentliche Meinung in den USA und England allmählich sensibler für die bedrohten Juden und andere Flüchtlinge wurde, änderte sich an der Einstellung der Regierungen fast nichts. Die Einwanderungsquoten verschiedener europäischer Nationen in die USA wurden nicht ausgenutzt. Die deutsche und polnische Quote war jedoch auf Jahre hinaus belegt. Innerhalb des deutschen Machtbereiches konnten die Quoteninhaber nicht mehr aus Europa weg. Andere in Frankreich, Spanien, Portugal und Italien erhielten nur mit großen Schwierigkeiten Schiffsplätze.

In Amerika hat die Regierung die Tätigkeit der antisemitischen Organisationen stark behindert. Es fanden aber immer noch ernstzunehmende Aktionen statt. Besonders in New York wurden in dem Wohnviertel Washington Heights, in dem viele deutsche Emigranten wohnten, jüdische Friedhöfe und Synagogen mit Hakenkreuzen beschmiert und Vandalismus ausgeübt. Viele Flüchtlinge, die dem Nazi-Terror entkommen waren, erinnerten sich an die Zustände in Deutschland. Auch aus Boston sind ähnliche Vorkommnisse zu berichten. Jugendbanden verprügelten jüdische Kinder. Präsident Roosevelt wurde von politischen Gegnern eine jüdische Abstammung nachgesagt und in Anspielung auf sein politisches Programm „Jew-Deal" vorgeworfen. Völlig zu Unrecht, denn er stützte sich zwar auf die Wählerstimmen der US-Juden, bei der Rettung der europäischen Juden verhielt er sich jedoch lange Zeit passiv. Damals kursierte in den USA folgendes Spottlied auf das Ehepaar Roosevelt:

„You kiss the Niggers,
I'll kiss the Jews,
We'll stay in the White House,
As long as we choose."

Die großen Anzeigen in den US-Zeitungen wurden weiter veröffentlicht.
Am 14. September 1943 erschien in der New York Times „Ballad of the Doomed Jews of Europe":

Ballad of the Doomed Jews of Europe

by Ben Hecht

FOUR MILLION JEWS waiting for death.
Oh hang and burn but—quiet, Jews!
Don't be bothersome; save your breath—
The world is busy with other news.

>Four million murders are quite a smear
>Even our State Department views
>The slaughter with much disfavor here
>But then—it's busy with other news.

You'll hang like a forest of broken trees
You'll burn in a thousand Nazi stews
And tell your God to forgive us please
For we were busy with other news.

>Tell Him we hadn't quite the time
>To stop the killing of all the Jews;
>Tell Him we looked askance at the crime—
>But we were busy with other news.

Oh World be patient—it will take
Some time before the murder crews
Are done. By Christmas you can make
Your Peace on Earth without the Jews.

•

Am 4. Oktober 1943 kam eine beachtliche Schlagzeile „THE JEWISH PROBLEM MUST BE SOLVED. Palestine for the Jews, Iraq for the Arabs – And Peace in the Middle East."

Der Kernsatz zu dieser vom „AMERICAN RESETTLEMENT COMMITTEE FOR UPROOTED EUROPEAN JEWRY" aufgegebenen Anzeige lautete:

>„Der Konflikt zwischen den Arabern und den Juden muß für alle Zeiten gelöst werden, nicht mit politischen Plänen sondern auf der Grundlage einer dauerhaften wirtschaftlichen Wohlfahrt für beide Völker."

Hier ist in wenigen Sätzen ein ethnisches Problem beschrieben, das auch heute, mehr als fünfzig Jahre nach Gründung des Staates Israel, noch nicht gelöst ist.

Aus Europa kam ein Signal für die Alliierten und die Verzweifelten und Bedrängten. Das kleine Dänemark, von den Deutschen seit 1940 besetzt, wehrte sich gegen die geplante Deportation von etwa 7 200 Juden, dänischen Bürgern und Flüchtlingen aus anderen Ländern. Einige Deutsche und viele Dänen haben Kopf und Kragen riskiert und im September und Oktober 1943 fast alle von der Deportation bedrohten Juden mit kleinen Schiffen über den Oeresund ins neutrale Schweden transportiert. Dies alles passierte unter den Augen der deutschen Wehrmacht und der SS, die alle dänischen Juden verhaften sollte. Im Hafen von Kopenhagen lag bereits ein Schiff bereit. Als es abfuhr, waren nur wenige hundert Juden an Bord, die nach Theresienstadt transportiert wurden. Fast alle konnten vor dem Kriegsende nach Schweden und dann nach Hause zurückkehren.

Was war geschehen? Dänemark war als neutrales Land von den Deutschen besetzt worden, weil es die Verbindung nach Norwegen ermöglichte. König Christian X, das Parlament, die Regierung und das dänische Militär bestanden während der Besetzung weiter. Bei den rassefanatischen Nazis galten die Dänen als „echte Germanen": blaue Augen, blonde Haare, gewissermaßen Modell-Arier. Obwohl eine Widerstandsbewegung, aus England gesteuert, existierte, blieb es in Dänemark relativ ruhig.

Hitler hatte dem König ein Glückwunschtelegramm zu dessen 72. Geburtstag übermittelt. Der eigenwillige Monarch hatte nicht sein Außenministerium eingeschaltet, sondern direkt zurückgekabelt: „Dem Reichskanzler Adolf Hitler. Besten Dank für die Glückwünsche, Christian Rex." Der Diktator fühlte sich beleidigt und rief den Reichsbevollmächtigten und den Wehrmachtsbefehlshaber nach Berlin. Himmler drängte, die bisher völlig unbehelligten dänischen Juden zu deportieren und entsandte spezielle SS-Verbände nach Dänemark.

Der Schiffssachverständige an der deutschen Gesandtschaft, Georg Duckwitz, warnte die Dänen vor der beabsichtigten Razzia. So begann man, die jüdischen Familien zunächst in Verstecke und von da aus nachts in kleinen Booten nach Schweden zu bringen. Hierzu waren Hunderte von Helfern notwendig. Die Entfernung lag zwischen 10 und 25 km. Wenn die Mitte des Oeresunds erreicht war, konnten die Flüchtlinge auf den Booten aufatmen, denn nun waren sie in schwedischen Hoheitsgewässern. Die dänische Polizei deckte die Fluchtaktionen. Auch auf deutscher Seite gab es stillschweigende Unterstützer. So hatte der Marinekommandant alle Schnellboote zur „Werftüberholung" befohlen.

Georg Duckwitz wurde nach dem Krieg deutscher Botschafter in Dänemark. Israel ehrte ihn mit dem Titel „Gerechter unter den Völkern". Dänemark hat, ebenso wie früher Belgien, bei der Aufnahme der „St. Louis"-Flüchtlinge signalisiert, daß es nicht auf die Größe eines Landes ankommt, vielmehr auf seine humanitäre und ethische Einstellung. In New York verkündete das Notkomitee zur Rettung der Juden Europas in einer großen Anzeige:

> „Es ist möglich! Durch Öffnen der Tore hat Schweden die jüdische Bevölkerung des nahen Dänemark gerettet. Durch Öffnen der Türen Palästinas könnten sich Tausende von Juden von nahegelegenen Ländern retten."[13]

Diese Anzeige war mit Bildern der beiden Könige Gustaf V. von Schweden und Christian X. von Dänemark geschmückt. Es wurde besonders darauf hingewiesen, daß diese beiden Länder die Legende „nichts kann getan werden", zerstört haben. Gleichzeitig wurde England aufgefordert, Palästina zur Rettung von europäischen Juden zu öffnen. Eine Großkundgebung am Sonntag, dem 31. Oktober 1943 in der Carnegie Hall wurde angekündigt. In einer späteren Anzeige wurde ein Dank an Schweden und Dänemark abgestattet und betont,

> THE NEW YORK TIMES, THURSDAY, OCTOBER 21, 1943.
>
> # IT CAN BE DONE!
>
> **Simply by opening its doors Sweden saved the Jewish population of nearby Denmark. Simply by opening the gates of Palestine thousands of Jews from nearby countries will save themselves.**
>
> The Germans finally "lost patience" with Denmark... only a few weeks ago. After years of occupation, the Nazis moved in with their harshest iron fist, with firing squads, concentration camps, martial law.
>
> As always, the first Nazi victims were the Jews. The Nazis at once planned to deport the ENTIRE Danish Jewish population to Poland for annihilation.
>
> **BUT THE JEWS WERE SAVED!**
>
> They were saved because one small government took immediate and vigorous action. Sweden directly protested the murder-program for the Danish Jews. Sweden warned the Nazis of "serious consequences." Sweden made known that she is ready to receive and to shelter all the Jews of Denmark.
>
> **THIS WAS ENOUGH TO SAVE THE JEWS!**
>
> In spite of the fact that Denmark is a little country, under heaviest military domination, in spite of every "insurmountable" obstacle, the bulk of the Jews in Denmark escaped to safety in nearby Sweden...
>
> They are safe because of one reason—the doors of a neighboring country were unlocked. And because of *that* fact, the escaping Jews found superhuman resources and energy and vitality to reach these doors of safety.
>
> Not only this alone, but the German terror in Denmark has abated because of the Danish and Swedish reaction. The German propaganda passed to the *defensive*, explaining and apologizing at length why Germany was "compelled" to inaugurate the terror campaign against the Jews in Denmark. The German propagandists in their new, unprecedented, apologetic campaign tried even to argue that the measures against the Jews were not a result of political or racial considerations but only undertaken from a purely military point
>
> Jews who can escape the death trap of the Balkans and reach nearby Palestine will find an *open door* there?
>
> For Palestine is the nearest and most practical haven. It can be reached through Turkey by train or bus. Palestine is not further from Bulgaria than Miami is from New York. Only its doors need be opened for masses of Jews to save themselves.
>
> And other doors could be opened temporarily: the nearby island of Cyprus.

daß „dort wo ein Wille ist, auch ein Weg zur Rettung gefunden wird".[14]

Deutliche Worte an die Regierungen in London und Washington. Es gelang immer wieder, Sponsoren für die Großanzeigen in den amerikanischen Zeitungen zu finden.

Ben Hecht veröffentlichte eine beachtenswerte Geschichte. „My Uncle Abraham Reports..."

Weitere Schlagzeilen in Anzeigen des Jahres 1943 in der NYT waren:[15]

HOW WELL ARE YOU SLEEPING?

Is There Something You Could Have Done to Save Millions of Innocent People—Men, Women, and Children—from Torture and Death?

The New York Times, 5. November 1943

My Uncle Abraham Reports...
By Ben Hecht

I have an Uncle who is a Ghost.

But, he is no ordinary Ghost like so many dead uncles.

He was elected last April by the Two Million Jews who have been murdered by the Germans to be their World Delegate.

Wherever there are Conferences on how to make the World a Better Place, maybe, my Uncle Abraham appears and sits on the window sill and takes notes.

That's how he happened to be in Moscow a few weeks ago.

My Uncle Abraham sat on the window sill of the Kremlin and listened with great excitement, to one of the Finest Conferences he has ever attended since he has been a World Delegate.

He heard every word that Eden, Molotov and Hull spoke.

Last night my Uncle Abraham was back in a Certain Place where the Two Million murdered Jews meet. It is the Jewish Underground. Only Ghosts belong to it.

When the Two Million Souls had assembled, my Uncle Abraham arose and made his report to them as World Delegate.

"Dishonored dead," said my Uncle Abraham, "Fellow Corpses, and Ghosts from All Over. Of the Moscow Conference I have this to report. The Conference made a promise that the world was going to punish the Germans for murdering all the different peoples of Europe—Czechs, Greeks, Serbs, Russians, French hostages, Polish officers, Cretan peasants. Only we were not mentioned. In this Conference, which named everyone, only the Jew had no name. He had no face. He was like a hole in Europe on which nobody looked."

A Ghost from the Lime Kilns of Warsaw spoke.

"Why is this?" asked this Ghost, "why is it that we who are dead are without a Name in the Conferences of Fine People?"

"This I do not know," said my Uncle Abraham, "I can only report what exists. Jews do not exist, even when they are dead. In the Kremlin in Moscow, in the White House in Washington, in the Downing Street Building in London where I have sat on the window sills, I have never heard our name. The people who live in those buildings—Stalin, Roosevelt and Churchill—do not speak of us. Why, I don't know. We were not allowed by the Germans to stay alive. We are not allowed by the Four Freedoms to be dead."

A Woman Ghost from the Dynamite Dumps of Odessa spoke.

"If they didn't mention the two million murdered Jews in the Conference, isn't that bad for four million who are still alive? The Germans will think that when they kill Jews, Stalin, Roosevelt and Churchill pretend nothing is happening."

And from the Two Million Ghosts came a great cry.

"Why is this silence? Why don't they speak of Us?"

My Uncle Abraham raised his hand.

"Little Children," my Uncle Abraham spoke: "Be patient. We will be dead a long time. Yesterday when we were killed we were changed from Nobodies to Nobodies. Today, on our Jewish tomb, there is not the Star of David, there is an Asterisk. But, who knows, maybe Tomorrow—!"

This ended the Meeting of the Jewish Underground.

My Uncle Abraham has gone to the White House in Washington. He is sitting on the windowsill two feet away from Mr. Roosevelt. But he has left his notebook behind.

* * * *

17.12.43

TIME RACES DEATH
What Are We Waiting For?

Aus vertraulichen Kanälen kam die Botschaft zu den Alliierten, daß die rumänische Regierung 70 000 Juden aus den dortigen Konzentrationslagern entlassen wolle. Wohin sollten sie gerettet werden? Palästina wäre ein nahegelegenes Fluchtziel gewesen, weil es über das schwarze Meer zu erreichen war. Der Weg war nicht ungefährlich, denn in dieser Region war Krieg. Die neutrale Türkei war nicht bereit, Juden in großer Zahl aufzunehmen, und in Palästina praktizierte England eine Abweisungspolitik. Da erschien die Großanzeige „FOR SALE to Humanity 70 000 Jews. Guaranteed Human Beings at $ 50 a Piece." Der Auftraggeber „Committee for a Jewish Army of Stateless and Palestinian Jews" hatte mit diesem aggressiven Text in ein Wespennest gestochen. Einerseits fand gerade diese Anzeige in der amerikanischen Öffentlichkeit eine große Beachtung, andererseits wurde sie von anderen jüdischen Organisationen kritisiert.

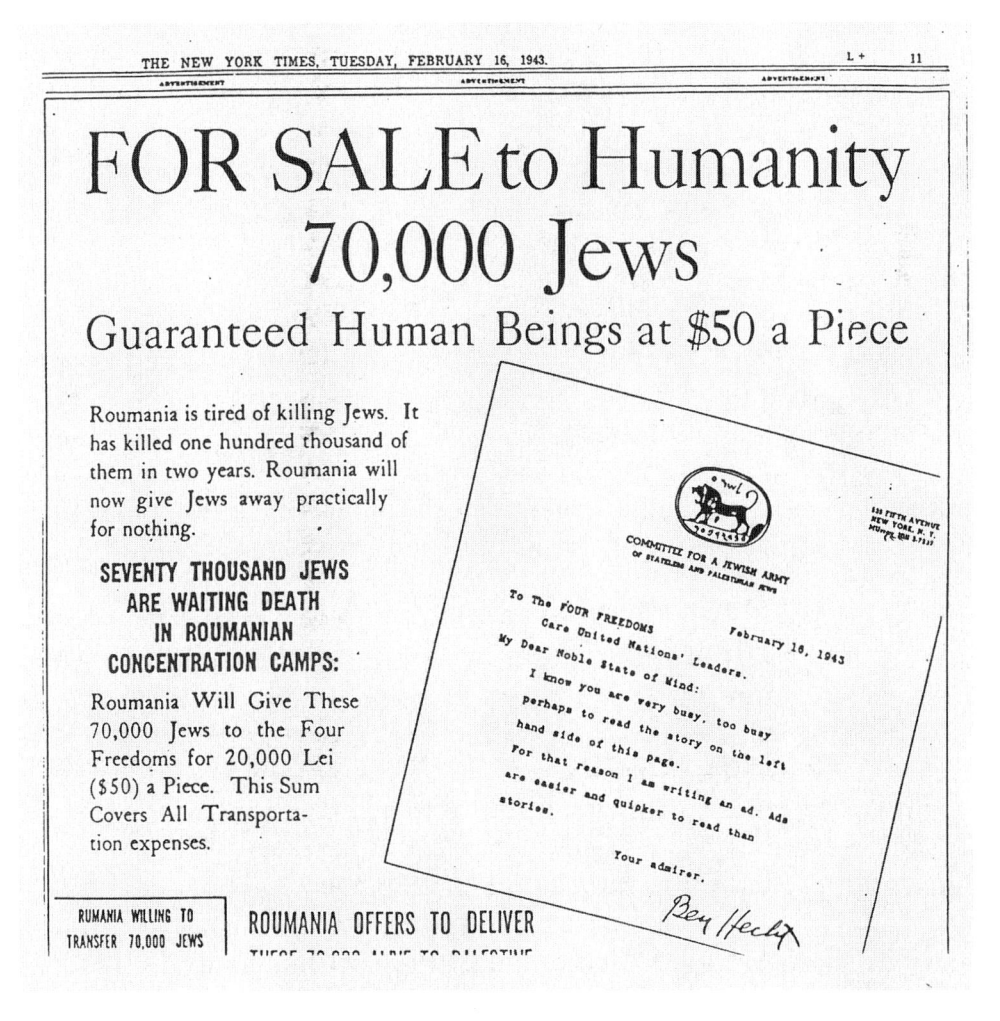

Die rumänische Regierung hatte ihr Angebot auf die Freilassung von 70 000 Juden wohl auch deshalb gemacht, um bei den Alliierten Pluspunkte für die Zeit nach Kriegsende zu sammeln. Die deutschen

Armeen befanden sich auf dem Rückzug, und die Satelliten des Reiches hielten Ausschau nach einer Gelegenheit, die Front zu wechseln. Rumänische Juden hatten bereits früher einmal das Interesse der Weltöffentlichkeit erregt. Das Schiff „Struma" hatte im Dezember 1941 den rumänischen Hafen Constanta verlassen können. Der ehemalige Viehtransporter hatte 796 Juden an Bord, die nach Palästina fliehen wollten. Das seeuntüchtige Schiff erreichte Istanbul, wo es von den türkischen Behörden wochenlang unter Quarantäne gehalten wurde. Schließlich schleppte man es am 23. Februar 1942 aufs offene Meer. Es ist ungeklärt, ob es auf eine Mine lief oder von einem sowjetischen U-Boot versenkt wurde. Tatsache ist, daß nur ein Passagier überlebte. Diese „Struma"-Tragödie führte zu heftigen Protesten, die schließlich bewirkten, daß die Briten alle Schiffe, die Palästina erreichten, auch landen ließen. Die Insassen kamen nach einer Internierung wieder frei, konnten im Lande bleiben und waren damit in Sicherheit.
Die Rettungsaktion für die 70 000 rumänischen Juden scheiterte an dem Widerstand der Außenministerien der beiden westlichen Alliierten. Der US-Finanzminister Henry Morgenthau jun. bemerkte hierzu:

„Wenn man es zu Ende denkt, dann unterscheidet sich diese Haltung nicht von der Hitlers."[16]

Schließlich war die außergewöhnliche Chance ungenutzt vorüber. Bürokraten und Ignoranten hatten die Menschlichkeit besiegt.

Im Januar 1944 wurde das WAR REFUGEE BOARD (WRB) gegründet. Spät, sehr spät. Auf dem Papier wurde dieser Institution die volle Unterstützung der amerikanischen Regierung zugesichert, tatsächlich erhielt sie nur halbherzigen Rückhalt. Durch das Engagement der Mitarbeiter dieser Behörde gelangen einige kleinere Rettungsaktionen von Juden aus Bulgarien, Rumänien, und Griechenland, zusammen etwa 7 000 Personen via Türkei nach Palästina.
Auch aus Spanien und Portugal wurden kleinere Gruppen, die eigentlich nicht mehr bedroht waren, evakuiert. Ferner ungarische Juden über Jugoslawien nach Italien und norwegische Juden nach Schweden. Wahrscheinlich hätte man Hunderttausende bedrohte Flüchtlinge retten können, wenn das State Department seine negative Einstellung zu Rettungsaktionen und Großbritannien die Einwanderungssperre für Palästina aufgegeben hätten. Um effektiv sein zu können, hätte das WRB spätestens 1942 gegründet werden müssen. Vertreter dieser

Organisation waren in die Türkei, Schweiz, Schweden, Portugal und Nordafrika entsandt und den US-Botschaften zugeordnet worden.

Wer nimmt die Juden auf, die gerade der Herrschaft der Nazis entkommen waren?

Die Einstellung der alliierten Regierungen war bekannt: Die USA wollten keine europäischen Flüchtlinge im eigenen Land, England behinderte die Immigration in Palästina, und Rußland lehnte jede Hilfestellung kategorisch ab. Es blieben also die neutralen Länder Europas, die in der Zwischenzeit bereits viele Flüchtlinge aufgenommen hatten und deren Bürger sich zunehmend ablehnend verhielten. „Das Boot ist voll", schallte es aus der Schweiz. Immer wieder wurden Fragen gestellt zum Verbleib der Flüchtlinge nach dem Kriegsende, das sich langsam abzeichnete. Viele der Aufgenommenen waren staatenlos. Welches Land würde diese Menschen schließlich aufnehmen? Im Sommer 1944 wurden Lager außerhalb Europas eingerichtet, in Fedala bei Casablanca und in Philippville in Algerien sowie in Fort Ontario im Staate New York.
Alle dort Untergebrachten waren „Gäste auf Zeit" und mußten eine Erklärung für die Repatriierung nach Kriegsende unterschreiben. Amerika hatte zur Einrichtung von „Freihäfen" aufgerufen, also zu Zufluchtsorten für Flüchtlinge. In Anbetracht der vielen Millionen Flüchtlinge in Europa war die Aufnahme von 982 Verfolgten im Fort Ontario gerade der berühmte Tropfen Wasser auf den heißen Stein. Die amerikanischen Einwanderungsquoten aus den Ländern des deutschen Einflußbereiches waren im Jahre 1944 zu 91 Prozent nicht in Anspruch genommen worden, was einer Zahl von 55 000 Immigranten entsprach. Ein Journalist kommentierte das amerikanische Angebot mit Fort Ontario als „Eine Pflichtübung in Sachen Anständigkeit, eine humanitäre Geste zum Billigpreis."[17] Im August 1944 kamen aus Süditalien per Schiff 982 Flüchtlinge nach New York. Jugoslawen, Polen, Deutsche, Österreicher und Tschechen, insgesamt 17 Nationalitäten.
Darunter waren 874 Juden, die meisten anderen Katholiken. Alle waren froh, den Verfolgungen entkommen zu sein und in der ehemaligen Kaserne am Ontario-See zunächst eine feste Bleibe zu haben. Die Flüchtlinge wurden einer Sicherheitsüberprüfung unterzogen. Hierbei

wurde die Legende des State Department, daß Agenten und Saboteure eingeschleust würden, gründlich zerstört.

Das Lager war nicht übermäßig komfortabel eingerichtet, wie eben alle Flüchtlingslager zur damaligen Zeit. Familien kamen in Stuben mit provisorischen Abteilungen, Toiletten und Duschen waren auf dem Gang. Ein idealer Nährboden für Spannungen und Streitereien. Jeder erhielt ein monatliches Taschengeld von $ 8,50. Wer sich an Reinigungs- und Reparaturarbeiten beteiligte, bekam zusätzlich $ 9,50. Nach einiger Zeit durften die Lagerbewohner für sechs Stunden nach Oswego, der nahe gelegenen Kleinstadt. Mitten im Winter entkam man dadurch der Lagertristesse. Die Kinder versuchte man in die dortigen Schulen zu integrieren, so daß für sie ein geregelter Tagesablauf bestand. Die Verwaltung des Lagers übertrug man der WAR RELOCATION AUTHORITY (WRA), die nach Pearl Harbor die Internierungslager für Japaner in den USA betreute. Diese Behörde konnte Selbstmorde und psychiatrische Fälle nicht verhindern. Es gelang ihr jedoch, die allgemeine Unzufriedenheit der Flüchtlinge einigermaßen zu stabilisieren. Die Bevölkerung von Oswego stand den Flüchtlingen skeptisch gegenüber. Das Schimpfwort „Refujews" (Fluchtjuden) war hierfür eine milde Form.

Man hätte erwarten können, daß sich im Mai 1945 bei Beendigung des Krieges in Europa ein Hochgefühl im Lager ausbreiten würde. Das Gegenteil trat ein, denn nun wurde das Problem der Rückführung aktuell. Rücktransport wohin? In das Heimatland oder in den Flucht-Staat? Schließlich entschied Präsident Truman, der dem verstorbenen Roosevelt nachgefolgt war, daß die Lagerinsassen im Rahmen der nationalen Einwanderungsquoten in den USA bleiben durften. Ende Januar 1946 wurde das Fort Ontario als Flüchtlingslager geschlossen. Fünf Jahre nach der „St. Louis"-Affäre waren die USA über ihren eigenen Schatten gesprungen. Sehr spät war die Rettung von Verfolgten ein Thema in Washington geworden.

Wieviele „St. Louis"-Passagiere haben den Holocaust überlebt? Diese Frage wurde schon öfters gestellt und konnte bislang nicht genau beantwortet werden, weil lediglich Schätzungen vorlagen. Herlin hat sein Buch „den neunhundert Frauen, Kindern und Männern der St. Louis, die die Freiheit suchten und den Tod fanden" gewidmet. An anderer Stelle berichtet er, daß von den 623 Passagieren, die von Belgien, Holland und Frankreich aufgenommen worden waren, nicht mehr als 40 den Krieg überlebten. Demnach hätten etwa 240 Flüchtlinge überlebt. Diese Zahl wurde von Thomas und Morgan-Witts übernommen.[18] Diese bisherige Annahme ist falsch. Nach den sehr sorgfältigen und weltweiten Recherchen des US Holocaust Memorial Museums hat etwas mehr als die Hälfte der „St. Louis"-Passagiere von 1939 den zweiten Weltkrieg überlebt.

Es handelt sich hier nicht um ein statistisches oder mathematisches Problem, sondern um ein ethisches und moralisches. Jedes Opfer des zweiten Weltkriegs und des Holocaust ist eines zu viel. Ehre dem Andenken aller Opfer.

1 NYT, August 27, 1943. Morse, Die Wasser teilten sich nicht, Seite 82.
2 Bund ist die Abkürzung für den „Allgemeinen jüdischen Arbeiterbund in Rußland, Litauen und Polen", der nach der deutschen Besatzung in Polen als Widerstandsbewegung im Untergrund arbeitete. Im Mai und August 1942 sandte der Bund Berichte über die Verfolgung der polnischen Juden an die polnische Exilregierung in London.
3 Der polnische Leutnant Jan Kozielewski unternahm unter dem Agentennamen Karski während des Krieges eine gefahrvolle Reise nach Paris zur polnischen Exilregierung und überbrachte dieser im Frühjahr 1940 Informationen der polnischen Widerstandsbewegungen. Im Spätherbst 1942 kam er von Warschau über Paris, Madrid und Gibraltar nach London, wo er sowohl der polnischen Exilregierung unter General Sikorski wie auch der britischen Regierung über die Deportationen aus dem Warschauer Juden-Ghetto berichtete. Er wurde dann nach Washington gesandt, wo er im Juli 1943 von Präsident Roosevelt empfangen wurde. Wood/Jankowski: Jan Karski – Einer gegen den Holocaust.
4 Wyman, Das unerwünschte Volk, S. 13.
5 NYT, May 18, 1942, 'NEW ORDER' DEAD LISTED AT 400,000.
6 NYT, June 13, 1942, page 7, NAZIS BLAME JEWS FOR BIG BOMBINGS.
7 NYT, June 30, 1942, page 7, 1,000,000 JEWS SLAIN BY NAZIS, REPORT SAYS.
8 NYT, July 2, 1942, page 6, ALLIES ARE URGED TO EXECUTE NAZIS.
9 Alle ganzseitigen Anzeigen stammen aus der NYT, erschienen aber auch in anderen Zeitungen. Sowohl die Überschriften, wie auch die Texte waren geeignet, die amerikanische Öffentlichkeit zu mobilisieren.
10 Wyman, Das unerwünschte Volk, Seite 177; NYT, April 29, 1943, page 9.
11 NYT.
12 NYT, October 21, 1943, page 18.
13 NYT, October 26, 1943.
14 NYT, November 5, 1943.
15 NYT.
16 Wyman, Das unerwünschte Volk, Seite 261.
17 Wyman, Das unerwünschte Volk, Seite 369.
18 Herlin, Reise der Verdammten, Seiten 6 und 178; Thomas/Morgan-Witts, Das Schiff der Verdammten, Seite 368.

Die „St. Louis" im Hamburger Hafen

Erinnerungen an die „St. Louis" in der Nachkriegszeit

Bundespräsident Johannes Rau sagte am 16. Februar 2000 in der Knesset, dem israelischen Parlament, auf Deutsch:

„Im Angesicht des Volkes Israel verneige ich mich in Demut vor den Ermordeten, die keine Gräber haben, an denen ich sie um Vergebung bitten könnte."

Die „St. Louis" darf nicht zum Mythos werden

Es ist nicht verwunderlich, daß ein derartig dramatischer und widersprüchlicher Stoff wie die „St. Louis"-Affäre verschiedentlich bearbeitet und veröffentlicht wurde. Nicht immer beachtete man hierbei die historische Wahrheit, manche „künstlerische Freiheit" und Ungenauigkeit hat sich eingeschlichen und wurde dann von anderen Autoren übernommen. Einige Berichte enthalten Namen von Passagieren, die niemals auf der „St. Louis" waren. Bei der Verfilmung des Themas hat man sich ebenso wie bei der romanhaften Darstellung von der Wirklichkeit des Geschehens entfernt. Auch die Schilderungen ehemaliger Passagiere, mögen sie damals Kinder oder Erwachsene gewesen sein, enthalten viele persönliche und subjektive Elemente. Am zuverlässigsten sind die Eintragungen in Tagebücher oder Briefe, die während der Fahrt entstanden sind. Natürlich enthalten auch diese Schriftstücke subjektive Ansichten. Sie wurden jedoch zeitnah geschrieben. Von großer Wichtigkeit ist es, ob der Übermittler einer Nachricht Augenzeuge war, oder ob er eine bestimmte Sache nur von anderen gehört hat.

Hierfür ganz typisch ist die Schilderung der Rettung des vor Havanna über Bord gesprungenen Max Loewe durch den „St. Louis"-Matrosen Heinrich Meier. Unmittelbare Augenzeugen waren etwa 50 Personen, die sich in der Nähe der Absprungstelle befanden und das Geschehen direkt miterlebten. Als beide Männer bereits im Wasser waren und schließlich von einem kubanischen Polizeiboot aufgenommen wurden, waren mehrere hundert Passagiere darauf aufmerksam geworden, ohne den Zusammenhang zu kennen. Selbstverständlich bildeten sich hieraus Gerüchte und Vermutungen mit den abenteuerlichsten Details.
Die Zeitungsberichte über die „St. Louis" sind ebenfalls differenziert zu bewerten, je nach Herkunftsland und auch Qualität der jeweiligen Journalisten. Als Beispiel hierfür diene der Korrespondent der New York Times in Havanna, Mr. R. Hart Philipps, der am 5. Juni 1939 kabelte „Kuba öffnet Türen für 907 auf der St. Louis" und am folgenden Tag „Kuba schließt die Türen für Flüchtlinge".

Am 14. September 1949 brachte der Regisseur Robert Meyn im Hamburger Schauspielhaus unter Intendant Albert Lippert das Stück „Schiff ohne Hafen" zur deutschsprachigen Uraufführung. Es fanden 14 Auf-

führungen statt. Rolf Italiaander hatte das Schauspiel von Jan te Hartog „Schipper naast God" ins Deutsche übersetzt, das 1947/48 in Amsterdam uraufgeführt worden war. Hartog läßt das Flüchtlingsschiff in der Nähe der amerikanischen Küste untergehen, so daß die Passagiere als Schiffsbrüchige in die USA gelangen. In Paris wurde das Stück 200 mal gespielt, in New York zwei Jahre lang.
Kapitän Gustav Schröder hatte eine Vorstellung in Hamburg besucht und hierzu bemerkt:

> „Ich lege Wert darauf, daß bekannt wird, daß das holländische Schauspiel keine Darstellung der Reise der ‚St. Louis' ist… Die in diesem Drama auftretende Besatzung läßt sich zu tätlichen Übergriffen auf die Passagiere hinreißen, was auf der ‚St. Louis' nicht vorgekommen ist, so daß ihnen an Bord kein Haar gekrümmt wurde."[1]

Im September 1956 brachte Ida Ehre in den Hamburger Kammerspielen durch Regisseur Hans Farenburg das Stück nochmals heraus. Es erreichte vier Wochen Spielzeit. Hierzu der Kommentar eines bekannten Theatermannes:

> „Es dürfte in der Hamburger Theatergeschichte nur selten vorgekommen sein, daß ein Theaterstück innerhalb von sechs Jahren zwei verschiedene Interpretationen erfuhr."[2]

Hans Herlin veröffentlichte 1961 „Kein gelobtes Land – die Irrfahrt der „St. Louis" in deutscher Sprache. Ich kannte diesen Westfalen, der als Engelbert Euringer geboren wurde, und erinnere mich an mehrere Gespräche mit ihm über die „St. Louis". Herlin hat mein Interesse an diesem Thema geweckt, das mich seitdem beschäftigte. Dieser Roman war einer seiner frühen Bucherfolge und erschien unter verschiedenen Titeln in mehreren Verlagen.
1974 folgte „Voyage of the Damned" von Gordon Thomas und Max Morgan-Witts in England und Amerika. Auch dieses Buch erschien in verschiedenen Verlagen, wodurch es eine starke Verbreitung im englischen Sprachgebiet erfuhr.

Ein großer internationaler Erfolg wurde der 1976 gedrehte englische Spielfilm „The Voyage of the Damned". Anstelle der 1952 abgewrakkten „St. Louis" wurde das italienische Kreuzfahrtschiff „Irpinia" benutzt. Außenaufnahmen fanden in Barcelona und London statt. Die Besetzungsliste enthielt sehr bekannte Darsteller wie Max von Sydow,

Faye Dunaway, Oskar Werner, Maria Schell, Orson Welles und James Mason. Regisseur war Stuart Rosenberg, der alle Register der filmischen Darstellung zog, so daß ein 2 ½-Stunden-Film entstand.

Zum 55. Jahrestag der „St. Louis"-Fahrt brachte die kanadische Gesellschaft Galafilm 1994 einen Fernsehstreifen „Die Irrfahrt der St. Louis". Hierzu wurde ein schwarz-weiß Amateurfilm benutzt, den ein Passagier 1939 auf der „St. Louis" gedreht hatte. Ausschnitte aus alten HAPAG-Werbefilmen und Interviews mit Überlebenden und Besatzungsmitgliedern runden die Darstellung ab. Einige Szenen wurden in Hamburg aufgenommen. In der englischen Fassung des Filmes wird Herbert Karliner gezeigt, wie er in Frankreich die ehemalige Wohnung seiner deportierten Eltern suchte und auf dem Dachboden Glasplatten von Paßbildern fand, die wahrscheinlich für Ausreisezwecke angefertigt worden waren.[3]

In den Folgejahren entstanden verschiedene Video-Filme über die „St. Louis"-Reise und über Wiedersehensfeiern. Einige Aufsätze befaßten sich ebenfalls mit diesem Thema. In zahlreichen Büchern über den Holocaust wird die „St. Louis" erwähnt.

50 Jahre später: 1989

Gedenktage dienen der Erinnerung, sie sind aber auch Anlaß zum Feiern und zur fröhlichen Wiederbegegnung.
Zum 50. Jahrestag der unglücklichen Reise der „St. Louis" lud die Holocaust Memorial Foundation of Illinois zu einem Bankett ins Allgäuer Restaurant in Skokie, nahe Chicago. Im April 1989 nahmen 15 Ehemalige daran teil:
Sylvia Cullistein, Jane Keibel, Gisela Lenneberg, Gertrud Mendels, Dr. Sol Messinger, Arno Motulsky, Alice Oster und Jules Wallerstein, um einige zu nennen.
Fast alle Teilnehmer erinnerten sich an die vielen kleinen Boote, die im Mai 1939 die „St. Louis" im Hafen von Havanna umkreisten. Ein ehemaliger Passagier erzählte, daß seine Mutter die mitgebrachten Geschenke in ein solches Boot warf, in dem ihr Mann stand. Die Schwestern Alice Oster und Jane Keibel, seinerzeit 13 und 15 Jahre alt, wollten sich damals gemeinsam umbringen, falls das Schiff nach

Deutschland zurückgekehrt wäre. Sie kamen dann in einem französischen Kinderheim unter und erreichten im Januar 1940 die USA.
Das angenehme Bordleben auf dem Schiff war fast allen in guter Erinnerung. „Wir hatten eine fröhliche Zeit auf der Fahrt nach Kuba und tanzten und feierten", gab ein ehemaliger Passagier zu Protokoll. Die Feier zum 7. Geburtstag von Sol Messinger war Gegenstand fröhlicher Erzählungen. Die Hoffnungslosigkeit und Verzweiflung der Erwachsenen vor Havanna, Florida und besonders auf der Rückfahrt blieb den damaligen Kindern nicht verborgen. Bei der Wiedersehensfeier überwog die Freude, die damaligen Zeiten überstanden und später in die amerikanische Gesellschaft integriert worden zu sein. Sehr spannend waren die Schilderungen der Teilnehmer über die Fortsetzung ihrer Flucht aus den vier Gastländern, direkt oder über Umwege in die USA. Einige konnten erst nach Kriegsende ihr Ziel erreichen. Auf dieser Reunion wurden Aufnahmen gemacht zu einem Video-Film „The Double Crossing-Voyage of the St. Louis".[4]
In Miami Beach, einem Original-Schauplatz der „St. Louis"-Reise wurde im Juni 1989 ebenfalls eine Wiedersehensfeier der ehemaligen Passagiere abgehalten. Organisiert von Rabbiner Barry Konovitch vom Tempel Beth Smuel. Er hatte von in Florida ansässigen „St. Louis"-Flüchtlingen gehört und sich auch intensiv mit den historischen Hintergründen beschäftigt. Unterstützung fand er bei Herbert Karliner, dem als Knabe 1939 vom Schiff aus Miami so gut gefallen hatte, daß er sich später dort niederließ.
Man suchte nach weiteren Passagieren und dem Kapitän Gustav Schröder, der ebenso wie seine Frau und sein Sohn bereits verstorben war. In Deutschland wurde ein Neffe von Schröder gefunden, der dann auf dem Treffen in Miami die weiße Kapitänsmütze von Schröder übergab. Es gelang, 26 ehemalige „St. Louis"-Flüchtlinge zur Reise nach Florida zu bewegen. Die meisten waren als Kinder auf dem Schiff, viele der Elterngeneration waren inzwischen verstorben oder fühlten sich zu alt für die Reise. Fast alle hatten sich seit 1939 nicht mehr gesehen, das lag nun 50 Jahre zurück. Deshalb gab es viel zu erzählen über die Zeit auf der „St. Louis" und über die Lebenswege seit Antwerpen. Die Stadt Miami ernannte die ehemaligen Flüchtlinge zu Ehrenbürgern. Einige ältere Einwohner von Miami konnten sich an das große Flüchtlingsschiff erinnern, das 1939 vor der Küste dümpelte, streng bewacht von der Coast Guard. Es wurde eine religiöse Zeremonie abgehalten und auch der umgekommenen „St. Louis"-Passagiere gedacht.

Dann begann ein Programm, das nur bedingt dem Charakter der Wiedersehens- und Gedenkfeier entsprach. Eine größere Zahl von Booten fuhr hinaus aufs Meer, etwa zu der Stelle, an der die „St. Louis" damals kreuzte. Der Ausflugsdampfer „Florida Princess" war in „St. Louis" umbenannt worden und brachte die Teilnehmer auf die Höhe der 21sten Straße. Von den Booten aus bot sich ein unerwartetes Schauspiel. Die ehemalige Segeljacht „Ostwind" von Adolf Hitler wurde im Meer versenkt. Sie sollte den Fischen als Asyl dienen. Weil sie jedoch die Küstenschiffe behinderte, mußte sie gehoben und an anderer Stelle wieder dem Meer übergeben werden. Einer der „St. Louis"-Teilnehmer, Eric Spitz aus Toronto, konnte wie viele andere auch keinen Zusammenhang mit der Feier erkennen: „Man hätte die $ 20 000 für den Schiffstransport besser für hungernde Kinder ausgeben sollen." Ein Flugzeug kreiste mit einem Schleppband „Never Again" über der Schiffsarmada, die von der Coast Guard begleitet wurde.[5] Es ist verbürgt, daß Hitler mehrmals auf der „Ostwind" war, die ihm nicht persönlich gehörte. Die US-Navy brachte dieses Schiff als Kriegsbeute in die USA. Der letzte Besitzer J. Nelson hatte damit ziemlichen Ärger, weil die „Ostwind" sowohl von Andenkenjägern als auch von Vandalen heimgesucht wurde. Er wollte dieses Schiff nicht an die amerikanische Nazi-Partei verkaufen, weshalb ihm die Versenkung sehr gelegen kam. Zwischen den beiden Sonntagen, 4. Juni 1939 und 4. Juni 1989 lagen fünfzig Jahre. Eine große Zeitspanne, in der sich die Weltgeschichte und auch die persönliche Geschichte der „St. Louis"-Passagiere erheblich veränderten.

Erneuter Zeitsprung: 1999 – 60 Jahre später

Im United States Holocaust Memorial Museum (USHMM) in Washington ist eine Gedenkwand für die Fahrt der „St. Louis" aufgebaut. Eines Tages besuchten einige Überlebende der Kubafahrt dieses Museum und fragten, ob von anderen Passagieren etwas bekannt geworden sei. Dies war der Anlaß, eine mehrjährige systematische Recherche durchzuführen, mit der die Schicksale der ehemaligen Flüchtlinge geklärt werden sollten. Weltweit wurde in Archiven, Deportationslisten, alten Telefonbüchern und jüdischen Gemeinden gesucht und gefragt. Das „St. Louis"-Projekt wurde von Sarah Ogilvie und Scott Miller geleitet. Auf Veröffentlichungen in Zeitungen und im

Internet meldeten sich zahlreiche Überlebende oder Kinder und Freunde von inzwischen Verstorbenen. Ogilvie und Miller besuchten auch jüdische Wohnviertel und Synagogen und versuchten mit „oral history" und kriminalistischer Sucharbeit weiterzukommen. Nach mehrjähriger Recherche stand fest, daß etwas mehr als die Hälfte der ehemaligen Passagiere die Verfolgungen und den Holocaust überlebt haben. Nur wenige Personen konnten nicht gefunden werden, oder die Angaben über ihren Verbleib waren zu unbestimmt. Eine bewundernswerte Leistung des Suchteams.

Scott Miller sagte, daß „Opfer leichter zu dokumentieren waren als Überlebende", und er fügte hinzu, „Amerikaner waren nicht die Verfolger, Amerikaner waren nicht die Opfer, aber wir hatten eine Rolle als Zuschauer."[6]

Anläßlich der Nachforschungen des Holocaust Memorial Museums gaben ehemalige Passagiere zahlreiche Fotos, Dokumente und Erinnerungsstücke für eine Sonderausstellung zum 60. Jahrestag der denkwürdigen Reise. Auf einer großen Wand war die Reiseroute dargestellt, wodurch vielen Besuchern die weite Fahrt der „St. Louis" erst deutlich wurde. Eine andere Schautafel war mit Fotos und Namen der Flüchtlinge gestaltet, ein bemerkenswerter Rückblick auf 1939. Da stand man dann vor Egon Salomons Überseekoffer oder Oskar Blechners Leica. Hildegard Wolff, damals 6 Jahre alt, stellte ihre Matrosenpuppe mit dem Schriftzug „St. Louis" an der Mütze zur Verfügung. Durch diese persönlichen Bezüge wurde dem Betrachter die Welt von 1939 verdeutlicht und ihm geholfen, die Atmosphäre auf dem HAPAG-Schiff zu erkennen. Viele Dokumente und die Darstellung der Schicksale von fünf Familien gaben dieser sehr gut gestalteten Ausstellung ein besonderes Flair.[7]

Ein spezielles Vortragsprogramm lief von April bis Juli 1999. Für mich war es sehr ergreifend, als am 3. Juni 1999 im Vortragssaal des Holocaust Memorial Museums drei Überlebende der „St. Louis" von ihren Erfahrungen und dem Schicksal ihrer Familien berichteten. Dies waren die Damen Ruth Loeb Forest, Ilse Marcus und Herr Henry Blumenstein. Allen dreien fiel es nicht leicht, über ihre Erlebnisse vor 60 Jahren in einem vollbesetzten Saal zu berichten. Einige Fragen jüngerer Teilnehmer zeigten, daß es schwierig ist, die damalige Situation in Deutschland und in Amerika zu begreifen. So fragte ein junger Mann Henry Blumenstein, warum seine Familie nicht früher aus Wien emi-

Ruth Loeb Forest, Henry Blumenstein und Ilse Marcus (v.l.n.r.) am 3. Juni 1999 im United States Holocaust Memorial Museum in Washington, DC

griert sei. Blumenstein antwortete, daß seine Familie bis zum Anschluß Österreichs an das Dritte Reich keine größeren Schwierigkeiten gehabt hatte. Erst Mitte 1938 und besonders nach der Pogromnacht wurden das Geschäft und die Familie belästigt. „Würden Sie denn auswandern, wenn Ihnen in der Straße ein Nachbar nicht freundlich gesinnt ist?", gab Blumenstein zu bedenken. Ergreifend waren die Schilderungen des Lebens im Untergrund mit der ständigen Angst vor Entdeckung und Deportation und besonders der schrecklichen Zeit im Konzentrationslager Auschwitz, die Frau Marcus durchlitten hat.
Am Sonntag, dem 11. April 1999, fand vor der offiziellen Eröffnung der Ausstellung im Holocaust Memorial Museum eine Wiedersehensfeier statt. Hierzu kamen 15 Überlebende, die sich schon von der Reunion 1989 in Florida oder von örtlichen Veranstaltungen her kannten.
Hauptgesprächsthemen zur „St. Louis"-Reise waren das Schwimmbad, die Maskenbälle, Bordspiele und der ausgezeichnete Service auf dem Schiff sowie die Fürsorge von Kapitän Gustav Schröder. Mehrere Damen schwärmten von der Eleganz der Bordbälle, bei denen die

damaligen Kinder nicht bis zum Schluß bleiben durften. Zur Abweisung des Schiffes vor Kuba und Florida gab es eher kritische Töne. Ein Reporter belauschte das Gespräch zwischen Dr. Sol Messinger und Herbert Karliner: „Die Vereinigten Staaten waren zu mir und meiner Familie sehr gut", sagte Messinger. „Aber das, was mit der ‚St. Louis' passiert ist, ist sehr entgegengesetzt zu der Geschichte dieses Landes. Dies ist für mich als Amerikaner sehr schmerzlich." Karliner antwortete: „Was ich nicht verstehen kann ist, daß wir nicht nach Cuba durften. Aber 1980 wurden 125 000 Cubaner nach Florida hereingelassen, von denen einige Kriminelle waren. Wir waren 900 Leute, fliehend vor den Nazis und wir durften nicht kommen."[8]

Am 13. April 1999 versammelten sich etwa 800 Personen in der Rotunde des US-Kapitols in Washington zum Gedenken an „nicht eines der großen Ereignisse von Amerika, sondern eines seiner schlechtesten". Refuge Denied: „The Voyage of the St. Louis" war das Motto für den Tag der Erinnerung an die Opfer des Holocaust. Anwesend waren Senatoren und Kongreßabgeordnete, viele Holocaust Überlebende und fünf ehemalige Passagiere der „St. Louis".
Miles Lerman, Chef des US Holocaust Memorial Council, betonte, daß Amerika sich nicht scheut, seine Fehler einzugestehen. Bezugnehmend auf die „St. Louis":

„Amerika sagt der Welt, daß wir nicht ganz frei sind von Schuld."

Ruth Mandel, Vize-Vorsitzende des US Holocaust Memorial Council, war als Kleinkind auf der „St. Louis" mit ihren Eltern. Die Familie gelangte 1939 nach England und entkam so der Verfolgung durch die Nazis. „Wir überlebten nur durch großes Glück. Ich bin nicht sicher, ob wir aus der Vergangenheit gelernt haben", sagte sie unter Hinweis auf die Vorgänge im Kosovo. Von den ehemaligen „St. Louis"-Flüchtlingen Henry Blumenstein, Hella Loevinsohn Roubicek, Herbert Karliner und Liesel Joseph Loeb wurden Kerzen entzündet, was der Gedenkveranstaltung ein feierliches Gepräge gab.[9]

1999, zum 60. Jahrestag der „St. Louis"-Odyssee, wurden in verschiedenen Städten der Vereinigten Staaten Gedenkveranstaltungen mit ehemaligen Passagieren abgehalten, wie in Hartford, Houston, Miami Beach, New York, Philadelphia und San Francisco. Das Presseecho war sehr lebhaft.

Etwa 80 ehemalige Passagiere, die 1939 als Kinder oder Jugendliche auf der „St. Louis" waren, leben heute noch, überwiegend in den USA. Sie sind die letzten Zeitzeugen der damaligen Irrfahrt. Ihre persönlichen und schriftlichen Aussagen sind sehr wichtig. Jedoch auch subjektiv geprägt, weil viele Details von den damaligen Kindern nicht aufgenommen worden sind. Sie stammen aus Erzählungen der Elterngeneration, die inzwischen verstorben ist, und sind von deren Auffassungen geprägt.

Am 13. Mai 1999 war ich in Hamburg und warf einige Blumen an der Teufelsbrücke in die Elbe, an der Stelle, die damals die „St. Louis" passiert hatte. Außerdem besuchte ich das Grab von Kapitän Gustav Schröder. Auf meinen Antrag vom 21. Januar 1999 hat der Senat der Freien und Hansestadt Hamburg beschlossen, eine Gedenktafel im Turmdurchgang der St. Pauli-Landungsbrücken anzubringen. Damit wird an die schicksalshafte Reise der „St. Louis"-Passagiere und die mutige Haltung des Kapitäns Gustav Schröder in dunkler Zeit erinnert. Die Gedenktafel wurde am 9. November 2000 enthüllt und befindet sich gegenüber derjenigen, die an die Reise der „Exodus" nach Palästina und zurück nach Hamburg mahnt. Zwischen beiden Schiffen bestehen einige Gemeinsamkeiten. Während auf der „St. Louis" verfolgte Juden kurz vor dem Krieg aus Deutschland flüchten wollten, versuchten auf der „Exodus" jüdische Überlebende der Konzentrationslager nach dem Kriegsende Palästina zu erreichen. Beide Schiffe wurden an den Ankunftshäfen abgewiesen, die „St. Louis" 1939 in Havanna und die „Exodus" 1947 in Haifa.[10]

In seiner Rede anläßlich der Enthüllung der „St. Louis"-Gedenktafel sagte der Erste Bürgermeister der Freien und Hansestadt Hamburg, Ortwin Runde:

> „Auch das Schicksal der Passagiere der ‚St. Louis', die am 13. Mai 1939 im Hamburger Hafen ablegte, erinnert uns schmerzhaft an die Verbrechen, die von Deutschen an Juden begangen wurden, erinnert uns an das Unrecht und unfaßbare Leid, das die mörderische Verfolgung der Juden durch das Hitlerregime hervorrief… Das Gedenken an die tragische Odyssee der ‚St. Louis' soll Trauer über Leid und Verlust ausdrücken, es soll der Erinnerung an die Opfer gewidmet sein… Kapitän Gustav Schröder bewies Zivilcou-

rage und zeigte menschliche Größe, als es galt, mit Wort und Tat für Mitmenschlichkeit und Toleranz einzutreten. Auch seinem Beispiel und Vorbild gilt unser Gedenken heute."[11]

Die „St. Louis"-Gedenktafel enthält folgenden Text:

„AM 13. MAI 1939 VERLIESSEN ÜBER 900 FLÜCHTLINGE – FAST ALLE WAREN DEUTSCHE JUDEN – DEN HAMBURGER HAFEN MIT DEM DEUTSCHEN SCHIFF „ST. LOUIS", DAS SIE NACH KUBA BRINGEN SOLLTE, UM DER NATIONALSOZIALISTISCHEN VERFOLGUNG ZU ENTKOMMEN. IHRE HOFFNUNG ZERBRACH, ALS DIE KUBANISCHE REGIERUNG DIE EINREISEERLAUBNIS ZURÜCKZOG. NACH TAGELANGER UNGEWISSHEIT KONNTEN LEDIGLICH 23 JÜDISCHE PASSAGIERE IN HAVANNA EINREISEN. AUF DER SUCHE NACH EINEM AUFNAHMELAND ZUR RETTUNG DER AUF DEM SCHIFF VERBLIEBENEN FLÜCHTLINGE UNTERNAHM KAPITÄN GUSTAV SCHRÖDER EINE VIELTÄGIGE IRRFAHRT MIT DER „ST. LOUIS". DIE WELTÖFFENTLICHKEIT WURDE AUF DAS SCHICKSAL DER VERZWEIFELTEN PASSAGIERE AUFMERKSAM. DIE REISE DER „ST. LOUIS" ENDETE AM 17. JUNI 1939 IM HAFEN VON ANTWERPEN, DENN DIE NIEDERLANDE, GROSSBRITANNIEN, FRANKREICH UND BELGIEN GEWÄHRTEN DEN PASSAGIEREN ZUFLUCHT. SPÄTER GERIETEN DENNOCH ZWEI DRITTEL VON IHNEN IN DIE GEWALT DER NATIONALSOZIALISTEN, DIE SIE DANN ZU HUNDERTEN ERMORDETEN."

Die vom Autor angeregte Erinnerungstafel an die Fahrt der „St. Louis" wurde am 9.11.2000 im Turmdurchgang der St.-Pauli-Landungsbrücken in Hamburg enthüllt.

Am 4. und 5. November 2000 fand in Ottawa/Kanada eine bemerkenswerte Veranstaltung statt. Eine christliche Gruppe, „Watchmen of the Nation" hatte 46 ehemalige „St. Louis"-Passagiere ins Chateau Lauries Hotel eingeladen. Die „St. Louis"-Überlebenden kamen aus Australien, Großbritannien, Israel und den Vereinigten Staaten. Die Veranstalter hatten $ 250 000 für diese Zeremonie aufgewendet. Nachdem sich in der Vergangenheit keine kanadische Regierung für die Abweisung der „St. Louis" im Jahre 1939 entschuldigt hatte, wollten die Kirchen dies tun. Ottawas katholischer Erzbischof Marcel Gervais sagte:

> „Als Christen und Kanadier müssen wir uns zu unserer konfessionellen Geschichte bekennen, so daß Reue, Heilung und Versöhnung erfolgen kann. Antisemitismus ist unchristlich und hat keine Rechtfertigung."

Reverend Doug Blair, ein baptistischer Geistlicher, entschuldigte sich persönlich für seinen Großonkel Frederick Charles Blair, der von

1936–1943 Direktor der kanadischen Einwanderungsbehörde war und der seinerzeit Juden von Kanada fernhielt.
Reverend Blair bekannte:

> „Ich stehe vor Ihnen in großer Beklemmung, weil ich verstehe, daß mein Name nicht freundlich in Ihren Herzen ist. Was Ihnen angetan wurde, war völlig falsch. Besonders bedrückt es mich, daß meine Familie daran beteiligt war. Ich bedaure dies sehr."

Der ehemalige „St. Louis"-Passagier Günther Krebs, jetzt in Kanada, entgegnete, daß die Schuld von Kanadiern wie Frederick Blair nicht auf andere übertragen werden sollte. Er war damals davon bedrückt, daß die „St. Louis" abgewiesen wurde, besonders negativ fand er, daß es auch außerhalb Deutschlands in England, Kanada und anderen Ländern Antisemitismus gab.
Die feierliche Entschuldigung für die damalige Abweisung des Flüchtlingsschiffes „St. Louis" beeindruckte die teilnehmenden ehemaligen Passagiere sehr. Vor 61 Jahren waren sie als Kinder oder Jugendliche mit den meistens inzwischen verstorbenen Eltern auf dem „Schiff ohne Hoffnung auf Land". Die beispiellose Geste der Kanadier hat die seelische Bitternis in den „St. Louis"-Familien gemindert.

Auf Initiative von Tom Hess haben deutsche christliche Gruppen am 16. und 17. März 2002 in Hamburg eine Buß- und Versöhnungsbegegnung mit ehemaligen „St. Louis"-Passagieren veranstaltet. In das Hotel „Hafen Hamburg" kamen 12 Flüchtlinge von damals mit Angehörigen. Begrüßt wurden die „St. Louis"-Teilnehmer mit einer Kaffeetafel in den Ratsstuben der Hansestadt Hamburg.
Am Abend wurde das Musical „Joseph" in der Elbkuppel des Hotels dargeboten. Die Gäste, vornehmlich aus den USA, zeigten ein Video von einer früheren Wiedersehensfeier. Am Sonntag fand an der Gedenktafel für die „St. Louis" an den St. Pauli-Landungsbrücken eine Gedenkminute statt. Anschließend fuhr man mit dem Schiff „Hanseatic" zum Kaiser-Wilhelm-Höft, wo die „St. Louis" im Jahre 1939 die Passagiere aufgenommen hatte. Die ehemaligen Flüchtlinge waren damals zwischen vier und dreizehn Jahre alt, als sie sich mit ihren Eltern einschifften. Nun stehen sie in den siebziger Lebensjahren, mit entsprechenden eigenen Erinnerungen an die Irrfahrt von 1939. Auf der „Hanseatic" wurden kurze Referate über das Schicksal der Fami-

lien gehalten. Die ergreifende Gedenkfeier wurde musikalisch begleitet. Oben an der Kaimauer wurden israelische Flaggen geschwenkt, den Schiffspassagieren zum Gruß. Für die Opfer wurden Blumensträuße ins Hafenbecken geworfen. Einige der „St. Louis"-Passagiere besuchten das Grab von Kapitän Schröder. Am Nachmittag fand im Hotel „Hafen Hamburg" eine Buß- und Versöhnungsbegegnung mit etwa 100 Beteiligten statt, an der auch die Nichte und der Neffe von Kapitän Schröder teilnahmen.

Albrecht Fürst zu Castell-Castell hielt eine kurze Gedenkansprache auf die „St. Louis"-Familie Stein:

„Im Gedenkbuch der jüdischen Gemeinde in Kitzingen ist vermerkt, daß Elsa und Kurt Stein mit dem Passagierdampfer ‚St. Louis' Deutschland verlassen und wieder nach Europa zurückgekehrt sind. Das Ehepaar wurde mit ihrem Kind in Auschwitz ermordet. Sie waren unsere fränkischen Landsleute – Mitbürger – angesehene Kaufleute – deutsche Staatsbürger. Unsere Gleichgültigkeit – die höchste und schlimmste Form der Lieblosigkeit – hat zugelassen, was mit ihnen geschehen ist. Ich schäme mich für meine Familie – für mein Vaterland Deutschland, und ich werde nicht aufhören, unsere Schuld zu bekennen und bitte Sie um Vergebung."

Die „St. Louis"-Flüchtlinge erhielten einen eigens angefertigten Nachdruck des Buches von Kapitän Schröder „Heimatlos auf hoher See", in dem er die damaligen Ereignisse 1949 aufgezeichnet hatte.

Die ehemaligen „St. Louis"-Flüchtlinge reisten nach Israel weiter, wo sie in Yad Vashem an die Gedenktafel von Kapitän Schröder Rosen hefteten.

Frau Irmgard Glaevecke, die Nichte von Kapitän Gustav Schröder, im Gespräch mit dem ehemaligen Passagier Dr. Rudolf Jacobson im März 2002 in Hamburg

1 Schröder, Heimatlos auf hoher See, Seite 6.
2 Italiaander, Anfang mit Zuversicht, S. 119.
3 The Voyage of St. Louis, Galafilm, 1994.
4 The Double Crossing, Voyage of the St. Louis, 1992.
5 The Miami Herald, June 5, 1989.
   NYT, June 5, 1989.
   Hamburger Abendblatt, 7. Juni 1989.
6 Hartford Courant, August 23, 1998.
7 Voyage of the St. Louis, USHMM, 1999.
8 The Washington Post, April 30, 1999.
9 Washington Jewish Week, April 22, 1999.
10 Der Text der Gedenktafel für die „Exodus", ebenfalls im Turmdurchgang der St. Pauli-Landungsbrücken angebracht, lautet:
   „IM SOMMER 1947 VERSUCHTEN ÜBER 4.500 JÜDISCHE HOLOCAUST-ÜBERLEBENDE VON FRANKREICH AUS MIT DEM HAGANAHSCHIFF „EXODUS" IN DAS DAMALIGE BRITISCHE MANDATSGEBIET PALÄSTINA ZU GELANGEN. IN INTERNATIONALEN GEWÄSSERN VOR DER KÜSTE VON HAIFA WURDE DAS SCHIFF VON BRITISCHEN KRIEGSSCHIFFEN GERAMMT UND NACH SCHWEREN KÄMPFEN AN BORD IN DEN HAFEN VON HAIFA GESCHLEPPT. DIE BRITEN BRACHTEN DIE FLÜCHTLINGE GEWALTSAM AUF DREI SCHIFFE UND SCHICKTEN SIE NACH FRANKREICH ZURÜCK. DORT WEIGERTEN SIE SICH VON BORD ZU GEHEN. AUF BEFEHL DER BRITISCHEN REGIERUNG FUHREN DIE SCHIFFE WEITER NACH HAMBURG, VON WO DIE MENSCHEN GEGEN IHREN WILLEN ZWISCHEN DEM 8. UND 10. SEPTEMPER 1947 VON DER BRITISCHEN BESATZUNGSMACHT IN ZWEI LAGERN BEI LÜBECK INTERNIERT WURDEN. „EXODUS 1947" WECKTE DIE WELT AUF UND WAR EIN ANSTOSS ZUR UN-ABSTIMMUNG DIE ZUR GRÜNDUNG DES STAATES ISRAEL FÜHRTE ."
11 Redetext der Staatlichen Pressestelle der Freien und Hansestadt Hamburg vom 9.11.2000/pr09a.

MS „St. Louis" und seine Besatzung

> Navigare necesse est…
> *Pompeius (106–48 v. Chr.)*

> Es reist sich gut mit den Schiffen der HAPAG.
> *Werbespruch aus der Vorkriegszeit*

Die „St. Louis" – vom Kreuzfahrtschiff der HAPAG zum Hotelschiff im Hamburger Hafen

MS „St. Louis" im Hamburger Hafen

Die „St. Louis" wurde auf der Bremer Vulkan Werft in Vegesack gebaut. Beim Stapellauf am 2. August 1928 hielt der ehemalige Präsident der Handelskammer der Patenstadt St. Louis, C. F. C. Meier, eine Rede im Beisein des amerikanischen Konsuls in Hamburg, T. Smith. Frau Meier amtierte als Taufpatin. Ursprünglich sollte das Schiff mit der Baunummer 670 „Cincinnati" heißen, wurde dann aber zur „St. Louis". Am 28. März 1929 fand die Jungfernreise Hamburg–New York statt, auf der 14,5 Knoten Geschwindigkeit erreicht wurden. Mit 16 732 Bruttoregistertonnen war die „St. Louis" eines der schönsten Passagier- und Kreuzfahrtschiffe der Hamburg–Amerika-Linie, elegant eingerichtet und vornehmlich im Nordatlantikverkehr und für Kreuzfahrten eingesetzt. Vier Dieselmaschinen übertrugen 12 600 Pferdestärken auf die zwei Schrauben und ermöglichten eine Höchstgeschwindigkeit von 16 Knoten. 330 Mann Besatzung kümmerten sich um 974 Passagiere. Durch die dramatische Fahrt nach Kuba–Florida–Antwerpen im Mai und Juni 1939 wurden die „St. Louis" und ihr Kapitän Gustav Schröder weltbekannt.

Anzeige für Kreuzfahrten auf der „St. Louis" in der NYT

Zu den geplanten Kreuzfahrten in der Karibik fuhr die „St. Louis" von Antwerpen, nach der Ausschiffung der jüdischen Passagiere, unverzüglich nach New York. Von dort wurden Vergnügungsreisen zu den Bermudas und nach Halifax unternommen. Auch für den 26. August 1939 war eine sechstägige Fahrt zu den Bermudas offeriert, pro Person ab $ 55. Diese Reise wurde kurzfristig abgesagt, denn am 25. August erhielt Kapitän Gustav Schröder per Funk den Geheimcode zur sofortigen Rückkehr und Tarnung des Schiffes. Deshalb legte die „St. Louis" am 26. August 1939 ohne Passagiere vom HAPAG-Pier an der 46. Straße in New York ab.
Als der zweite Weltkrieg ausbrach, war das Schiff bereits auf hoher See. Alle hellen Aufbauten wurden dunkel gestrichen. Niemand durfte auf den Decks rauchen, laut sprechen oder Radio spielen. Die „St. Louis" wurde zur „Louise-Amsterdam", also ein neutrales Schiff. Es galt, englischen und französischen Kriegsschiffen auszuweichen, denn es war eine Kaperung oder Versenkung des deutschen HAPAG-Schiffes zu befürchten. Deshalb war Kapitän Schröder sehr dankbar, als ihn ein europäisches Schiff auf die Position englischer Zerstörer aufmerksam machte. Schröder fuhr weit nördlich ohne genaue Seekarten und erreichte am 11. September 1939 den russischen Hafen Murmansk. Eine seemännische Meisterleistung von Kapitän und Besatzung. Der Hafen von Murmansk bot bereits mehreren deutschen Schiffen Schutz.

Rußland war zu dieser Zeit nicht im Kriegszustand mit Deutschland. Einige Jahre später steuerten die amerikanischen Geleitzüge mit Kriegsmaterial für die Sowjets diesen Hafen an. Alle Besatzungsmitglieder der „St. Louis" mit nichttechnischen Funktionen wurden mit der Bahn nach Deutschland zurückgeschickt. Für mehrere Wochen war die zurückgebliebene Besatzung auf dem Schiff gefangen, wie weiland die Passagiere vor Havanna und Florida. Auch ihr Schicksal war nun ungewiß, denn es war Krieg in Europa, und niemand wußte, was in den nächsten Tagen geschah. Im Dezember 1939 fuhr Kapitän Schröder mit geringer Besatzung und genauen Seekarten von Murmansk ab. Er war dankbar für jeden Schneeschauer und jede Nebelbank, die für schlechte Sicht sorgten. So konnte er das Schiff sicher entlang der norwegischen Küste zurück nach Hamburg bringen. Dort traf es am Neujahrstag 1940 als letztes der fünf großen Passagierschiffe der Hamburg-Amerika-Linie ein. Nun waren die „St. Louis" und ihre Besatzung noch zu „Blockadebrechern" geworden.

Die teilweise ausgebrannte „St. Louis" als Hotelschiff im Hamburger Hafen während der ersten Nachkriegsjahre

Während des Krieges war die „St. Louis" als Wohnschiff der Kriegsmarine in Kiel vertäut. Am 30.08.44 wurde sie von englischen Bomben getroffen und brannte teilweise aus. Nach Kriegsende schleppte man das beschädigte Schiff nach Hamburg und setzte es nahe den Altonaer Landungsbrücken auf Grund. Mehrere Jahre diente die „St. Louis" als Hotelschiff im zerstörten Hamburg. In der unbeschädigten Touristenklasse konnten bis zu 250 Hotelgäste untergebracht werden. Kapitän Schröder besuchte mehrmals „sein Schiff". Im Restaurant traf er Rolf Italiaander, der damals das Schauspiel von Jan de Hartog „Schipper naast God" bearbeitete.
Ein früherer „St. Louis"-Matrose erzählte von einem Treffen auf dem beschädigten Schiff: „Es muß 1948/49 gewesen sein, in der schlechten Zeit nach der Währungsreform. Es wurde sehr wenig Bier getrunken, weil viele ohne Arbeit waren und deshalb die DM knapp war." Die meisten sahen sich nach 10 Jahren erstmals wieder. „Weißt du noch?" und „Was ist denn aus dem und dem geworden?", waren häufig gestellte Fragen. Da wurde von im Krieg Gefallenenen berichtet und von einigen Weggebliebenen. Viele der auf der Kuba-Fahrt jüngeren Matrosen gehörten zu den im Krieg dezimierten Jahrgängen. Sie wurden bei Kriegsbeginn so-

fort eingezogen, meistens zur Kriegsmarine. Die Stimmung bei dem Nachkriegstreffen muß an ein Wiedersehen alter Klassenkameraden erinnert haben. Leider sind die Verbindungen untereinander abgerissen, so daß es keine Wiederholung gegeben hat. Nach dem damaligen Treffen sind manche durch den unzerstörten Teil der „St. Louis" gegangen und haben sich an die frühere Pracht der Räume und die Kameraden erinnert. Dies half über den ziemlich trostlosen jetzigen Zustand des Schiffes etwas hinweg. Kapitän Gustav Schröder soll sehr ergriffen gewesen sein beim Wiedersehen mit seinen 30 ehemaligen Fahrensleuten von der früher so schönen „St. Louis".

Etwa um 1950 wurde beschlossen, die „St. Louis" nicht zu reparieren. Die Eisen und Metall AG in Bremerhaven erhielt den Auftrag, das Wrack zu verschrotten. Leichter gesagt, denn getan. Die „St. Louis" wehrte sich heftig auf ihrer letzten Fahrt. Nachdem sie vom Hafengrund gelöst war, mühten sich vier Schlepper, die Fahrt elbabwärts zu beginnen. Eine Schleppertrosse riß, das Schiff wollte sich einfach nicht in sein Schicksal fügen. Kapitän Schröder und einige frühere Besatzungsmitglieder beobachteten die letzte Fahrt elbabwärts. Manch bejahrtem Fahrensmann traten Tränen in die Augen. Fast am Ende der Reise nach Bremerhaven verfing sich eine Leuchttonne an der Steuerbordschraube und wurde mitgezogen. Erst am endgültigen Liegeplatz schlug die Leuchttonne gegen den Schiffsrumpf und das Licht erlosch. Eine Begebenheit so recht nach dem Geschmack alter Seeleute, die schon immer behauptet hatten, daß auch ein Schiff eine Seele besitzt. In zweijähriger Arbeit wurden mehr als 10 000 Tonnen Schrott aus der einst so stolzen „St. Louis" gewonnen.
Das Schiff fuhr normalerweise mit 330 Mann Besatzung. Bei der HAPAG kannte man die pädagogischen Fähigkeiten von Kapitän Gustav Schröder und gab ihm deshalb häufig junge Leute zur Ausbildung mit. So war es auch auf der Kubafahrt. Einige dieser jungen Eleven erinnern sich noch gut an das strenge Regiment des Kapitäns, der sehr wohl wußte, daß der Seemannsberuf hohe Disziplin und Korpsgeist erforderte. Auf See ist jeder auf den anderen angewiesen, man sitzt buchstäblich im gleichen Boot. Da muß sich der Kapitän auf jeden Mann verlassen können.
Schröder hatte seiner Stammbesatzung vor der Kuba-Fahrt angeboten, von der Reise zurückzutreten, falls jemand persönliche Probleme mit den jüdischen Passagieren befürchtete. Insgeheim hatte er gehofft, daß

Karl Glismann war als Matrose mit der „St. Louis" am 1. Januar 1940 aus Murmansk nach Hamburg zurückgekommen.
Vor seinem Tod 2001 übermittelte er wertvolle Informationen an den Autor.

Diese Aufnahme zeigt Karl Glismann (Mitte), damals 19 Jahre alt, auf der „St. Louis" als Leichtmatrose 1939 auf der Kuba-Fahrt.

einige Parteimitglieder unter der Besatzung zu Hause bleiben wollten. Niemand trat zurück. So fuhr die „St. Louis" mit ihrem NSDAP-Ortsgruppenleiter aus Hamburg ab. Ein Parteifunktionär in Uniform, damals „Goldfasan" hinter vorgehaltener Hand genannt, hatte vor der Abfahrt die Besatzung vor zu engen Kontakten zu den jüdischen Passagieren gewarnt. Die Annahme von Trinkgeldern von „Nicht-Ariern" hatte er verboten und besonders auf die Rassegesetze des Dritten Reiches hingewiesen. Der zuletzt genannte Punkt wurde, wie mir ein Besatzungsmitglied versicherte, nicht immer konsequent eingehalten. Es waren viele hübsche Mädchen an Bord und sehr viele junge Matrosen. Das Deckpersonal und die Stewards hatten naturgemäß ständigen Umgang mit den Flüchtlingen. Ein Besatzungsmitglied erinnert sich, daß er beim Schrubben der Planken von einem der „besseren Passagiere" in ein Gespräch verwickelt wurde. Der Flüchtling war eher ein nordischer Typ, Träger des Eisernen Kreuzes 1. Klasse aus dem ersten Weltkrieg und sagte, er würde lieber die Gehsteige in Hamburg fegen, anstatt Bettler in Havanna zu sein. Vorausgesetzt die Sicherheit seiner Familie in Deutschland sei gegeben.[1] Der seinerzeit 19 Jahre alte „St. Louis"-Matrose hat damals die Hintergünde dieses Gespräches nicht voll erfaßt. Er hat mir diese Begebenheit persönlich bestätigt und auch zum Ausdruck gebracht, daß er als junger Mensch keine ausreichenden Informationen über die damalige Lage der Juden in Deutschland hatte. Er wollte Seemann werden und interessierte sich nicht für Politik und Propaganda. Er gehörte zu der Restbesatzung, welche die „St. Louis" von Murmansk nach Hamburg zurückbrachte.

Als fast 80jähriger schwärmt er vom nautischen Können des Kapitäns Schröder, den er als eher gütigen und verständnisvollen Typ beschrieb. Er erinnerte sich auch an den Ortsgruppenleiter Schiendick, den er als „fiesen Kerl" bezeichnete. Ein anderer junger Matrose, beschäftigt in der Küche, traf in seiner Freizeit an Deck einen Flüchtling, der gerade sein Eisernes Kreuz aus dem ersten Weltkrieg in den Atlantik werfen wollte. Ein Akt der Bitternis, Verzweiflung und Heimatlosigkeit eines Mannes, der seinerzeit tapfer für Kaiser und Reich gekämpft hatte. Er fragte den jungen Matrosen, ob er es haben wolle. Noch heute bewahrt er die Tapferkeitsauszeichnung des unbekannten Passagiers als Erinnerung an die Kubafahrt 1939 auf.[2]

1 Levine, tropical Diaspora, p. 124.
2 Die Aussagen der ehemaligen Besatzungsmitglieder der „St. Louis" erfolgten in persönlichen Gesprächen und Telefonaten mit dem Autor.

Kapitän Gustav Schröder

> Once a captain,
> always a captain.
> *Hamburger Volksweisheit*

Gustav Schröder – ein Kapitän alter Schule

Auf einem Handelsschiff ist der Kapitän der gesetzliche Vertreter des Reeders. Er trägt die alleinige Verantwortung für Schiff, Besatzung und Ladung, selbstverständlich auch für die Passagiere. Auf hoher See besitzt er eine beamtenrechtliche Stellung mit öffentlich-rechtlichen Befugnissen. So kann er beispielsweise auch Trauungen durchführen, eine eher angenehme Aufgabe. Man stellt sich einen Kapitän hochgewachsen, stämmig und achtungsgebietend vor. Gustav Schröder war von schmächtiger Gestalt. Man nannte ihn den kleinsten Kapitän der deutschen Handelsmarine. Er konnte recht energisch sein, machte jedoch auf den ersten Blick den Eindruck eines introvertierten Professors, eines verständnisvollen Schiffsvaters. Er hatte das Herz am richtigen Fleck, ich füge hinzu: ein großes Herz und ein verständiges dazu.
Gustav Schröder wurde als Sohn eines Gymnasialprofessors am 27.09.1885 in Hadersleben/Nordschleswig, das damals zu Preußen gehörte, geboren. Es zog ihn aufs Meer. Als 16jähriger verließ er das Gymnasium und wurde Schiffsjunge, gerade 1,46 Meter groß und 33 kg leicht. Mit großer Energie durchlief er die klassische seemännische Ausbildung: Schiffsjunge, Leichtmatrose, Vollmatrose, Steuermann. Auf Segelschiffen absolvierte er 54 Monate Fahrenszeit „vor dem Mast". Das Kapitänspatent erwarb er 1912 und fand Arbeit als dritter Offizier bei der HAPAG. Beim Ausbruch des ersten Weltkrieges wurde er in Indien, damals englische Kolonie, interniert. Er nutzte diese Zeit, um Sprachen zu lernen, und kam erst 1920 in das triste Nachkriegs-Deutschland zurück. Seine Heimatstadt Hadersleben war durch eine Volksabstimmung dänisch geworden. Schröder ließ sich in Hamburg nieder und heiratete 1921 Elsa Färber. Das junge Paar wohnte in Klein-Flottbek. Zwei Jahre später wurde der behinderte Sohn Rolf geboren. Schröder wurde 1935 erster Offizier auf der „St. Louis" und führte mehrere KdF-Fahrten durch.
Später diente er als Kapitän auch auf anderen HAPAG-Schiffen. Mit der „St. Louis" machte er Anfang 1939 zwei Reisen nach New York und behielt dieses Kommando auch für die Kuba-Fahrt, die Gegenstand dieses Berichts ist. Keine andere Aufgabe hat Gustav Schröder derart gefordert und beansprucht. Er bestand diese Bewährungsprobe voll, sowohl in technischer als auch besonders in menschlich-persönlicher Hinsicht. Auf seine Mannschaft konnte er sich voll verlassen. Ein

besonderes Vertrauensverhältnis bestand zum Offizierskreis, zu Klaus Ostermeyer, dem ersten Offizier, zu Oberzahlmeister Ferdinand Müller und dem Schiffsarzt Dr. Glauner. Ohne das Wissen um die große Loyalität seiner Führungscrew hätte Schröder niemals die zwei illegalen Aktionen der Kubafahrt planen können: die Landung von Rettungsbooten in Florida und die vorgetäuschte Havarie vor England. Der Mannschaft gegenüber galt er als streng und gerecht. Für persönliche Probleme hatte er ein Ohr. Eingedenk seiner eigenen Ausbildungsjahre kümmerte er sich besonders um die jungen Matrosen. Einer aus dieser Gruppe erinnert sich an ihn als eine Art von Direktor. Bei Besprechungen hörte sich Schröder die Argumente seiner Mitarbeiter aufmerksam an. Entscheidungen traf er als letzte Instanz. Insgesamt war er ein Kapitän alter Schule.

Als er am 1. Januar 1940 die „St. Louis" in abenteuerlicher Fahrt von Murmansk nach Hamburg zurückbrachte, war seine 38jährige Seefahrtszeit beendet. Der 54 Jahre alte Schröder ging von Bord, im Krieg wurden keine Kapitäne von Passagierschiffen benötigt. Gustav Schröder war ein gebildeter und sprachkundiger Herr. Naturbeobachtung, Musik und Literatur waren seine Musen. Möglicherweise ging ihm ein Vers aus Homers Odyssee durch den Kopf:

„Er sah dann auf mannigfaltiger Irrfahrt,
Vieler Menschen Städte; er lernte ihr Sinnen und Trachten,
Duldete viel und tief im Gemüte die Leiden des Meeres,
Rang um die eigene Seele, um Heimkehr seiner Gefährten."[1]

Im Wohnzimmer der Familie Schröder in der Hamburger Baron-Voght-Straße hing ein großes Bild der „St. Louis", das ihm in einer Feierstunde übergeben worden war, mit der Widmung:

Herrn Kapitän Gustav Schröder

IN DANKBARER ANERKENNUNG FÜR DIE
RÜCKFÜHRUNG DER ST. LOUIS IN DEN HEIMATHAFEN

Hamburg, den 1. Januar 1940   HAMBURG–AMERIKA–LINIE

Während des zweiten Weltkrieges arbeitete er bei der Deutschen Seewarte, für die er schon in seiner Fahrenszeit wissenschaftliche Beobachtungen durchgeführt hatte. Nach dem Krieg war er schriftstellerisch tätig und widmete sich verschiedenen Hobbys.
Von ehemaligen Passagieren der „St. Louis" erhielt er in der Nachkriegszeit CARE-Pakete aus Amerika. In Briefen und Berichten wurde stets seine ritterliche Haltung hervorgehoben. In einem weitverbreiteten Buch findet sich folgende Stelle:
> „Vielleicht ahnten die Passagiere zu diesem Zeitpunkt noch nicht, daß ein ungewöhnlicher Deutscher der Kommandant dieser ungewöhnlichen Fahrt war. Kapitän Schröder tat auf dieser ungewöhnlichen Fahrt für die ganze deutsche Nation Abbitte."[2]

Einem Zeitzeugen und Freund gegenüber äußerte sich Schröder:
> „Ich möchte dieses Erlebnis, so sehr es mich erschüttert hat, nicht mehr missen. Es war eine Aufgabe, die mich mehr mitgenommen hat als mancher Taifun in der Südsee. Wer sich in die Lage meiner Fahrgäste und in meine Sorgen hineindenken kann, wird mich verstehen."[3]

Kapitän Schröder hat sicher am meisten gefreut, der Satz aus dem Dankschreiben der „St. Louis"-Passagiere vom Juni 1939 in Antwerpen:
> „Ihnen selber aber, Herr Kapitän, möchten wir sagen: In unseren Herzen und in den Herzen unserer Kinder wird eingegraben sein – dauernder als Erz und Marmorstein – unvergesslich und unauslöschlich das schöne Schiff ‚St. Louis' und sein wunderbarer Kapitän Schröder."

Empfehlungsschreiben von ehemaligen Passagieren für eine Auszeichnung von Kapitän Gustav Schröder durch Yad Vashem

RUTGERS
THE STATE UNIVERSITY OF NEW JERSEY

Department of Nutritional Sciences • Cook College
Thompson Hall • P.O. Box 231 • New Brunswick • New Jersey 08903-0231

June 19, 1990

Dr. Mordecai Paldie
Department of the Righteous
Yad Vashem
Jerusalem 91034 Israel

Dear Dr. Paldie:

This is in response to your letter of January 28, 1990 to Rabbi Konovitch concerning Captain Schroeder of the St. Louis.

I, together with my mother and sister was a passenger on the ill-fated ship. Captain Schroeder stands out for his humanity in dealing with us, his Jewish cargo, but most importantly in defying German Authority not to return to Hamburg until we were disembarked in a safe haven.

Since it appeared likely at one point during the endless negotiations with "friendly" countries that no solution would be found, Captain Schroeder put into place an emergency scheme to scuttle the ship off the coast of Scotland and trust that this disaster would lead to our rescue. To the best of my knowledge, when this information became known the Germans were ready to take action against Captain Schroeder. Fortunately, he was at sea again at that time and did not return to Germany til after the war.

Captain Schroeder is, without doubt, one of the Righteous Gentiles and honoring him for his valor and humanity is long overdue.

Sincerely yours

Hans Fisher
Professor and Associate Provost

REUBEN SILVER
NOTARY PUBLIC OF NEW JERSEY
MY COMMISSION EXPIRES FEB. 1, 1992

This certifies that the above is the signature of Dr. Hans Fisher, a member of the Highland Park Conservative Temple

Reuben S Silver
Executive Director

Alice Oster

June 20, 1990

Dr. Mordecai Paldie
Director, Dept. for the Righteous
YAD VASHEM
P.O. Box 3477
Jerusalem 91034, Israel

Dear Dr. Paldie:

If ever a person qualiefied for the title of "Righteous Among Us", I believe it to be Captain Gustav Schroeder, captain of the St. Louis.

Not only did he attempt to shield the passengers from the anguish of knowing how precarious their situation was by not giving them the details of how every country contacted by him refused them entry, but he risked his own life and future by defying the Nazis.

He insisted that the crew – even those who were known Nazis – treat the passengers with respect. When we were refused entry in Cuba, he tried everything in his power to find a country that would accept us. Had he not finally succeeded, he would have set the ship on fire on the coast of Sussex, England, and evacuated the passengers ashore.

Surely, Captain Schroeder was well aware of the fact that his actions to protect 937 Jews on a German vessel – therefore on German soil – would not only jeopardize his future as a captain, but might very well cost him his life. Had it not been for his courageous and extreme efforts, all 937 passengers would have ended in concentration camps – and therefore certain death.

Again, I cannot think of a better candidate for recognition as one of the "Righteous Gentiles", as Captain Gustav Schroeder.

Very sincerely yours,

Alice L. Oster

ALICE L. OSTER (nee Lore Goldschmidt)
8300 Talbot Street
Kew Gardens, N.Y. 11415

June 29, 1990

Signed in my presence:
at Congregation Habonim 44 W 66 Street
New York N.Y.
Claude Ballin, Notary Public

CLAUDE BALLIN
NOTARY PUBLIC, State of New York
No. 41-0146050
Qualified in Queens County
Commission Expires March 30, 1991   3/30/91

Toronto, August 2.1990

My name is ERIC SPITZ.

My mother (deceased), Mrs Vera Spitz, my sister Uschi, my aunt, Erna Ring, (deceased), her son Jack, myself, all left Germany from Hamburg in May of 1939. The St. Louis was to take us to Cuba.

I remember-Captain Gustav Scroeder-tried valiantly against all odds, NOT TO RETURN, his almost 1000 passengers to Nazi Germany and what everyone knew to certain death.

We cruised the oceans for almost six weeks.

Nor the UNITED STATES of AMERICA or Canada, nor for that matter CUBA, our original destination wanted us JEWS.

The Captain, Gustav Schroeder, was in my mind,

one of the rightous Gentiles, trying to save his Jewish passengers lives.

My mother was in touch with the Captain after the war.

My family, fortunately landed in England and we lived.

I would highly recommend-Captain Gustav Schroeder-as one of the Rightous Gentiles.

He tried against orders (ALL DOCUMENTED) to save lives.

Witnessed by
Rabbi David Monson LLD.

Yours truly,

Im Jahre 1957 erhielt Gustav Schröder das Bundesverdienstkreuz der Bundesrepublik Deutschland für „seine Verdienste um Volk und Land bei der Rettung von Emigranten".
Am 10. Januar 1959 verstarb Gustav Schröder in Hamburg, Er ruht auf dem Nienstedtener Friedhof, nahe der Elbe: Once a captain, always a captain.
Der Dichter und Freund Hans Leip hat eine Gedenkrede auf ihn gehalten:

„Er hat die letzte Reise getan vom Fährweg der Welt hinaus ins Nimmermeer."

Kapitän Gustav Schröder bei der Verleihung des Bundesverdienstkreuzes 1957

Grabplatte der Familie Schröder in Hamburg. Foto: Reinfelder

Seit 1989 erinnert im Hamburger Stadtteil Langenhorn der „Kapitän-Schröder-Weg" an den Gentleman-Kapitän und seine mutige Haltung auf der „St. Louis".

Der Staat Israel hat 1993 Kapitän Schröder posthum als „Gerechter unter den Völkern" geehrt. In den Anträgen ehemaliger „St. Louis"-Passagiere wird besonders hervorgehoben, daß Kapitän Schröder die Fürsorge und die Rettung der jüdischen Flüchtlinge über sein persönliches Wohlergehen und seine Kapitäns-Karriere nach seiner Rückkehr nach Deutschland gestellt hat.[4]

Kapitän Schröders humane und ritterliche Haltung gegenüber den Passagieren der Fahrt nach Kuba wurde vielfältig anerkannt und gewürdigt. In einer Zeit der unmenschlichen Rassengesetzgebung und der Verfolgung von Juden durch die Nazis war er ein Vertreter des „anderen Deutschlands".
In ungezählten Büchern über den Holocaust wird das Motorschiff „St. Louis" und sein tapferer Kapitän Gustav Schröder erwähnt. Im vielbesuchten Washingtoner United States Holocaust Memorial Museum ist

eine Schauwand der „St. Louis" gewidmet. Im Jahre 1999 hat man dort eine Sonderausstellung „Voyage of the St. Louis" veranstaltet und zahlreiche Erinnerungsstücke und Fotos von Passagieren gezeigt. Auch in anderen Holocaust-Gedenkstätten begegnet man Fotos von Kapitän Gustav Schröder.

Kapitän Schröder formulierte nach dem Krieg:
> „Niemals aber möge die Mahnung vergessen werden, die das tragische Schicksal der schwergeprüften Passagiere des ‚Emigrantenschiffes' für die gesamte Menschheit bedeutet, damit sich Grausamkeit und Unmenschlichkeit, wo es auch immer sei, nie wieder breitmachen können."[5]

1   Homer, Odyssee, Erster Gesang, Zeilen 2.5.
2   Morse, Die Wasser teilten sich nicht, S. 242.
3   Italiaander, Anfang mit Zuversicht, S. 115.
4   Akten YAD VASHEM über Schröder.
5   Schröder, Heimatlos, S. 35.

Anhang

Das Tagebuch von Erich Dublon

Ab Mai 2000 veröffentlichte die Zeitschrift „AUFBAU", New York, in vier Fortsetzungen das Reisetagebuch des „St. Louis"-Passagiers Erich Dublon. Die Redaktion der deutschsprachigen Zeitung erhielt das Tagebuch von Freunden der Familie Dublon.
Erich Dublon wurde bei der Ankunft der „St. Louis" in Antwerpen dem belgischen Kontingent zugeteilt, die erhoffte Rettung in die USA gelang ihm nicht. Am 8. August 1942 wurde er nach Auschwitz deportiert und am 3. September ermordet. Sein Bruder und dessen Familie wurden ebenfalls umgebracht.
In diesem Buch werden bereits einige Passagen des Tagebuches von Erich Dublon zitiert. Da es sich hiermit um eines der wenigen authentischen Zeugnisse der „St. Louis"-Passagiere handelt, wird der vollständige Text nachstehend abgedruckt. Durch den fortlaufenden Reisebericht aus sehr persönlicher Sicht entsteht ein besonderer Eindruck von der langen Odyssee Hamburg – Kuba – Antwerpen.

13. Mai 1939
Letzter Tag in Hamburg, um 1 Uhr stehen wir bereit zur letzten Prüfung der Papiere, Revision von Handgepäck und Pässen, Devisen-Kontrolle, alles in den Räumen der Hapag bestens organisiert, schnell und verbindlich vor sich gehend. Vor der Halle stehen schon die Autobusse bereit, und es geht in halbstündiger Fahrt zum Hafen. Hier haben wir nochmal einen Eindruck von der Mächtigkeit der Hafenanlagen. Über den Laufsteg verlassen wir nun den Boden Europas und betreten die St. Louis, die uns nun 16 Tage beherbergen soll. Wir sahen das Schiff bereits einige Tage früher bei der Hafenrundfahrt liegen, wobei es uns aus der Ferne ein wenig unscheinbar vorkam, aber schon der erste Eindruck vom Schiff und seinen Einrichtungen ist der allerbeste. Man denkt unwillkürlich an ein Luxushotel erster Ordnung, und die Ausdehnung ist über Erwarten groß. Es werden Tage vergehen, ehe man überall Bescheid weiß, vielleicht kommt man in der ganzen Fahrzeit nicht einmal durch alle zugänglichen Räume. Die Kabinen erster Klasse sind außerordentlich komfortabel eingerichtet, ich habe das beste der Betten zugeteilt bekommen und kann im Liegen das Bullauge öffnen und die Lüftung regulieren. Es ginge zu weit, alle Räume beschreiben zu wollen, Speisesaal und Halle, Lesezimmer und Rauchsalon, bequem und elegant ausgestattet. Da sind ferner Baderäume und Frisiersalons, Turnsaal und manches andere. Um 4 Uhr gibt es für die bereits eingeschifften Passagiere die erste Mahlzeit an Bord, Kaffee und Kuchen bei Konzert in der Halle. Das Anbordgehen aller Passagiere einschließlich Gepäckverladung dehnt sich bis gegen 7 Uhr aus. Gegen 1/2 8 Uhr wird die Hauptmahlzeit serviert, Punkt 8 Uhr, wir sind grade beim Eis angelangt, tönt die Dampfpfeife, und wir sehen durch die Bullaugen des Speisesaales die Kaimauer vorbeigleiten: Wir

fahren! Erni läßt den Löffel sinken, es fließt ein Tränchen. Die Kinder freuen sich.

14. Mai 1939
Erster Fahrttag. Es dauert geraume Zeit, ehe man seine Kabine auf dem kürzesten Wege findet, die Ausdehnung des Schiffes ist erstaunlich. B-Deck, A-Deck, Promenaden-, Boots- und Sportdeck ist die Reihenfolge der „Stockwerke" von unten nach oben. Die tiefer gelegenen Decks sind für die Touristenklasse bestimmt und ebenfalls gut eingerichtet. Die Mahlzeiten werden in zwei Gruppen eingenommen, Früh- und Spättisch, mit einer Stunde Unterschied. Die Mahlzeiten liegen für uns: halb 9 Uhr Frühstück, 11 Uhr Fleischbrühe und Gebäck am Promenadendeck, um 1 Uhr das sogenannte Gabelfrühstück (bei der großen Auswahl an Speisen eine wenig zutreffende Bezeichnung), 4 Uhr Kaffee und Kuchen, halb 8 Uhr die Hauptmahlzeit und zu allem Überfluß gegen halb 11 Uhr nochmals Sandwichs.

Über das, was es zu essen gibt, möchte ich mich nicht verbreiten, es übertrifft an Güte und Auswahl alle Erwartungen. Es ist wirklich so, daß man auf Schiffen wie in den allerfeinsten Hotels speist. Ich sandte Euch als Drucksache eine Speisekarte, die Euch ein Bild des Gebotenen gibt. Die Wahl ist nicht leicht zwischen Vorgerichten und Suppen, zwischen Fisch-, Fleisch- und Geflügel-Gang. Dazu Gemüse, Salate, Kompott, mehrere Eisspeisen, Obst, Käse, Kaffee. Ein Ma-

```
An Bord "St. Louis".

13. Mai. Letzter Tag in Hamburg, um 1 Uhr ste[h]
ten Pruefung der Papiere, Revision von Handgep[äck]
Kontrolle, alles in den Raeumen der Hapag best[e]
und verbindlich vor sich gehend. Vor der Halle
busse bereit und es geht in halbstuendiger Fah[rt]
wir nochmal einen Eindruck von der Maechtigke[it]
den Laufsteg verlassen wir nun den Boden Europ[as]
Louis, die uns nun 16 Tage beherbergen soll. W[ie be]
reits einige Tage frueher bei der Hafenrundfah[rt]
aus der Ferne ein wenig unscheinbar vorkam, ab[er]
druck vom Schiff und seinen Einrichtungen ist [e]
unwillkuerlich an ein Luxushotel erster Ordnun[g]
ueber Erwarten gross. Es werden Tage vergehen,
weiss, vielleicht kommt man in der ganzen Fahr[t]
alle zugaenglichen Raeume. Die Kabinen erster K[lasse]
lich komfortabel eingerichtet, ich habe das be[ste]
bekommen und kann im Liegen das Bullauge oeffn[en]
gulieren. Es ginge zu weit, alle Raeume beschre[iben]
saal und Halle, Lesezimmer und Rauchsalon, beq[uem]
stattet. Da sind ferner Baderaeume und Frisiers[alon]
ches andere. Um 4 Uhr giebt es fuer die bereit[s]
```

gen reicht nicht aus, und ich möchte den sehen, der die ganze Karte bewältigt.
Nun ist die Hauptmahlzeit überstanden, wir sitzen noch bei Musik in der Halle und gehen dann zum Promenadendeck, wo schon ein tüchtiges Seelüftchen weht, so daß Mantel und Mütze angebracht sind. Gegen Mitternacht sind wir schon in der Mitte des Kanals und sehen Leuchtturm und Hafenlichter von Dover. Ich wäre dieses Stück gerne am Tage gefahren. Das Schiff fährt ruhig und glatt, man spürt nichts von der sonst immer etwas gefürchteten stürmischen Durchfahrt durch den Kanal.

15. Mai 1939
Nun ist wieder Morgen, wir fahren immer noch an der englischen Küste entlang, doch entschwindet sie allmählich, und wir nehmen Kurs auf Cherbourg. Inzwischen sind wir schon ein ganzes Stück westlich geraten, und es ergibt sich schon ein Zeit-Unterschied von 45 Minuten über die Zeit-Differenz hinaus, die zwischen mitteleuropäischer und westeuropäischer bereits mit einer vollen Stunde beträgt, wir müssen also die Uhren 104 Minuten zurückstellen. Das ergab, da das Zurückstellen zwischen Mitternacht und 8 Uhr früh erfolgt, einige Verwirrung zur Frühstücksrunde, da die meisten Passagiere den entsprechenden Aushang nicht beachtet hatten. Am Eingang zum Promenadendeck hängt eine Seekarte, auf der sich die Route des Schiffes beobachten läßt, die jeweilige Position wird durch ein Fähnchen markiert. 147 Seemeilen haben wir an diesem Tag zurückgelegt. Diese Blätter sind mit einem solchen Original-Fähnchen zusammengehalten.
Ein neuer Tag kommt herauf, ich schaue durch das Bullauge und stelle fest, daß das Meer etwas stärker bewegt ist. – Die Einteilung des Tages ist inzwischen etwas erweitert worden, ich bekomme allmorgendlich um 6 Uhr ein Wannenbad in Seewasser (Langschläfer können es bis gegen Mittag bekommen). Das Schwimmbad wird erst später hergerichtet. Nach dem Bade gehe ich meistens noch ein Stündchen ins Bett. Nun ist's 9 Uhr geworden, die Außenhafen-Anlagen von Cherbourg kommen in Sicht, alles eilt mit Ferngläsern auf Deck.
Soeben macht die St. Louis auf der Außenreede fest und nimmt noch ca. 30 Passagiere aus Frankreich und der Schweiz an Bord, dann wird Proviant geladen, Gemüse, Obst, Milch, Trinkwasser. Ebenfalls auf der Reede liegt die Queen Mary, der größte Passagierdampfer der Welt mit 84 000 Tonnen, der des großen Tiefgangs wegen nicht in den Hafen einlaufen kann, er ist 4mal so groß wie unser Schiff [Rest der Zeile unleserlich, die Red.]. Gegen 2 Uhr führt uns das Lotsenboot wieder heraus, wir nähern uns nun der Biscaya-Zone, die wir ja nicht durchfahren, sondern südöstlich liegen lassen. Aber der schlechte Ruf dieses Stückes der Strecke bewahrheitet sich, Windstärke und damit der Seegang nehmen zu, die ersten Opfer fallen. Von uns ist Lore die erste, die abbaut. Beim Abendbrot legt sie plötzlich Messer und Gabel hin und verschwindet lautlos und blaß. Erni und Willi folgen am nächsten Morgen, erscheinen erst gar nicht im nur noch halb besetzten Speisesaal und geben sich einer anderen, weniger angenehmen Beschäftigung hin. Am tapfersten war noch Fiffilein, die gar nichts gespürt hat. Ich selbst hatte nur eine viertelstündige leichte Störung im Kopf, ganz ohne Magenerscheinungen. Am Promenadendeck, wo unsere Liegestühle stehen, gab's eine Tasse Pfefferminztee, dann schlief ich ein Stündchen und war um 11 Uhr wieder ganz auf der Höhe, so

daß ich mich an der Fleischbrühe beteiligen konnte. Auch an den nächsten Tagen lagen noch viele Käsegesichter, in Decken gewickelt, herum. Inzwischen haben es nun die meisten überstanden, wir nähern uns der Schönwetterzone, der Speisesaal ist wieder voll besetzt.

16. Mai 1939
Ein weiterer Tag bei gutem Wetter, auf dem Sportdeck herrscht Hochbetrieb, Shufflebord, Ringtennis und andere Spiele sind in vollem Gange. Wieder werden die Uhren 20 Minuten zurückgestellt, das Fähnchen auf der Karte steht halbwegs zwischen Europa und den Azoren, 350 Seemeilen sind in den letzten 24 Stunden zurückgelegt worden, abends gibt es eine Kinovorstellung in der Halle, ein spanischer Film mit unterlegtem Text, in Englisch.

17. Mai 1939
Der Tag bringt nichts Neues, wir lesen nochmals die Post, die in Cherbourg an Bord kam: Zunächst Euer lieber Brief, über den wir uns sehr freuten, dann gute Nachricht aus Fino, ein langer Brief von Onkel Max, der Gute schickt eine $-20-Note für die Kinder und trinkt mit mir Brüderschaft, par distance. – Ich brauche noch einiges aus meinem großen Koffer und fahre mit dem Gepäckaufzug in den Bauch des Schiffes hinunter. Dieser Raum ist wohl der unangenehmste des ganzen Schiffes, dumpf und schwül ist es dort, man beeilt sich, wieder heraufzukommen. Nachmittags ist Pferderennen-Spiel in der Halle, die Chancen sind nicht gerade bedeutend, ein paar Bordmark gehen drauf, Tante Gerda gewinnt 6,- M. Abends saßen wir noch ein Stündchen beim Konzert und gingen dann bald schlafen.

18. Mai 1939
Heute ist Himmelfahrt, aber es ist kein Unterschied gegen die anderen Tage, denn jeder Tag ist ein Feiertag. – Seit heute morgen machen wir nach dem Bade ein Weilchen Gymnastik und Tiefatmen auf dem Sportdeck. Herr Lustig und Frau, geschiedene Meinrath aus Essen, beteiligen sich. – Inzwischen hat man auch alle Bekannten gefunden, die mitreisen, es sind eine ganze Anzahl, Fam. Lustig und Frau Sternberg aus Essen, Frau Sklow, geb. Behrens, Gustav Siegels Bruder, Prägers aus Nordhausen (durch Kleimenhagen), Heilbrunns aus Greussen, dann die Tischnachbarn, und manche andere, nicht zu vergessen meine beiden Kabinengenossen, mit denen ich mich sehr gut verstehe. – Jedenfalls erkennt man heute schon, daß die Reise einen großen Fehler hat, sie ist zu kurz. Heute Abend wieder ein Grund zur Verkürzung der Nachtruhe: Bockbierfest mit Tanz.

19. Mai 1939
Seit dem frühen Morgen arbeiten eine Anzahl Matrosen an der Herrichtung des Schwimmbeckens. Die große Ladeluke wird freigemacht, ein Holzboden hineingebaut und das ganze mit wasserdichtem Zellstoff ausgelegt. Eben fängt man an, Wasser hineinzupumpen, ein halber Tag wird wohl vergehen, ehe es voll ist. Sobald das Bad in Betrieb ist, wird geschwommen, anstelle der morgendlichen Seewasserwanne. – Eben, 8 Uhr morgens, eilt alles an Deck, wir passieren bereits die westlichste der Azoren-Inseln, Flores, wie ein Berg aus dem Wasser schauend.
Auf dem flachen Ende der Insel stehen eine Anzahl Häuschen, weiß, sauber, scheinbar noch nicht alt, drei Windmühlen drehen ihre Flügel, eine Kirche ist zu erkennen. Leider nimmt der Nebel-

dunst, der schon seit gestern über dem Wasser liegt, schnell zu und das Bild der Insel verschwindet, eine Aufnahme zu machen, hätte sich nicht gelohnt. Inzwischen geht der Dunst in leichten Regen über, Boots- und Sportdeck sind heute nicht zu gebrauchen. Das Wetter hat grade noch zur Morgengymnastik gereicht, die wir ausgiebig betrieben haben. – Der Schiffsarzt hat seit heute „verordnet", daß die Seekrankheit überstanden sein müsse und die Extra-Ernährung mit Haferschleim, Rollmops und Pfefferminztee einzustellen sei. – Heute Abend wird die Hauptmahlzeit vorverlegt, es ist Gottesdienst angesetzt, mehrere Geistliche befinden sich an Bord.

20. Mai 1939
Heute ist der erste große volle Sonnentag, er ist aber mit Vorsicht zu genießen, denn man sieht schon eine Anzahl Opfer des Sonnenbrandes umherlaufen. Wir befinden uns ziemlich genau am Schnittpunkt des 40. Breiten- und 40. Längengrades, und unter diesen Breiten ist die Sonne schon etwas anderes als zu Hause. – Das Schwimmbad ist nun im vollen Betrieb, es gab eine schöne Erfrischung nach der Gymnastik, wenn das Bassin auch klein ist. – Heute Vormittag war die Kommandobrücke zur Besichtigung freigegeben, es gab allerlei Interessantes zu sehen. Lore gefiel am besten die Türe, die in einen der großen Schornsteine hineinführt, der nur als Luftschacht dient. – Der Atlantik ist so wunderbar ruhig, daß man wirklich einmal vom Liegestuhl aufstehen muß, um sich zu überzeugen, ob das Schiff überhaupt noch fährt. Wenn nicht das leise Vibrieren der Maschinen durch das ganze Schiff zu spüren wäre, könnte man glauben, es läge still. Trotzdem befinden wir uns sogar auf beschleunigter Fahrt, zwei weitere Schiffe, ein englisches und ein italienisches *[eigtl. französisches, G.R.]*, befinden sich ebenfalls auf der Fahrt nach Habana, Hapag will zuerst ankommen, es wird ein Vorteil für uns sein. Nun sind wir noch nicht 8 Tage unterwegs, und wie weit liegt alles hinter uns, Europa, Deutschland, Erfurt, geblieben seid von all dem nur – Ihr! An der Funkkabine wird bekanntgemacht, daß Radioprogramme zum Muttertag befördert werden, ich beeile mich, an Euch und Finowfurt zu kabeln, ich komme wohl einen Posttag zu spät damit, da ich den Zeitunterschied nicht bedacht habe, der nun schon etliche Stunden ausmacht, die Uhr wird täglich eine halbe Stunde zurückgestellt. Das Fähnchen auf der Karte ist wieder einige Grade zurückgewandert, das Ziel kommt näher. – Heute, Sonnabend, findet wieder ein anderer Scherz statt: Winzerfest, natürlich mit Tanz, ein Grund, daß man wieder einmal nicht zeitig ins Bett geht. Schade, daß man dabei einen dunklen Anzug anziehen muß, der warm macht, am Tage geht man schon möglichst leicht, weiße Hose, weiße Schuhe und Sporthemd mit kurzem Arm. – Ich arbeite jeden Tag eine Stunde Spanisch mit Frau Lustig, die sehr eifrig ist. – Nun schließe ich den Bericht vom heutigen Tage, Frau Sternberg wartet schon auf die Maschine, ein weiterer Liebhaber (der Maschine, nicht von Frau St.!), der Tischnachbar, hat darum gebeten.

21. Mai 1939
Sonntag, Muttertag! Wir sind im Geiste bei Euch. Auch hier stehen auf vielen Tischen Blumen. Ist unser Wunsch noch rechtzeitig angekommen? Sonst ist's ein Tag, schön wie alle anderen, mit dem nun schon üblichen Programm, 6 Uhr Wannenbad, Gymnastik, dann Frühstück, Bummel an Bord, Sportdeck, Schwimmbad, Mittagessen, ein Schläf-

chen, Kaffee bei Konzert in der Halle, eine Stunde Spanisch, dann Hauptmahlzeit. Spaziergang ums Promenadendeck, 6mal die Runde macht einen Kilometer aus, um 1/2 10 heute Kinovorstellung. – Täglich wieder dasselbe Erlebnis, der endlose Atlantik, ein mexikanischer Petroleumdampfer passiert uns, Richtung Europa. Fliegende Fische sind zu beobachten, Schweinsfische genannt, sehen wie große Schwalben aus, die lange Strecken übers Wasser huschen. – Nichts auf dem Schiff läßt erkennen, daß es sich um ein Spezialschiff für uns handelt, die Hapag führt die Fahrt durch wie die üblichen Gesellschafts- oder Vergnügungsreisen, ich kann mir kaum denken, daß noch mehr geboten werden könnte, schade um jeden Tag, der schon vergangen ist.

22. Mai 1939
Nun sind bereits 2/3 der Reise herum, wir fahren noch 5 Tage und man muß schon daran denken, noch dies und jenes zu erledigen. Man läßt noch einmal waschen, ich kaufe einen kleinen Vorrat Zigaretten, es gibt ausgezeichneten englischen Tabak an Bord, ich werde mich vom Bordgeld ordentlich damit versehen. – Während der Nacht hat die See aufgefrischt, das Schiff schlingert etwas mehr, man sieht wieder weiße Nasen an Bord, am Promenadendeck stehen wieder Rollmöpse und Schwarzbrot bereit. – Eben erfahren wir, daß am 27. früh 6 Uhr in Habana angelegt wird, werden wir es schaffen, den beiden anderen zuvorzukommen?

23. Mai 1939
Ein herrlicher Tag voller Sonne und Fahrtwind, und doch der Schwarze Tag der Reise. Ein Passagier, schwer herzkrank, ist in der Nacht verstorben, die Musik schweigt, solange eine Leiche an Bord ist. Nachts um 10 Uhr erfolgt die Versenkung ins Meer. Das Schiff verlangsamt die Fahrt, der Kapitän spricht ein paar Worte, Matrosen stehen bereit und lassen den Sarg, beschwert, vom Bootsdeck herab ins Meer gleiten. Nur 10 Passagiere dürfen anwesend sein und sprechen das Totengebet. Die Leiche sollte in Cuba beerdigt werden, das Geld für die Kosten war bereits gesammelt worden, die Regierung hat jedoch die Landung verweigert. Die Witwe empfing eine Seekarte, auf der die Stelle der Versenkung eingezeichnet war. – Gegen 11 Uhr, wir lagen gerade im Bett, brummt die Dampfsirene dreimal: Mann über Bord! Die Maschinen setzen aus und laufen rückwärts wieder an, alles eilt an Bord, zum Teil im Schlafanzug. Ein großes Rettungsboot mit 7 Mann in Schwimmwesten, teils barfuß, wird zu Wasser gelassen und die Suche beginnt, die in solchen Fällen eine Stunde dauern muß, nach den gesetzlichen Vorschriften. Man sieht das Boot mit dem Leuchtapparat in weitem Kreise auf dem Wasser schaukeln, die Schornsteine der St. Louis werden mit Scheinwerfern angestrahlt, um die Lage des Schiffes deutlich zu machen. Die Nachsuche ist vergebens, das Boot kommt zurück und wird langsam heraufgewunden. Ein Tellerwäscher war es, der über Bord gegangen war, er soll schwermütig gewesen sein. – Die Dieselmaschinen laufen wieder an, leise zittert das Schiff und ist bald wieder in voller Fahrt. Ein Zeitverlust von ca. 2 Stunden ist eingetreten, was wir bedauern, da wir mit einem Italiener und einem Engländer um die Wette fahren.

24. Mai 1939
Die letzte Nacht ist vergessen. Wasserlandschaft und Sonne machen alle wieder fröhlich, das Leben an Bord geht seinen gewohnten Gang. Sportdeck und

Schwimmbad sind nicht groß genug, Musik zu allen Tageszeiten, heute Nachmittag ist großes Kinderfest. 240 Kinder sind an Bord und werden mit Schokolade, Eis und Kuchen versorgt, mit bunten Mützen und Musikinstrumenten versehen, Stellt Euch den Lärm vor, Lore und Evi war er noch nicht groß genug, die Erwachsenen waren anderer Meinung. Heute Abend ist Fortsetzung in Gestalt eines Costümfestes für die Erwachsenen, ich habe schon einige Angst davor wegen der nun doch beträchtlich zunehmenden Hitze, besonders in den geschlossenen Räumen ist es sehr zu spüren. – Wir schauen wie jeden Mittag um 12 Uhr nach der Seekarte, ein neues Fähnchen ist gesteckt, wir legen täglich durchschnittlich 350 Seemeilen zurück und befinden uns bereits südlich der Bermuda-Inseln. Es bleiben nur noch wenige Fahrt-Tage, schade! Man denkt schon leise daran, das schöne Schiff verlassen zu müssen, die letzten Aufnahmen werden gemacht, damit sie noch auf dem Schiff gegen Bordgeld fertiggestellt werden können. – Man liest die Bekanntmachungen, die überall angeschlagen sind, man packt dies und jenes, was man in die Kabine geholt hatte, wieder in die großen Koffer im Gepäckraum. Ich mache die letzte Post fertig, welche die St. Louis wieder mit nach Europa nehmen soll. –

25. Mai 1939
Wieder ein Stück weiter, wir sind kurz vor den Bahama-Inseln und werden uns bald der Küste Floridas nähern. – Es war ein heißer Tag, aber in leichter Kleidung und durch Schwimmbäder erfrischt, 3–4mal am Tage, noch recht erträglich. Daß wir alle noch recht tüchtig essen können, ist ein Zeichen, daß uns die Hitze noch nicht sehr plagt, obwohl sie schon ausgesprochen vortropisch ist. – Ich liege lange mit Frau Sklow am Bootsdeck, sie läßt Euch grüßen. Heute ist Wochenfest und Vormittags-Gottesdienst an Bord. – Heute Abend ist wieder Kino, ich sehe mir nur die Hälfte des Filmes an und gehe zum obersten Deck, schwarzblau ist der Atlantik, fremde Sternbilder stehen am Himmel, der Halbmond zittert im Kielwasser des Schiffes und sein Schein vergeht in endloser Ferne. Wie arm ist der Film!

26. Mai 1939
Es sieht nach Aufbruch aus, die Gänge stehen voller Koffer, überall ist Hochbetrieb. – Seit gestern Mittag liegen 367 Seemeilen hinter uns, eben sehen wir in einiger Entfernung die schöne Küste Floridas vorbeigleiten. Wir nähern uns nun der stärker befahrenen Route, allerlei Dampfer tauchen auf, begegnen uns oder werden überholt. – Heute wurden die ersten cubanischen Papiere ausgegeben, Tarjetas de Identification, Ausweiskarten. – Das Schwimmbad wurde bereits abgebaut, damit das Gepäck ausgeladen werden kann. – Wir fahren immer noch an der Floridaküste entlang. Um 7 Uhr geht die Sonne bereits unter, wir haben nun schon 6 Stunden Zeitunterschied. – Wir kommen der Küste näher, ein Leuchtturm blinkt auf, man erkennt einige mächtige Brücken und Gebäude am Strand. – Möwen und Fischreiher tauchen auf, Landnähe! – Wir haben eine prächtige Abschiedsmahlzeit eingenommen, heute Abend ist nochmal Tanz in der Halle, der Rest des Bordgeldes wird in Getränke umgesetzt (außer dem zurückgesandten), die alte „Zwitscherrunde" ist noch einmal beieinander. Der Ausdruck Zwitschern bedeutet Trinken und stammt von Herrn Lustig, der seinem Namen alle Ehre macht. – Morgen werden uns Trompeten wecken, ab 5 Uhr gibt's schon Frühstück, um halb sechs kommt

bereits der Habaneser Arzt an Bord. Wenn wir aufwachen, sind wir bereits im Hafen.

27. Mai 1939
Pünktlich erfolgt das Wecken, alles ist schnell auf den Beinen. Schon vom Bett aus bietet sich ein prächtiges Bild durch das Bullauge, Habana, Hafen und Stadt erleuchtet, aber die Sonne kommt schnell herauf und in Minuten ist's nun taghell. Die Stadt bietet uns ihre ganze Schönheit, hoch ragt das Kapitol auf, das Regierungsgebäude, die ersten Palmen grüßen uns im Morgenwind! Wir sind der Stadt so nahe, daß wir Straßenbahn und Autobus erkennen können. – Nun kommen die Barkassen auf das Schiff zu, vollbesetzt mit Leuten, die ihre Angehörigen und Freunde begrüßen wollen. Halb acht Uhr schon kommt Egon heran, die Freude ist groß, endlich können wir grüßen, winken, rufen. Wir können uns ganz gut verständigen. Die Barkassen dürfen weder stehenbleiben noch anlegen, sie fahren langsam um die St. Louis herum, wir laufen mit, die Decks entlang und können uns minutenlang sehen und sprechen, Ihr könnt Euch die Bewegung auf dem Schiff vorstellen! Zwei Stunden später kommen Egon, Lilli und Hänschen wieder heran, das ist der Höhepunkt der Wiedersehensfreude. Dasselbe wiederholt sich am Nachmittag, wo wir uns wohl eine Viertelstunde sehen und rufend verständigen können, es wird manche Freudenträne vergossen. – Inzwischen sind die cubanischen Behörden an Bord gekommen, Polizei und Zollbeamte, die Paßrevision hat bereits bei großem Gedränge stattgefunden. – Sofortige Landung ist, wie erwartet, nicht möglich, wir werden wohl einige Tage in Tiscornia, dem Lager, verbringen müssen, wie es meist üblich ist. – Ein Nachteil ist es wohl, daß wir Pfingst-Sonnabend haben, die Behörden werden wohl morgen nicht arbeiten, es gibt hier jedoch nur einen Feiertag – Mann und Bruder von Frau Sternberg kommen ebenfalls auf einer Barkasse heran, auf einer weiteren kommen Sellers, dann Cahns und Frau Wolfsheimer, eben auch Dr. Sommer mit Familie. –

28. Mai 1939
Pfingstsonntag. Wieder grüßt uns das herrliche Bild Habanas, Stadt und Hafen liegen in der Morgensonne, viele kleine und einige große Schiffe liegen im Hafen. Ein amerikanischer Panzerkreuzer ankert in nächster Nähe, er hat wohl hohen Besuch bekommen, denn er schießt Salut. – Inzwischen ist es nun klargeworden, daß es doch Schwierigkeiten wegen der Ausschiffung gibt, man packt sein Wasch- und Rasierzeug wieder aus und richtet sich auf einige weitere Tage ein. Der Zahlmeister meint: Hier können sie es ja aushalten, besser als auf unserem 17000 Tonnen-Hotel sind Sie woanders auch nicht aufgehoben. Ein Teil der Passagiere wird ungeduldig, aber am Feiertag kann nichts ausgerichtet werden, keine Behörde arbeitet. Es heißt also abwarten, was für alle diejenigen, und es sind die meisten, nicht leicht ist, die täglich mehrere Male von Freunden und Verwandten auf den Barkassen besucht werden, wenn sich der Verkehr auch nur auf ein Herauf- und Herunter-Rufen oder vielmehr Schreien beschränkt und auf den Austausch von Briefen. Eben erhalten wir durch Egon Euren 1. Brief vom 13.5., wir haben uns über Eure erste Nachricht herzlich gefreut, auch Fino sandte Brief. – Es läßt sich nicht mehr leugnen, wir befinden uns in den Tropen, man geht nur in leichtesten weißen Sachen, aber es ist fast noch zu viel, was man anhat. Die Temperaturen, die um 35 Grad im Schatten

schwanken, werden durchweg gut vertragen. Das abendliche Getränk ist nicht mehr Bier, welches an Bord vorzüglich ist, sondern man stellt sich auf Whisky-Soda um, an den Geschmack muß man sich zwar erst gewöhnen, aber es ist das am besten geeignete Getränk in den Tropen, es schlägt den Durst nieder und verursacht keinen Nachdurst wie Eisgetränke und Limonaden. – Nun ist die Sonne wieder untergegangen, es gibt fast keine Dämmerung, und die Nacht fällt schnell. Die Lichter flammen auf, Stadt und Hafen sind wieder beleuchtet und bieten immer wieder ein wundervolles Bild, ich genieße es lange, über die Reling schauend. Nun muß ich das Schreiben unterbrechen, meine nassen Hände waschen und mir die dicken Schweißtropfen von der Stirne wischen, dieweil ich doch einen großen Topp Bier getrunken habe. –

29. Mai 1939
Wieder zeigt sich Habana im Morgenlicht, der Blick vom Bett durch das Bullauge umfaßt Stadt und Hafen, Meer und Landschaft, mit jedem Betrachten bestätigen sich die Schönheiten. Wann werden wir die Stadt betreten, in der uns der gute Egon schon Zimmer besorgt hat, wird es überhaupt dazu kommen? Die cubanischen Zeitungen, die durch die Freunde vereinzelt an Bord kommen, beschäftigen sich mit unserem Fall und berichten, daß die 925 Passagiere vorläufig in Quarantäne eingeschlossen bleiben und daß die Lande-Möglichkeit durchaus noch nicht gesichert sei. Sämtliche Blätter, die englischen und die spanischen, äußern sich im wohlwollenden Sinne. – Wieder kommen alle Erfurter der Reihe nach auf den Booten herüber und rufen uns Trost zu. Frau Wolfsheimer, von weitem schon an ihrer eleganten Kleidung zu erkennen, ruft: Habt Geduld, es kommt alles in Ordnung, in 1 oder 2 Tagen seid ihr da. Inzwischen ist viel Polizei an Bord gekommen, Funkstation, Laden und eine Anzahl andere Räume sind versiegelt worden, wir werden stark, aber liebenswürdig bewacht, ich unterhalte mich lange mit einem der Leute, der etwas englisch spricht. Die Polizisten tragen übergroße Mützen, Revolver und Polizeiknüppel, die aussehen wie gedrechselte Stuhlbeine. Die Leute bieten uns Cigaretten an, eigenartiger Geschmack, schwarzer Tabak, süß, dickes Papier. Ich gerate an einen weiteren, der nur spanisch spricht, noch dazu schlecht, die meiste Unterhaltung besteht darin, daß er das meiste sagt und ich das wenigste verstehe. Einer der Leute ist ein besonderer Kinderfreund, er spaziert mit den Kindern auf dem Promenadendeck herum und spielt den guten Onkel. Er hat Evi und noch ein Kleines an der Hand, Evi weiß nicht, wo sie vor Verlegenheit hinschauen soll. – Ein anderer hält eine Flasche mit roter Flüssigkeit in der Hand und betupft die Mückenstiche, die viele Passagiere bekommen haben. – Heute haben nun endlich die Verhandlungen begonnen, der „Joint", d. h. das amerikanische Hilfskomitee, welches wahrscheinlich eine große Kaution stellen soll, die cubanischen Behörden, die Hapag und vielleicht noch andere Instanzen, haben sich zusammengesetzt und beraten. Der jeweilige Stand der Verhandlungen wird während des Essens bekanntgegeben. Morgen kommen 2 weitere Herren per Flugzeug aus Washington hier an, ich hoffe, daß die Landung dann perfekt wird, ohne daß wir noch durch Tiscornia müssen, aber auch das wäre nicht schlimm. – Wieder kommen die Freunde mit den Barkassen herüber und reichen Post und Zeitungen durch die „Ochsenpforte" in das Schiff, sprechen uns Mut zu. – Morgen erwarten wir nun

die Klärung, es werden inzwischen noch die Adressen der Affidavit-Geber gesammelt, die evtl. intervenieren sollen, auch nach Adressen einflußreicher amerikanischer Staatsbürger, die den Passagieren persönlich bekannt sind, wird gefragt. – Gegen Abend kommt noch einmal Post, wir haben einen Brief von Vetter Albert, lieb und nett wie immer. –

30. Mai 1939
Der vierte Tag bricht an und vergeht wie die anderen, wir sind noch keinen Schritt weitergekommen. Während unserer Fahrt ist ein neues Dekret herausgekommen, welches die Lage wesentlich geändert zu haben scheint, im übrigen hört man, daß die Angelegenheit einen politischen Charakter bekommen hat und zu einer Prestige-Frage einzelner Ministerien geworden ist, das kann die Lage nur erschweren. – Wir stehen lange auf dem Sportdeck und lassen uns von einem cubanischen Geheim-Polizisten, der ordentlich englisch spricht, die größeren Gebäude der Stadt nennen, er freut sich sichtlich, uns belehren zu können. Inzwischen ist es halb elf geworden, wir gehen zum A-Deck herunter und erwarten die Freunde, die wieder prompt erscheinen und vor der St. Louis kreuzen. Sie erkundigen sich nach der Stimmung und Verpflegung, über die letztere scheinen falsche Gerüchte in der Stadt im Umlauf zu sein. Wir können sie beruhigen und der Hapag großes Lob spenden, Verpflegung und Behandlung sind nach wie vor auf voller Höhe. Die Stewards tun mir leid, die sich nach dem wirklich schweren Dienst gefreut hatten, 2 Tage an Land zu gehen und dann heim zu fahren, auch sie müssen aushalten und abwarten, die Tradition der Hapag bewährt sich. – Und wieder kommen die Freunde, rufen herauf: „Mañana!" („Morgen!") und „Patiencia!" („Ge-

duld!"), es wird für Euch gearbeitet! Wieder kommt Post, wir freuen uns sehr mit Eurem lb. Brief No. 3, der am frühen Nachmittag heraufgereicht wird. Es ist kaum denkbar, am 23. in Erfurt abgestempelt und am 30. bereits in unseren Händen, Väterchen hat aber auch die Adresse fein deutlich geschrieben! – Gegen Abend bezieht sich der Himmel sehr rasch, und es geht ein heftiges Gewitter nieder, kaum anders als bei uns, nur die Wirkung ist anders, es tritt keine Abkühlung ein, die feuchte Luft nachher ist eher noch drückender geworden. Die Kinder gehen zu Bett, wir sitzen noch mit Frl. Gerda, Lustigs, Frau Sternberg und Arthur Siegel im Rauchzimmer und erfrischen uns. – Dann betrachte ich noch lange die erleuchtete Stadt und komme erst spät in die Kabine. Bullauge und Ventilator spenden Luft, die Türe wird mit 20 cm Öffnung festgehakt, der Vorhang flattert im Luftzug, so ist die Temperatur erträglich.

31. Mai 1939
Der fünfte Tag des Wartens, leider keine Änderung der Lage, ein Teil der Passagiere wird nervös und unruhig. Es ereignen sich 2 traurige Fälle, ein Breslauer Rechtsanwalt verliert die Nerven und geht mit geöffneten Pulsadern über Bord, ein Matrose springt nach und rettet ihn. Es werden einige hundert Mark als Belohnung für ihn gesammelt. Von nun an kreist ständig ein motorisiertes Rettungsboot um das Schiff, nachts beleuchten Scheinwerfer die Wasserfläche. Der Mann kam nach Habana ins Krankenhaus, am nächsten Tage bringen die Zeitungen sein Bild. – Das zweite Opfer, ein Arzt, versuchte sich mit Äther zu vergiften, er wird rechtzeitig aufgefunden. Die Schiffsleitung versucht, die Sache als Unfall darzustellen, um sie zu vertuschen. – Es wird den ganzen Tag

verhandelt, eben kommt der Kapitän im Tropenhelm vom Land zurück, Telegramme aus Amerika, die Hilfe versprechen, werden angeschlagen. Die Hapag hat die Genehmigung erhalten, noch einige [Tage] hier zu liegen und die Passagiere zu beherbergen. – Inzwischen werden Nachrichten über die „Orinoco" verbreitet, deren Abfahrt am 27.5. wohl auch zweifelhaft war und die nun mit Maschinenschaden in Antwerpen liegen soll, Eingeweihte sprechen von einer „politischen" Havarie. Die Landung der „Orinoco" ist noch unsicherer, als die unsrige heute erscheint. – Auch heute sind die guten Freunde wieder da, Rufe und Wünsche gehen hin und her, die Tränen der Freude sind zu Tränen der Enttäuschung und des Schmerzes geworden. – Endlich, abends um 10 Uhr, kommt eine bessere Nachricht, einige Minister, die bis jetzt Gegner waren, sollen inzwischen der Landung zugestimmt haben, eine Bestätigung ist nicht zu erhalten. – Spanische Rechtsanwälte arbeiten daran, die Rechtslage zu klären, die Permits sind ja legal ausgestellt und teuer genug bezahlt worden. Man hört, daß das Annullierungsdekret, welches die Permits ungültig macht, für die St. Louis aufgehoben werden soll. Heute werden die Unterschriften aller Frauen gesammelt, die ein gemeinsames Kabel an die Frau des Präsidenten von Cuba richten sollen. – Es wird Abend, ohne daß sich die Lage ändert.

1. Juni 1939
Der 6. Tag im Hafen Habanas, neue Unruhe, neue Ungewißheit. Am Nachmittag wird bekannt, daß die cubanische Regierung den Aufenthalt im Hafen nicht länger gestattet, man spricht sogar von evtl. Gewaltanwendung. Wir müssen außerhalb der 3-Meilen-Zone die Klärung abwarten. Der Abend bringt neue Anschläge am schwarzen Brett und Mitteilungen des Komitees, welches inzwischen gebildet worden ist und aus 4 Herren besteht. Neues steht wieder nicht darin. Die guten Dörnbergs schwimmen wieder herbei und geben uns Nachricht herein, die Lage wird recht ungünstig beurteilt. Wir winken ihnen herzlich zu, und ahnen schon, daß es das letzte Mal sein wird. – Habaneser Zeitungen werden weitergegeben, sie bringen lange Artikel über unsere Angelegenheiten, auch ein Bild des im Krankenhaus liegenden Rechtsanwaltes. – Es kommen einige Barkassen mit Foto- und Film-Leuten, die eifrig arbeiten. –

2. Juni 1939
Es war wirklich das letzte Mal, daß wir die Freunde gesehen haben, die Barkassen dürfen nicht mehr herüberkommen, die cubanische Regierung verlangt, daß die Abfahrt am Vormittag erfolgt. – Vorher kommen noch die Vertreter des amerikanischen und cubanischen Joint an Bord, berichten über den Stand der Verhandlungen und sprechen den Passagieren Mut zu. Ein cubanischer Zoll-Offizier überwacht die Ansprache (tout comme chez nous!), die in Englisch gehalten werden muß und übersetzt wird. – Halb 12 Uhr laufen die Maschinen an, es geht hinaus, ganz Habana ist auf den Beinen, Tausende von Autos halten die Straße am Hafen entlang besetzt, aus allen Fenstern hängen die Menschen. 12–15 Polizeiboote „begleiten" uns hinaus. – Der Regierungssender ist zur Verfügung gestellt worden, und es ist uns versprochen worden, alle 2 Stunden Bericht über die Lage und die Aussichten zu erhalten. – Seit heute ist nun die Verpflegung der neuen Lage angepaßt worden, es gibt noch gut und reichlich zu essen. – Nun weht uns wieder ein frischer Fahrtwind um die Nase, wir hof-

fen, auch draußen wieder baden zu können, das Wasser des Hafens war ungeeignet dazu. – Der Tag vergeht, wir hängen weiter in der Luft. –

3. Juni 1939
Samstagvormittag, Gottesdienst. Das Schiff wendet ab und zu auf seiner Kreuzfahrt, einer der Vorbeter schaut nach dem Kompaß, der „Misrach" muß gewahrt werden, deshalb stehen wir zeitweise mit dem Rücken zum „Almemmor". – Nun pendeln wir schon einen vollen Tag zwischen Cuba und Florida, spazieren über Deck, beobachten ganze Schwärme fliegender Fische, einzelne Haie werden gesichtet. – Alle paar Stunden erscheinen Anschläge, der letzte Funkspruch aus New York lautet: „We are working, keep your courage." – Ein weiterer: „Habana noch hoffnungsvoll, erwarten morgen endgültige Entscheidung." – Diese ungewissen Meldungen werden ziemlich gleichgültig aufgenommen, wir erwarten Besseres. – Die Passagiere, die ihre nächsten Angehörigen drüben haben, sind sehr geknickt, man sieht verweinte Augen. Denen, die keine Verwandten oder Freunde in Habana haben, ist es z.T. gleich, ob sie hier oder anderwärts landen und ihre Zeit abwarten. – Ein kleiner Trost: Es gibt wieder Rauchmaterial, bei einer guten Zigarre betrachtet man die Lage ruhiger. – Wir haben wieder von unserem Bordgeld abgehoben und geben Kabel an Euch und Finofurt. Postmöglichkeit besteht auf hoher See nicht. –

4. Juni 1939
In den frühen Vormittagsstunden nähern wir uns wieder der schönen Küste Floridas, Miami erscheint mit seinen Luxushotels, Hochhäusern und palmenbestandenen Straßen in der vollen Sonne, mit dem Glas sind sogar Menschen zu unterscheiden. – Viele Luxus-Motorboote sind draußen, mit Sportfischern, sie winken uns zu, wir beneiden sie. – Ein Flugzeug umkreist uns, scheinbar vom Zoll- und Polizeidienst. Eine Luxus-Yacht kommt neugierig heran. – Vom Sportdeck herab kann ich feststellen, daß die St. Louis in großen flachen Kurven kreuzt, doch allmählich verlassen wir die Florida-Küste und kommen weiter heraus, wir halten wieder Süd-Kurs auf Cuba. – Inzwischen ist es 12 Uhr geworden, ich kann beobachten, daß die Gegenstände ihre Schatten senkrecht nach unten werfen, die großen Ventilationskörper, die auf allen Decks stehen, sind schattenlos, die Sonne steht annähernd im Zenit. – Neue Meldungen kommen heraus, einer der Führer des Joint ist heute, obwohl Sonntag ist, beim Präsidenten und verhandelt über unser Schicksal, das Cabelgramm lautet hoffnungsvoll, die Stimmung an Bord ist etwas gebessert, bei Kaffee und Konzert in der schönen Halle merkt man den Menschen ihre Sorgen nicht an. – Eine weitere Meldung besagt, daß sich ein kleines Land hier in der Nähe, wir vermuten San Domingo, offiziell bereiterklärt hat, die Landung zu gestatten, das Land soll jedoch nicht genannt werden, ehe die Verhandlungen mit Cuba ins Reine gekommen sind. – Wer wird die Kosten für die nun schon 8 Tage dauernde Hafenliegezeit und die weitere Kreuzfahrt tragen, da ja die Rückreisedepots nicht angegriffen werden sollen?

5. Juni 1939
Montag, blauer Montag, blau der Himmel, blau das Meer, und obendrein: Fahrt ins Blaue. Nachmeldungen besagen nichts Neues. Wir trudeln auf dem Atlantik umher. – Die Anweisung der Hapag, einen Punkt anzusteuern, der gleichweit von Cuba, New York und

Hamburg entfernt ist, wird zurückgezogen, die Fahrt wird verlangsamt, in den Morgenstunden stehen wir still. – Das Meer ist glatt wie eine Waschschüssel, wir beobachten die Fische, kleinere Haiarten, grün und golden in der Sonne schimmernd, wie Eidechsen, einige größere Tiger-Haie mit schöner Zeichnung. Einige Angler haben sich auf dem C-Deck etabliert, ihre Angeln sind jedoch zu schwach. – Seit heute ist Sprachunterricht eingerichtet worden, Spanisch und Englisch, durch gute Lehrkräfte, so haben wir einige Stunden nützliche Beschäftigung. – Es wird bekannt, daß einige Sympathie-Telegramme aus Florida und Savannah eingelaufen sind: Wo fahrt Ihr hin, seid Ihr gesund, grüßt alle Passagiere. Gut gemeint, aber ohne Nutzen für uns. – 6 Uhr abends überrascht uns eine gute Nachricht: Landung auf Insel Pinos, Südseite Cubas gesichert. Bestätigung sei zu erwarten. Die mündliche Bekanntmachung erfolgt allerdings mit Vorbehalt. Kurz darauf erweist sich von der ganzen Meldung nur der Vorbehalt als richtig. Ein paar Stunden später wird uns die gleiche Meldung wieder neu vorgesetzt, so geht es herauf und herunter mit Hoffnung und Enttäuschung.

6. Juni 1939
Nicht Neues an Bord. Funksprüche sind abgegangen an amerikanische Organisationen und Zeitungen, der Erfolg ist sehr fraglich. – Auf Veranlassung des Kapitäns ist ein Wach-Dienst eingerichtet worden, um Unglücks- und andere Fälle zu verhindern. Ca. 60 Punkte des Schiffes werden mit Posten besetzt. – Ich komme zufällig zu einer Unterredung zwischen dem Kapitän und einigen Passagieren, der erstere ist ein sehr liebenswürdiger und menschenfreundlicher Herr, er tut sein Besten in unserer Sache, ist leider selbst machtlos und auf die Weisungen der Hapag angewiesen. Er berichtet, daß er manche Nachtstunde daransetzen muß, um die Telegramme zu entziffern, die sämtlich chiffriert ankommen. Er empfiehlt dringend, die Zeit zur Erholung zu benutzen, das ist nicht leicht bei der Unruhe und Unsicherheit der Lage. –

7. Juni 1939
Es wird bekannt, daß neue Kabel herausgegangen sind, an Präsident Roosevelt, an den Joint und nach Washington, es wird jedoch nicht mit sofortiger Antwort gerechnet, da heute in Washington das englische Königspaar empfangen wird. – Neue Meldungen kommen heraus, werden diskutiert und meistens als nichtssagend erkannt, es lohnt sich nicht, ausführlich darüber zu berichten. – Das Leben geht seinen Gang weiter an Bord, Optimisten und Pessimisten halten sich die Waage und verbringen die Zeit mit ausgedehnten Diskussionen. – Die Sprachstunden sind stark besucht, obwohl wir nicht wissen, ob wir jemals Spanisch gebrauchen werden und viele auch nicht mehr den Kopf haben, um zu lernen. – Wir sind in flotter Fahrt und halten wieder auf den bewußten Punkt zu, d.h., wenn es stimmt, was man uns erzählt. Augenblicklich geht der Kurs in Ordnung, wir können ja nach dem Stand der Sonne, die Nod-Ost-Richtung feststellen. – Einer der Mitbewohner meiner Kabine hat eine Ananas geschlachtet, die sein Neffe in Habana an Bord geschickt hat, wir verspeisen den Rest zu dritt. – Neue Meldung: Der Präsident der amerikanischen U.O.B.B.'s „Stars and Stripes" will intervenieren, um unsere Landung in einem amerikanischen Hafen zu ermöglichen. Man glaubt nicht daran.

8. Juni 1939
Trüber Himmel, rauhe See, der Speise-

saal ist schwach besetzt, die Seekrankheit geht wieder um, die Patienten laben sich an Haferschleim und trockenen Brötchen. – Ich schreibe um halb 4 Uhr, eine Zeit, in der man sich sonst schon ein Plätzchen in der Halle zum Kaffee-Konzert sichern muß, heute ist keine Fülle zu erwarten, mancher wird ausfallen. – Neue Nachrichten heraus, 5–6 Kabel zugleich. Neu ist, daß sich Warburg um unsere Sache bemüht. Alles wird ziemlich gleichgültig aufgenommen. Wie kommt es, daß selbst die letzte Meldung keinen Eindruck macht, die besagt, daß der Joint 500,– $ pro Kopf bei der cubanischen Regierung hinterlegt hat, womit die Landung noch gesichert sein sollte, ob an der Wahrheit gezweifelt wird? – Es werden wieder Fähnchen auf der Seekarte gesteckt, die einen Kurs markieren, der stark nach Osten deutet, das Gespenst einer Landung in Hamburg geht wieder um. Bis zum Sonntag muß nun die Entscheidung fallen, dann reichen Proviant und Öl grade aus, um Cuba, San Domingo oder New York noch erreichen zu können. – Ich gehe zum offenen A-Deck, genieße den frischen Wind und schaue über die gleiche Reling, über die wir in Habana die Freunde begrüßten, ich glaube nicht mehr daran, daß wir sie wiedersehen.

9. Juni 1939
Ein Tag mit grauem Himmel, Regen und stärkerem Seegang, ein grauer Tag auch für uns, Unruhe und Debatten an allen Decks, Debatten und Zweifel, schon bald Verzeiflung bei manchen. Das einzige Greifbare: Der Kapitän wird selbst zur Lage sprechen. Die Nervosität nimmt zu, was wird er uns zu sagen haben? 2 Uhr nachmittags, der Kapitän spricht, nachdem der Vorsitzende der Passagier-Commission eine Erklärung abgegeben hat. Aus all dem ergibt sich nur, daß die Lage zweifelhaft bleibt. Auch der Abend bringt keine Aufklärung.

10. Juni 1939
Die Unruhe steigt, eine neue Versammlung ist für 2 Uhr in der Halle angesetzt, sie ist schon eine halbe Stunde vorher überfüllt. Wieder sprechen Kapitän und Commission. Schon die Einleitung läßt erkennen, daß es sich um schlechte Meldungen handelt, heißt es doch: „Bewahren Sie Ruhe und Disziplin und nehmen Sie Ihr Herz in beide Hände, wenn Sie den Inhalt der letzten Kabel erfahren." Nun haben wir die traurige Gewißheit: Amerika gibt kein Geld, a fonds perdu, Habana und San Domingo scheiden endgültig aus! Die Stimmung sinkt unter Null, viele Frauen verlassen weinend die Halle.

11. Juni 1939
Kurs auf Europa, Fähnchen wandern ostwärts, jeder Tag wird wieder 30 Minuten kürzer, Hamburg kommt näher. Es soll mit England verhandelt werden und zunächst versucht werden, im Hafen von Southampton zu ankern, eine neue Hoffnung, die viele nicht teilen. Auch das Gerücht, es soll auf hoher See eine Umladung auf einen amerikanischen Dampfer stattfinden, bestätigt sich nicht.
[Späterer Eintrag] Entnervend ist das Auf und Ab der Stimmungen dieses Tages, Meldungen kommen, die sich nicht bestätigen, Nachrichten werden angekündigt und bleiben dann aus, man ist diesen Zustand, der nun schon 2 Wochen dauert, wirklich leid. Wenn die Furcht vor einer Landung in Hamburg ein Gutes hat, so ist es, daß die Seekranken ihren Zustand vergessen und größere Sorgen empfinden. – Zur 5-Uhr-Versammlung wird ein Kabel aus Paris vom europäischen Joint verlesen, welches ver-

spricht, innerhalb 36 Stunden eine Lande-Möglichkeit zu schaffen, es klingt immerhin zuversichtlich und erweckt einige Hoffnungen. – Trotzdem wir im Golfstrom fahren, herrschen Nebel und Regen, auch das drückt auf die Stimmung.

12. Juni 1939
Von den besagten 36 Stunden sind erst 24 vergangen, wir müssen also bis morgen auf Antwort warten. Heute erfahren wir nur, daß eine Commission vom Hilfsverein in Berlin nach London gefahren ist und dort verhandelt. Es sind wenigstens Leute, die wissen, auf was es ankommt. – An Bord nichts Neues, wir sind wieder in einer Schönwetterzone, das offene Bootsdeck ist stark besetzt, auf dem Sportdeck tobt eine Handballmannschaft.

13. Juni 1939
Die erwartete Nachricht trifft nicht ein, trotzdem herrscht leicht gebesserte Stimmung. Privatkabel werden bekannt, die recht günstig lauten und scheinbar aus zuverlässigen Quellen stammen. – Bei Sonne und ruhiger See liegt man wieder im Liegestuhl auf dem Promenaden-Deck und könnte beinahe den Wunsch haben, daß die Fahrt noch lange dauere, wenn es nicht schon die fünfte Woche wäre. – Erni hat ihre Bridge-Tanten gefunden, die Kinder haben ihre Freundinnen und sind den ganzen Tag beschäftigt, Willi liest oder spielt Schach mit Herrn Siegel, ich verbringe mehrere Stunden mit Englisch und Spanisch. – Durch diesen Reisebericht, den ich täglich ergänze, habe ich das Gefühl, täglich an Euch geschrieben zu haben, ich übersehe aber dabei, daß diese Bogen ja noch nicht in Eure Hände gelangen können. Ich fürchte, daß Ihr durch falsche Nachrichten über unser Schicksal und Befinden beunruhigt seid. Wir wollen aber erst kabeln, wenn wir Endgültiges wissen, was hoffentlich bald geschieht. – Leider kann Euch die wahrheitsgetreue Berichterstattung, die Ihr nachträglich lesen werdet, eine in Sorge um uns verbrachte Zeit nicht wieder abnehmen. – Spät abends kommen noch 2 Kabel, Pariser Joint und Hapag machen Hoffnung. – Solche Abendmeldungen werden „Phanodorm" genannt, Schlafmittel, welche die Nachtruhe der Passagiere verbessern sollen. Diesmal allerdings scheinen die Nachrichten ihren Hintergrund zu haben.

14. Juni 1939
Richtig, am nächsten Morgen, gleich nach dem Frühstück, werden wir zusammengerufen, die Commission erscheint in der Halle. Zum ersten Male seit Wochen kommt ein Kabel mit positiver Nachricht, statt schöner Worte und leerer Versprechungen wie bisher: „Landung durch Joint endgültig gesichert, Verteilung der Passagiere auf England, Holland, Frankreich und Belgien." Groß ist die Freude, die Zeit- und Leidgenossen gratulieren sich gegenseitig. Der Kreislauf der Tränen ist geschlossen; ich sehe wieder Freudentränen, wie im Hafen von Habana. Der große Druck geht über Bord, man sieht frohe Gesichter. Nun beginnt das große Rätselraten, in welches Land wir kommen, können wir selbst wählen, oder welche Richtlinien gelten? Ein Kabel nach Erfurt soll Euch unterrichten, ein weiteres geht an Onkel Max, um seine Meinung über Belgien zu hören. – Die frohe Stimmung findet ihren Ausdruck in einem bunten Abend mit Tanz.

15. Juni 1939
Die Vorbereitungen zur Landung schreiten fort, die Pässe werden eingesehen,

Listen werden aufgestellt. Auch unsere Route schreitet fort, wir nähern uns dem Ärmelkanal und werden übermorgen alle in Antwerpen landen, nicht in Southampton, wie zuerst angenommen. – Das Tropenklima, von dem [wir] eine 14tägige Kostprobe hatten, ist bereits vergessen, mit nur 16 Grad Wärme, Nebel und Regen ist die Temperatur durchaus nördlich. Wir sind auf die geschlossenen Räume angewiesen, die offenen Decks sind verlassen.

16. Juni 1939
Bereits am frühen Morgen sind wir am Eingang des Kanals, backbords wird die englische Küste sichtbar, der Schiffsverkehr wird recht rege, ein Dreimaster taucht auf, Küstenwachtboote erscheinen, große Möwenschwärme umkreisen die „St. Louis" und spähen nach den Abfällen. – Über Nacht hat das Wetter umgeschlagen, bei prächtiger Sonne drängt sich alles im Freien, es werden die Aussichten diskutiert, in das eine oder andere der 4 Länder zu kommen. Die meisten Wünsche gehen nach England, aber es werden wohl nur die Inhaber von Permits dorthin gelangen. Wir hoffen, in Belgien bleiben zu können, wenn möglich, nicht ins Lager zu kommen. Besonders gern wollen wir zu Onkel Max, mit dem ich die Brüderschaft noch begießen muß.

17. Juni 1939
Endlich letzter Tag der Abenteuer-Fahrt, auf den Tag 5 Wochen haben wir gebraucht, um von Hamburg nach Antwerpen zu kommen, aber in kürzerer Zeit war es nicht zu haben, der Umweg mußte mitgenommen [werden]. – Gegen Mitternacht passierten wir die engste Stelle des Kanals und sahen die Lichter der englischen und französischen Küste. Um 7 Uhr morgens kommt der Lotse an Bord und führt uns in die Scheldemündung. Nach 2 Stunden kommt der nächste und lotst uns bis Vlisingen. Kurz darauf fährt auch das Boot heran, welches Mr. Troper, den Vorsitzenden des „Joint Distribution Committee" in Europa, mit einem Stab von 28 Leuten, auch Damen, an Bord bringt. Zur Begrüßung stehen die Kinder Spalier und werden von den Damen abgeküßt. – Die Commission beginnt sofort mit ihrer Arbeit, die Fahrt geht langsam die Schelde herauf, schmal ist die Fahrrinne und viele Fahrzeuge sind auf dem Wasser. 1/2 2 Uhr werden wir in den Hafen eingeschleppt, um 2 Uhr legen wir an, am Pier! Was es heißt, nicht am Pier anzulegen, haben wir in Habana erfahren. – Bereits mittags erhalten wir Euren Luftpostbrief und freuen uns herzlich, gute Nachricht von Euch zu haben. – Nach Erfüllung einiger Formalitäten, Paß- und Zollkontrolle, steigen wir vom Kahn herunter und haben endlich wieder festen Boden unter den Füßen. Ca. 240 Passagiere sind mit uns gelandet. – Ein Sonderzug bringt uns nach Brüssel, wo uns Hanni und Max herzlich empfangen. Wir werden zunächst auf Kosten des Komitees im Hotel untergebracht, im Splendid und Suisse, wo Max lange gewohnt hatte. Ein Abendbrot ist für uns vorbereitet.

18./19. Juni 1939
Ich fahre nach dem Gare du Midi hinunter und suche die altbekannten Stätten auf, die Rue de Merode, wo ich so lange wohnte, das Geschäftshaus von Bloch und Stibbe, alles schaut noch aus wie früher, nur andere Menschen wohnen dort. – Wir kauften einige französische und flämische Zeitungen, in denen das Schicksal der „St. Louis"-Fahrer spaltenlang geschildert wird, teils sachlich, teils sentimental, auf großen Bildern sind wir alle 5 gut zu sehen. Wenn uns das noch

nicht genügt, können wir uns noch in den illustrierten Zeitschriften beschauen, zum Überfluß erscheinen die Bilder von der Landung in sämtlichen Kinos unter Wochenschau, in Lebensgröße sind Lore und Evi zu sehen. –

Hiermit schließe ich meinen Reisebericht, der nun hoffentlich wieder durch einen regelmäßigen Briefwechsel mit Euch ersetzt werden kann.

"Vergässe ich deiner je, St. Louis ..."

Die Welt war Zeuge: Auszug aus dem *Aufbau* vom 15. Juni 1939. Repro: Aufbau

Namens-Liste der „St. Louis"-Flüchtlinge, Juni 1939, bei der Ankunft in Antwerpen mit der Aufteilung auf die Gastländer

	Namen		Geboren	Aufnahmeland
01	ABERBACH	Adolf	1878	Frankreich
02	”	Anna	1883	Frankreich
03	ACKERMAN	Bertha	1876	Großbritannien
04	ADELBERG	Samuel	1896	Belgien
05	ADLER	Berthold	1882	Großbritannien
06	ADLER	Caroline	1872	Belgien
07	ADLER	Chaskel	1900	Großbritannien
08	”	Regina	1897	Großbritannien
09	”	Resi	1931	Großbritannien
10	ADLER	Paul	1888	Großbritannien
11	ALEXANDER	Gisela	1890	Frankreich
12	ALEXANDER	Karl	1891	Frankreich
13	ALEXANDER	Leo	1889	Frankreich
14	ALTSCHUL	Hans	1904	Belgien
15	”	Lotte	1908	Belgien
16	”	Gerd	1930	Belgien
17	”	Rolf	1933	Belgien
18	ALTSCHILLER	Jütte	1879	Großbritannien
19	APFEL	Babette	1874	Frankreich
20	ARENS	Alfred	1917	Frankreich
21	ARNDT	Arthur	1883	Großbritannien
22	”	Herta	1893	Großbritannien
23	”	Lieselotte	1928	Großbritannien
24	ARON	Alfred	1911	Frankreich
25	”	Sofi	1909	Frankreich
26	ASCHER	Herbert	1900	Belgien
27	”	Vera	1900	Belgien
28	ATLAS	Charlotte	1898	Niederlande
29	BACH	Willy	1872	Großbritannien
30	BAJOR	Ladislas	1913	Frankreich
31	BAK	Bianka	1892	Frankreich
32	BALL	Rudolf	1894	Frankreich
33	”	Magdalena	1900	Frankreich

	Namen		Geboren	Aufnahmeland
34	BANEMANN	Philipp	1888	Großbritannien
35	"	Janette	1893	Großbritannien
36	"	Margit	1923	Großbritannien
37	BARDELEBEN	Anna	1896	Frankreich
38	BARDELEBEN	Marianne	1930	Frankreich
39	BEGLEITER	Naftali	1895	Belgien
40	"	Sara	1903	Belgien
41	"	Alfred	1935	Belgien
42	BEIFUS	Alfred	1890	Großbritannien
43	"	Emma	1893	Großbritannien
44	BENDHEIM	Ludwig	1874	Belgien
45	"	Bertha	1885	Belgien
46	BERGGRÜN	Ludwig	1882	Großbritannien
47	"	Antonie	1889	Großbritannien
48	BERGMANN	Otto	1900	Frankreich
49	"	Rosy	1901	Frankreich
50	BERNSTEIN	Julius	1893	Großbritannien
51	"	Selma	1891	Großbritannien
52	BERNSTEIN	Bruno	1900	Großbritannien
53	"	Margot	1907	Großbritannien
54	BIBO, Dr.	Günther	1892	Frankreich
55	BIENER	Selmar	1906	Großbritannien
56	"	Elsa	1915	Großbritannien
57	BLACHMANN	Arthur	1897	Belgien
58	"	Erna	1901	Belgien
59	"	Gerda	1923	Belgien
60	BLATTEIS	Elias	1900	Belgien
61	"	Gerda	1906	Belgien
62	"	Klaus	1932	Belgien
63	BLAUT	Arnold	1890	Großbritannien
64	BLAUT	Artur	1898	Großbritannien
65	BLECHNER	Oskar	1911	Großbritannien
66	BLUM	Richard	1886	Belgien
67	"	Betty	1891	Belgien
68	BLUMENSTEIN	Elsa	1905	Niederlande
69	"	Heinz Georg	1935	Niederlande
70	BLUMENSTEIN	Regi	1866	Niederlande

	Namen		Geboren	Aufnahmeland
71	BLUMENSTOCK	Mechel	1902	Großbritannien
72	"	Lea	1914	Großbritannien
73	"	Ruth	1938	Großbritannien
74	BOAS	Benno	1884	Belgien
75	"	Charlotte	1890	Belgien
76	BOHM	Kurt	1908	Großbritannien
77	BOHM	Heinz	1917	Großbritannien
78	BORCHARDT	Heinrich	1869	Frankreich
79	"	Alice	1880	Frankreich
80	BORNSTEIN	Wilhelm	1897	Frankreich
81	BRANDT	Johannes	1901	Frankreich
82	"	Lina	1910	Frankreich
83	"	Dieter	1937	Frankreich
84	BRANN	Alfred	1915	Niederlande
85	BRAUER	Erich	1892	Belgien
86	"	Käthe	1899	Belgien
87	BREITBARTH	Arthur	1887	Niederlande
88	BRENNER	Blanka	1888	Frankreich
89	BRODEROVA	Elisabeth	1918	Großbritannien
90	BRÜCK	Herbert	1902	Großbritannien
91	BRÜHL	Walter	1885	Frankreich
92	"	Hedwig	1889	Frankreich
93	"	Lieselotte	1912	Frankreich
94	BUCHHOLZ	Wilhelm	1872	Belgien
95	"	Auguste	1878	Belgien
96	BUFF	Fritz	1921	Belgien
97	BUKOFZER	Martha	1888	Großbritannien
98	BUXMANN	Levi	1876	Frankreich
99	CAMNITZER	Siegfried	1881	Frankreich
100	"	Rosalie	1881	Frankreich
101	"	Edith	1909	Frankreich
102	CHAIM, Dr.	Georg	1903	Großbritannien
103	CHRAPLEWSKI	Siegfried	1897	Belgien
104	"	Klara	1901	Belgien
105	"	Jan	1930	Belgien
106	"	Peter	1937	Belgien
107	COHEN	Rudolf	1933	Niederlande

	Namen		Geboren	Aufnahmeland
108	COHN	Eugen	1884	Frankreich
109	"	Helene	1883	Frankreich
110	COHN	Georg	1877	Niederlande
111	"	Johanna	1877	Niederlande
112	COHN	Louis	1882	Großbritannien
113	"	Lydia	1892	Großbritannien
114	COHN	Sara	1866	Großbritannien
115	COHN	Walter	1902	Frankreich
116	"	Rita	1911	Frankreich
117	COHNSTAEDT	Fritz	1883	Belgien
118	"	Nelly	1897	Belgien
119	COLLIN	Auguste	1878	Niederlande
120	CUNOW	Carl	1886	Belgien
121	CZERNINSKI	Max	1904	Großbritannien
122	CZERNINSKI	Hilde	1911	Großbritannien
123	"	Inge	1934	Großbritannien
124	DANIEL	Anna	1873	Belgien
125	DANZIGER	Karl	1873	Großbritannien
126	"	Rosa	1887	Großbritannien
127	DAVID	Emma	1880	Frankreich
128	DINGFELDER	Leopold	1886	Niederlande
129	"	Johanna	1891	Niederlande
130	"	Rudi	1924	Niederlande
131	DOBIECKI	Barech	1886	Großbritannien
132	"	Golde	1891	Großbritannien
133	"	Bella	1924	Großbritannien
134	DONATH	Paul	1894	Großbritannien
135	DORNBERG	Gertha	1887	Belgien
136	DRESEL	Alfred	1895	Belgien
137	DRESEL	Richard	1896	Großbritannien
138	"	Ruth	1910	Großbritannien
139	"	Zilla	1938	Großbritannien
140	DUBLON	Willi	1889	Belgien
141	"	Erna	1903	Belgien
142	"	Lore	1927	Belgien
143	"	Eva	1933	Belgien
144	DUBLON	Erich	1890	Belgien

	Namen		Geboren	Aufnahmeland
145	DZIALOWSKI	Bruno	1884	Niederlande
146	"	Lici	1894	Niederlande
147	ECKMANN	Egon	1906	Großbritannien
148	EDELSTEIN	Ida	1879	Niederlande
149	EICHWALD	Fritz	1888	Frankreich
150	EINHORN	Aron	1884	Großbritannien
151	"	Gitel	1885	Großbritannien
152	ELSNER	Ludwig	1880	Großbritannien
153	EPSTEIN	Moritz	1895	Frankreich
154	"	Bettina	1905	Frankreich
155	ERDMANN	Simon	1882	Belgien
156	"	Reisel	1890	Belgien
157	ESKENAZY	Albert	1914	Frankreich
158	"	Gertrud	1915	Frankreich
159	"	Nissin	1939	Frankreich
160	FALK	Eugen	1904	Frankreich
161	FALKENSTEIN	Max	1899	Großbritannien
162	"	Hilda	1904	Großbritannien
163	FANTO	Julius	1892	Belgien
164	FEIG	Werner	1908	Großbritannien
165	FEILCHENFELD	Alice	1899	Belgien
166	"	Wolf	1928	Belgien
167	"	Bertha Judith	1931	Belgien
168	"	Heinz	1933	Belgien
169	"	Raphael	1937	Belgien
170	FINK	Manfred	1906	Niederlande
171	"	Herta	1911	Niederlande
172	"	Michael	1935	Niederlande
173	FINKELSTEIN	Ina	1893	Niederlande
174	FISCHBACH	Jonas	1885	Frankreich
175	"	Amalie	1884	Frankreich
176	FISCHBACH	Moritz	1882	Frankreich
177	"	Amalie	1884	Frankreich
178	FISCHER	Johanna	1906	Frankreich
179	"	Hans Herrmann	1928	Frankreich
180	"	Ruth	1929	Frankreich
181	FLAMBERG	Brandla	1910	Belgien

	Namen		Geboren	Aufnahmeland
182	FLAMBERG	Fella	1934	Belgien
183	FRANK	Manfred	1916	Großbritannien
184	FRANK	Max	1879	Belgien
185	FRANK	Moritz	1878	Niederlande
186	"	Clara	1891	Niederlande
187	"	Ursula	1920	Niederlande
188	FRANK	Siegfried	1907	Niederlande
189	FRAENKEL	Hans	1907	Frankreich
190	FRAENKEL	Leo	1885	Belgien
191	"	Alice	1891	Belgien
192	FRANKFURTER	Lilly	1888	Niederlande
193	FREIBERG	Ruda Regina	1886	Großbritannien
194	"	Hertha	1915	Großbritannien
195	"	Gisela	1923	Großbritannien
196	FRIED	Engelbert	1878	Belgien
197	FRIEDEMANN	Walter	1899	Belgien
198	FRIEDHEIM	Alfred	1895	Frankreich
199	"	Herta	1903	Frankreich
200	FRIEDHEIM	Edith	1899	Großbritannien
201	FRIEDMANN	Rose	1904	Niederlande
202	"	Ruth	1928	Niederlande
203	FRIEDMANN	Willy	1884	Belgien
204	FREUND	Therese	1906	Großbritannien
205	"	Philipp	1931	Großbritannien
206	FREUND	Lieselotte	1934	Großbritannien
207	FROEHLICH	Max	1893	Belgien
208	FUCHS-MARX	Walther	1891	Großbritannien
209	"	Anna	1901	Großbritannien
210	FULD	Julie	1889	Großbritannien
211	"	Ludwig	1922	Großbritannien
212	"	Hans	1929	Großbritannien
213	GABEL, Dr.	Heinrich	1910	Niederlande
214	"	Beate	1912	Niederlande
215	"	Gerhard	1937	Niederlande
216	GELBAND	Benjamin	1872	Großbritannien
217	"	Channa	1880	Großbritannien
218	GEMBITZ	Max	1888	Frankreich

	Namen		Geboren	Aufnahmeland
219	GEMBITZ	Marta	1886	Frankreich
220	"	Heinz	1921	Frankreich
221	GERBER	Rosa	1883	Großbritannien
222	"	Ruth	1920	Großbritannien
223	GLADE	Bruno	1893	Großbritannien
224	GLASER	Arthur	1892	Belgien
225	GLASERFELD	Max	1889	Frankreich
226	GLASS	Herbert	1912	Großbritannien
227	GLUCKSMANN	Hans Heinrich	1898	Niederlande
228	"	Margarethe	1899	Niederlande
229	GLUCKSMANN	Heinrich	1909	Großbritannien
230	GOLDBAUM	Anna	1875	Belgien
231	GOLDBERG	Wilhelm	1900	Großbritannien
232	GOLDREICH	Rudolf	1884	Belgien
233	"	Therese	1890	Belgien
234	GOLDSCHMIDT	Adolf	1885	Frankreich
235	"	Gerda	1895	Frankreich
236	"	Inge	1923	Frankreich
237	"	Lore	1926	Frankreich
238	GOLDSCHMIDT	Alex	1879	Frankreich
239	"	Helmuth	1921	Frankreich
240	GOLDSCHMIDT	Else	1885	Frankreich
241	"	Fritz	1907	Frankreich
242	GOLDSTEIN	Hermann	1889	Frankreich
243	"	Recha	1893	Frankreich
244	"	Heinz	1928	Frankreich
245	GOTTFELD	Julius	1880	Belgien
246	"	Rosa	1886	Belgien
247	GOTTHELF	Fritz	1900	Großbritannien
248	GOTTHELF	Käte	1904	Großbritannien
249	GOTTLIEB	Sali	1888	Großbritannien
250	GOTTSCHALK	Jacob	1887	Großbritannien
251	"	Regina	1893	Großbritannien
252	"	Erika	1920	Großbritannien
253	"	Lotte	1923	Großbritannien
254	GREILSAMER	Erich	1915	Großbritannien
255	GREVE	Walter	1886	Frankreich

	Namen		Geboren	Aufnahmeland
256	GREVE	Johanna	1897	Frankreich
257	"	Heinz Ludwig	1924	Frankreich
258	"	Evelin	1928	Frankreich
259	GRONOWETTER	Hermann	1911	Großbritannien
260	GROSS	Johanna	1892	Belgien
261	GROSS	Frida	1893	Belgien
262	GROSSMANN	Erich	1893	Frankreich
263	"	Henny	1901	Frankreich
264	GROSSMANN	Idel	1898	Großbritannien
265	"	Helene	1906	Großbritannien
266	GROSSMANN	Friedrich	1895	Großbritannien
267	GRUBER	Hermann	1894	Niederlande
268	"	Gisela	1899	Niederlande
269	"	Max	1921	Niederlande
270	"	Alex	1926	Niederlande
271	GRUBNER	Jacob	1897	Belgien
272	"	Rifka	1891	Belgien
273	"	Mano	1922	Belgien
274	"	Joachim	1925	Belgien
275	GRUNBERG	Etty	1873	Großbritannien
276	GRUNSTEIN	Heinz	1905	Großbritannien
277	"	Gerd Fritz	1933	Großbritannien
278	GRÜNTHAL	Adolf	1896	Niederlande
279	"	Bertha-Ellen	1901	Niederlande
280	"	Lutz	1928	Niederlande
281	"	Horst-Martin	1930	Niederlande
282	GRÜNTHAL	Else	1875	Belgien
283	GRUNTHAL	Walter	1898	Niederlande
284	"	Margarete	1902	Niederlande
285	"	Ruthild	1928	Niederlande
286	"	Sibyll	1931	Niederlande
287	GUTMANN	Martha	1878	Frankreich
288	GUTTMANN	Josef	1894	Großbritannien
289	"	Grethe	1900	Großbritannien
290	GUTTMANN	Helga	1926	Großbritannien
291	"	Harry	1928	Großbritannien
292	"	Rosi	1924	Großbritannien

	Namen		Geboren	Aufnahmeland
293	GUTTMANN	Sally	1903	Großbritannien
294	”	Ruth	1913	Großbritannien
295	HAAS	Anton	1915	Großbritannien
296	HASS	Leo	1896	Niederlande
297	”	Elisabeth	1913	Niederlande
298	HABER	Nathan	1890	Großbritannien
299	HAENDLER	Fritz	1871	Großbritannien
300	”	Marie	1874	Großbritannien
301	HAENDLER	Georg	1876	Frankreich
302	”	Rosamunde	1877	Frankreich
303	HAMBURGER	Arthur	1903	Niederlande
304	HAMMERSCHLAG	Max	1902	Niederlande
305	HAMMERSCHLAG	Moses	1883	Belgien
306	HAUSDORFF	Arthur	1878	Großbritannien
307	”	Gertrud	1886	Großbritannien
308	HAUSER	Hermann	1880	Frankreich
309	”	Cecilie	1884	Frankreich
310	HECHT	Charlotte	1858	Frankreich
311	HEIDT	Fritz	1908	Belgien
312	”	Else	1908	Belgien
313	HEILBRUN	Bruno	1882	Frankreich
314	”	Sally	1890	Frankreich
315	”	Ruth	1925	Frankreich
316	HEILBRUN	Leon	1883	Frankreich
317	”	Berna	1897	Frankreich
318	”	Ingeborg	1925	Frankreich
319	HEILBRUN	Norbert	1889	Frankreich
320	”	Johanna	1906	Frankreich
321	”	Gunther	1924	Frankreich
322	HEIM	Emil	1897	Frankreich
323	”	Gerda	1907	Frankreich
324	HEIMANN	Erwin	1903	Belgien
325	”	Bella	1901	Belgien
326	HEINEMANN	Hilmar	1904	Niederlande
327	HELDENMUTH	Alfred	1894	Großbritannien
328	”	Selma	1908	Großbritannien
329	”	Lilo	1938	Großbritannien

	Namen		Geboren	Aufnahmeland
330	HELLER	Frantisek	1903	Frankreich
331	"	Irma	1911	Frankreich
332	HELLER	Moritz	1876	Großbritannien
333	"	Freide	1880	Großbritannien
334	HERMANN	Julius	1878	Belgien
335	"	Sophie	1884	Belgien
336	"	Gerda	1909	Belgien
337	HERMANN	Fritz	1888	Großbritannien
338	HERMANNS	Julius	1891	Frankreich
339	HERZ	Amalie	1859	Belgien
340	HERZ	Max	1891	Niederlande
341	HERZ	Walter	1888	Großbritannien
342	"	Anna	1895	Großbritannien
343	HESS	Adolf	1887	Frankreich
344	"	Jette	1896	Frankreich
345	"	Vera	1923	Frankreich
346	"	Ilse	1927	Frankreich
347	HESS	Martin	1924	Niederlande
348	HESSE	Robert	1895	Großbritannien
349	HEYMANN	Dorothea	1883	Niederlande
350	HEYMANN	Hedwig	1882	Frankreich
351	"	Arno	1916	Frankreich
352	HILB	Fritz	1919	Belgien
353	HIRSCH	Hermann	1909	Großbritannien
354	HIRSCH	Max	1905	Niederlande
355	"	Margot	1909	Niederlande
356	"	Joachim	1937	Niederlande
357	HIRSCHBERG	Julius	1874	Großbritannien
358	"	Regina	1879	Großbritannien
359	HIRSCHFELD	Siegfried	1893	Frankreich
360	"	Ruth	1911	Frankreich
361	HOFFMANN	Emma	1874	Großbritannien
362	HOFFMANN	Selma	1909	Großbritannien
363	"	Karl	1933	Großbritannien
364	HOFMANN	Cilli	1874	Großbritannien
365	HOFMANN	Siegfried	1916	Niederlande
366	HOPP	Margarethe	1892	Niederlande

	Namen		Geboren	Aufnahmeland
367	HUBER	Lilli	1891	Großbritannien
368	HUENEBERG	Walter	1911	Großbritannien
369	ISAKOWSKI	Kurt	1897	Belgien
370	ISNER	Justin	1889	Frankreich
371	"	Babette	1895	Frankreich
372	"	Bella	1928	Frankreich
373	"	Ruth	1929	Frankreich
374	ISRAEL	Hugo	1908	Großbritannien
375	JACOBOWITZ	Martin	1889	Belgien
376	"	Mathilde	1890	Belgien
377	JACOBOWITZ	Walther	1908	Niederlande
378	JACOBSOHN	Erich	1902	Niederlande
379	"	Margarethe	1908	Niederlande
380	"	Thomas	1938	Niederlande
381	JACOBY	Otto	1883	Frankreich
382	"	Regina	1892	Frankreich
383	"	Käthe	1920	Frankreich
384	"	Susanne	1921	Frankreich
385	JOEL	Leon	1888	Frankreich
386	"	Johanna	1893	Frankreich
387	"	Günther	1929	Frankreich
388	JONAS	Julius	1893	Niederlande
389	JORDAN	Johanna	1887	Niederlande
390	JOSEPH	Benno	1894	Frankreich
391	"	Herta	1898	Frankreich
392	"	Brigitte	1930	Frankreich
393	JOSEPH	Fritz	1893	Belgien
394	"	Frida	1899	Belgien
395	"	Ernst	1925	Belgien
396	JOSEPH	Josef	1882	Großbritannien
397	"	Lilly	1901	Großbritannien
398	"	Liesel	1928	Großbritannien
399	JUNGERMANN	Alois	1881	Belgien
400	JUNGERMANN	Chaim	1891	Belgien
401	"	Lucie	1886	Belgien
402	JUNGERMANN	Moschek	1893	Belgien
403	KAHN	Arthur	1898	Frankreich

	Namen		Geboren	Aufnahmeland
404	KAHN	Gustav	1887	Niederlande
405	"	Else	1892	Niederlande
406	KAHN	Willi	1893	Belgien
407	KAHNEMANN	Paula	1882	Großbritannien
408	KAIM, Dr.	Hans	1884	Frankreich
409	KAMINKER	Berthold	1897	Frankreich
410	KARLINER	Flora	1888	Großbritannien
411	KARLINER	Josef	1898	Frankreich
412	"	Martha	1895	Frankreich
413	"	Ilse	1923	Frankreich
414	"	Walter	1924	Frankreich
415	"	Herbert	1926	Frankreich
416	KARLINER	Ruth	1927	Frankreich
417	KARMANN	Karl	1887	Niederlande
418	"	Käte Margarete	1895	Niederlande
419	KARMANN	Richard	1895	Niederlande
420	"	Sidonie	1908	Niederlande
421	"	Annemarie	1935	Niederlande
422	KASSEL	Artur	1897	Großbritannien
423	KASSEL, Dr.	Fritz	1897	Großbritannien
424	KATZ	Julius	1906	Großbritannien
425	KATZ	Siegfried	1919	Belgien
426	KAUFHERR	Joseph	1889	Belgien
427	"	Betty	1897	Belgien
428	"	Hannelore	1926	Belgien
429	KAUFMANN	Nathan	1881	Großbritannien
430	"	Adelheid	1875	Großbritannien
431	KEILER	Ruth	1905	Niederlande
432	KIRCHHAUSEN	Hermann	1891	Großbritannien
433	"	Karl	1925	Großbritannien
434	KLEIN	Hans	1908	Belgien
435	KLEIN	Leopold	1893	Niederlande
436	"	Luise	1903	Niederlande
437	"	Hannelore	1927	Niederlande
438	KNEPEL	Chaja	1894	Großbritannien
439	"	Gisela	1923	Großbritannien
440	"	Sonja	1926	Großbritannien

	Namen		Geboren	Aufnahmeland
441	KOCHMANN	Friedrich	1888	Belgien
442	"	Alice	1891	Belgien
443	"	Hilde	1923	Belgien
444	KOHN	Maximilia	1899	Frankreich
445	KOHORN	Paul	1887	Großbritannien
446	KOPPEL	Jacob	1874	Frankreich
447	KOPPEL	Josef	1908	Frankreich
448	"	Irmgard	1907	Frankreich
449	"	Judith	1938	Frankreich
450	KORMANN	Osias	1895	Niederlande
451	KREBS	Günther	1921	Großbritannien
452	KROHN	Regina	1908	Niederlande
453	KUGLER	Maria	1869	Niederlande
454	KUTNER	Hans	1910	Großbritannien
455	LANGNAS	Leon Hermann	1895	Großbritannien
456	LASKAU	Benno	1920	Frankreich
457	LAUGHEIMER	Ida	1884	Großbritannien
458	LEBRECHT	Max	1898	Frankreich
459	LEHMANN	Salomon	1868	Belgien
460	"	Mine	1871	Belgien
461	LEIMDORFER	Hugo	1889	Belgien
462	LEIMKRAM	Aron	1876	Großbritannien
463	"	Minna	1878	Großbritannien
464	LENNEBERG	Georg	1898	Belgien
465	"	Werner	1899	Belgien
466	LENNEBERG	Julius	1888	Niederlande
467	"	Gisela	1897	Niederlande
468	"	Hans	1924	Niederlande
469	LEVIN	Hildegard	1895	Niederlande
470	"	Ilse	1921	Niederlande
471	"	Ingeborg	1925	Niederlande
472	"	Mirjam	1928	Niederlande
473	LEVIN	Kurt	1895	Großbritannien
474	LEVY	Ernestine	1891	Großbritannien
475	LEWITH, Dr.	Julius	1875	Niederlande
476	"	Valerie	1883	Niederlande
477	LEYSER	Erich	1881	Frankreich

	Namen		Geboren	Aufnahmeland
478	LEYSER	Margot	1893	Frankreich
479	LEYSER	Friedrich	1901	Belgien
480	LICHTENSTEIN	Fritz	1887	Niederlande
481	"	Lucie	1892	Niederlande
482	LICHTENSTEIN	Max Norbert	1917	Frankreich
483	LIEPMANN	Herbert	1898	Frankreich
484	"	Erna	1907	Frankreich
485	LISSBERGER	Hedwig	1884	Niederlande
486	LITMANN	Majlich	1897	Frankreich
487	LÖB	Bella	1903	Belgien
488	"	Armin	1930	Belgien
489	"	Ruth	1932	Belgien
490	LÖB	Isidor	1866	Belgien
491	"	Karoline	1872	Belgien
492	LÖB	Marie	1899	Belgien
493	"	Anneliese	1930	Belgien
494	LOEB	Olga Marie	1893	Niederlande
495	"	Hans Otto	1926	Niederlande
496	LOEWE	Elise	1894	Großbritannien
497	"	Ruth	1921	Großbritannien
498	"	Fritz	1926	Großbritannien
499	LOEWE	Ernst	1883	Großbritannien
500	LOEWE	Alice	1898	Großbritannien
501	LOEWENSTEIN	Otto	1883	Großbritannien
502	LOEWENSTEIN	Ernst	1887	Belgien
503	"	Regina	1890	Belgien
504	LOEWENSTEIN	Kurt	1897	Großbritannien
505	"	Ida Wilhelmine	1897	Großbritannien
506	LÖVINSOHN	Edith	1892	Belgien
507	"	Hella	1926	Belgien
508	LOEWISOHN	Martha	1881	Frankreich
509	LÖWE	Geza	1897	Großbritannien
510	LUFT	Gerhard	1908	Niederlande
511	"	Margot	1912	Niederlande
512	LUSTIG	Egon	1882	Niederlande
513	"	Elsa	1887	Niederlande
514	MAIER	Helene	1877	Großbritannien

	Namen		Geboren	Aufnahmeland
515	MAIER	Ludwig	1901	Großbritannien
516	"	Frida	1910	Großbritannien
517	"	Sonja	1935	Großbritannien
518	MAINZER	Ernst	1886	Niederlande
519	"	Olga	1889	Niederlande
520	MANASSE	Alfred	1895	Belgien
521	MANASSE	Herbert	1899	Frankreich
522	"	Emmy	1904	Frankreich
523	"	Wolfgang	1929	Frankreich
524	MANASSE	Ida	1870	Frankreich
525	MANNHEIMER	Siegfried	1894	Großbritannien
526	MARCUS	Friedrich	1889	Großbritannien
527	MARCUS	Kurt	1906	Belgien
528	"	Ilse	1914	Belgien
529	MARX	Emil	1899	Großbritannien
530	MARX	Salomon	1875	Großbritannien
531	"	Flora	1888	Großbritannien
532	MARX	Simon	1913	Niederlande
533	MASCHKOWSKY	Arthur	1886	Belgien
534	MASCHKOWSKY	Toni	1888	Belgien
535	MAY, Dr.	Ludwig	1903	Frankreich
536	MAYER	Adalbert	1899	Belgien
537	MAYER	David	1873	Großbritannien
538	"	Lina	1880	Großbritannien
539	MAYER	Ludwig	1881	Niederlande
540	"	Fanny	1885	Niederlande
541	MAYER	Samuel	1885	Frankreich
542	MAYER	Stephanie	1894	Frankreich
543	MENDEL	Christine	1912	Frankreich
544	"	Elisabeth	1931	Frankreich
545	"	Karl	1935	Frankreich
546	MESSINGER	Selmann	1901	Belgien
547	"	Pessla	1905	Belgien
548	"	Salo	1932	Belgien
549	METIS	Lotte	1900	Großbritannien
550	"	Wolfgang	1925	Großbritannien
551	"	Annette	1930	Großbritannien

	Namen		Geboren	Aufnahmeland
552	MEYER	Berthold	1883	Belgien
553	"	Elfriede	1886	Belgien
554	"	Ernst	1918	Belgien
555	MEYER	Joseph	1872	Frankreich
556	"	Anna	1878	Frankreich
557	MEIERHOFF	Charlotte	1915	Niederlande
558	MEYERSTEIN	Ludwig	1893	Großbritannien
559	"	Alice	1910	Großbritannien
560	"	Hans	1935	Großbritannien
561	MICHAELIS	Walter	1888	Frankreich
562	"	Cäcilie	1894	Frankreich
563	MOSER	Edmund	1871	Frankreich
564	"	Rosalie	1877	Frankreich
565	MOSES	Alfred	1883	Frankreich
566	"	Marta	1892	Frankreich
567	"	Eugen	1926	Frankreich
568	"	Helmut	1928	Frankreich
569	MOSES	Georg	1908	Großbritannien
570	"	Thea	1907	Großbritannien
571	MOSKIEWICZ	Ismar	1890	Frankreich
572	MOTULSKY	Rena	1893	Belgien
573	"	Arno	1923	Belgien
574	"	Lothar	1926	Belgien
575	"	Lia	1929	Belgien
576	MUECK, Dr.	Joachim	1900	Frankreich
577	MUEHLENTHAL	Charlotte	1877	Großbritannien
578	MULLER	Ernst	1891	Belgien
579	"	Margot	1902	Belgien
580	MÜNZ	Karl	1881	Belgien
581	"	Sophie	1872	Belgien
582	"	Paula	1909	Belgien
583	"	Meta	1912	Belgien
584	NATHANSON	Harry	1906	Frankreich
585	"	Hilde Nora	1914	Frankreich
586	NEUBERG	Wilhelm	1893	Großbritannien
587	"	Ilse	1900	Großbritannien
588	NEUFELD	Fritz	1889	Großbritannien

	Namen		Geboren	Aufnahmeland
589	NEUFELD	Joseph	1878	Großbritannien
590	NEUHAUS	Felix	1900	Großbritannien
591	OBERDORFER	Max	1897	Belgien
592	"	Margarete	1905	Belgien
593	"	Gerda	1934	Belgien
594	"	Stefanie	1938	Belgien
595	OBERDORFER	Simon	1872	Niederlande
596	"	Hedwig	1878	Niederlande
597	OBERNDORFER	Paula	1884	Großbritannien
598	OBSTFELD	Hermine	1912	Großbritannien
599	OEHL	Dorothea	1870	Belgien
600	"	Käthe	1895	Belgien
601	OPPE	Armin	1892	Großbritannien
602	"	Grete	1902	Großbritannien
603	OPPENHEIMER	Adolf	1879	Frankreich
604	OPPLER	Arthur	1871	Frankreich
605	"	Elise	1886	Frankreich
606	OSTRODZKI	Ernst	1903	Frankreich
607	OSTROWSKI	Betty	1908	Frankreich
608	OYRES	Herbert	1902	Großbritannien
609	OYRES	Karl	1903	Großbritannien
610	PANDER	Max	1891	Niederlande
611	"	Bertha	1895	Niederlande
612	"	Hilde	1923	Niederlande
613	PHILLIPPI	Ernst	1889	Niederlande
614	"	Margarete	1890	Niederlande
615	"	Hans Wolfgang	1921	Niederlande
616	"	Gert Egon	1925	Niederlande
617	PICK	Elise	1871	Frankreich
618	PINTHUS	Heinz	1914	Niederlande
619	POMMER, Dr.	Martin	1888	Belgien
620	PRAEGER	Siegfried	1887	Niederlande
621	"	Margarete	1896	Niederlande
622	PREGER	Alexander	1897	Großbritannien
623	PREISS	Gerhard	1900	Frankreich
624	"	Lisbeth	1912	Frankreich
625	RABINOWITZ	Harry	1898	Frankreich

	Namen		Geboren	Aufnahmeland
626	REBENFELD	Kurt	1899	Frankreich
627	RECHER	Moritz	1898	Großbritannien
628	"	Irene	1901	Großbritannien
629	REICHENSTEIL	Josef	1891	Niederlande
630	"	Betty	1889	Niederlande
631	REIF	Chaje	1896	Frankreich
632	"	Friedrich	1927	Frankreich
633	"	Liane	1934	Frankreich
634	REINGENHEIM	Fanny	1885	Belgien
635	REINGENHEIM	Jacob	1877	Belgien
636	"	Selma	1884	Belgien
637	REUTLINGER	Elly	1903	Niederlande
638	"	Renate	1930	Niederlande
639	RICHTER	Marianne	1868	Belgien
640	RIEGELHAUPT	Cypora	1907	Großbritannien
641	"	Israel	1938	Großbritannien
642	RIESENBURGER	Hermann	1898	Frankreich
643	RING	Erich	1894	Großbritannien
644	"	Erna	1903	Großbritannien
645	"	Jacques	1924	Großbritannien
646	RINTELN	Walter	1887	Belgien
647	"	Elisabeth	1892	Belgien
648	RITTER	Wilhelm	1905	Niederlande
649	ROSENBACH	Heinz	1919	Niederlande
650	ROSENBAUM	Rosa	1884	Großbritannien
651	ROSENBERG	Louis	1883	Niederlande
652	"	Rika	1872	Niederlande
653	ROSENBERG	Selig	1890	Niederlande
654	ROSENFELD	Hans	1884	Niederlande
655	"	Selma	1896	Niederlande
656	"	Steffie	1933	Niederlande
657	ROSENTHAL	Curt	1895	Großbritannien
658	"	Johanna	1898	Großbritannien
659	"	Margrit	1935	Großbritannien
660	ROSENTHAL	Max	1892	Frankreich
661	ROSENTHAL	Rolf	1915	Niederlande
662	ROSENZWEIG	Siegfried	1881	Großbritannien

	Namen		Geboren	Aufnahmeland
663	ROSS	Heinrich	1870	Großbritannien
664	ROTH	Arnold	1890	Frankreich
665	"	Kamilla	1898	Frankreich
666	"	Harry	1930	Frankreich
667	ROTHOLZ	Berthold	1887	Frankreich
668	ROTHOLZ	Margarete	1893	Frankreich
669	"	Guenter	1914	Frankreich
670	"	Horst	1924	Frankreich
671	"	Siegfried	1898	Belgien
672	"	Margarete	1884	Belgien
673	ROTHMANN	Martin	1882	Frankreich
674	"	Jenny	1884	Frankreich
675	ROTHSCHILD	Erwin	1904	Niederlande
676	ROTHSCHILD	Eva	1895	Großbritannien
677	ROTHSCHILD	Frida	1889	Niederlande
678	ROUBITSCHEK	Richard	1889	Belgien
679	"	Pauline	1891	Belgien
680	"	Ernst	1926	Belgien
681	RYNDFIONSKI	Ferdinand	1916	Großbritannien
682	SAFIER	Jacob	1904	Großbritannien
683	"	Cypora	1907	Großbritannien
684	"	Eva	1938	Großbritannien
685	SALM	Leopold	1881	Großbritannien
686	"	Ida	1881	Großbritannien
687	SALOMON	Erna	1900	Belgien
688	"	Egon	1924	Belgien
689	"	Edith	1933	Belgien
690	SALOMON	Moritz	1876	Niederlande
691	"	Sibilla	1883	Niederlande
692	SANDBERG	Delta	1893	Belgien
693	"	Ruth	1925	Belgien
694	SCHAFRANIK	Heinrich	1885	Großbritannien
695	"	Leontine	1890	Großbritannien
696	SCHAPIRA	Julius	1876	Großbritannien
697	"	Henriette	1879	Großbritannien
698	SCHELANSKY	Frieda	1895	Frankreich
699	"	Hans Heinz	1926	Frankreich

	Namen		Geboren	Aufnahmeland
700	SCHEUER	Gertrud	1915	Niederlande
701	SCHEYER	Martha	1879	Niederlande
702	SCHILD	Ison	1905	Belgien
703	"	Irma	1912	Belgien
704	SCHILLINGER	Samuel	1903	Niederlande
705	"	Marie	1906	Niederlande
706	"	Jan	1936	Niederlande
707	"	Jiri	1938	Niederlande
708	SCHLESINGER	Max	1882	Großbritannien
709	"	Friederike	1883	Großbritannien
710	SCHLESINGER	Richard	1877	Niederlande
711	"	Meta	1887	Niederlande
712	SCHOENBERGER	Moritz	1887	Belgien
713	SCHONEMANN	Siegfried	1893	Großbritannien
714	"	Gertrud	1903	Großbritannien
715	"	Wolfgang	1933	Großbritannien
716	SCHOEPS	Kurt	1906	Großbritannien
717	"	Anni	1909	Großbritannien
718	"	Beate	1938	Großbritannien
719	SCHOTT	Kurt	1910	Großbritannien
720	SCHOTT	Siegfried	1896	Großbritannien
721	"	Else	1903	Großbritannien
722	SCHUECK	Gertrud	1888	Frankreich
723	SCHULHOFF	Julius	1901	Großbritannien
724	"	Stella	1907	Großbritannien
725	SCHUMANOVSKY	Emil	1901	Niederlande
726	SCHWAGER	Albert	1885	Niederlande
727	"	Resi	1890	Grossbritannien
728	SCHWALBENDORF	Josef	1904	Niederlande
729	SCHWARTZ	Oscar	1880	Großbritannien
730	"	Regine	1878	Großbritannien
731	SCHWEIGER	Sophie	1878	Belgien
732	SCHWEITZER	Max	1873	Belgien
733	"	Jenny	1881	Belgien
734	SECENSKI	Aron	1909	Großbritannien
735	"	Luise	1915	Großbritannien
736	"	Hanna	1938	Großbritannien

	Namen		Geboren	Aufnahmeland
737	SEGAL	Moses	1885	Belgien
738	”	Sabine	1897	Belgien
739	SELIGER	Walter	1897	Frankreich
740	SELIGMANN	Max	1882	Belgien
741	SELIGMANN	Rosa	1891	Belgien
742	SELIGMANN	Siegbert	1897	Frankreich
743	SELIGMANN	Siegfried	1881	Belgien
744	”	Alma	1892	Belgien
745	”	Ursula	1923	Belgien
746	SIEGEL	Arthur	1891	Frankreich
747	SIETZ	Lea	1897	Großbritannien
748	SILBER	Salomon	1898	Belgien
749	”	Chaja	1901	Belgien
750	”	Leo	1930	Belgien
751	SILBERSTEIN	Kurt	1900	Großbritannien
752	SILBERSTEIN	Thea	1905	Großbritannien
753	”	Renate	1933	Großbritannien
754	”	Gert	1938	Großbritannien
755	SILZER	Paul	1898	Großbritannien
756	”	Leontine	1895	Großbritannien
757	SIMON	Karl	1884	Niederlande
758	”	Selma	1894	Niederlande
759	”	Edith	1922	Niederlande
760	”	Ilse	1928	Niederlande
761	SIMON	Martin	1892	Belgien
762	”	Selma	1906	Belgien
763	SIMON	Rolf	1921	Großbritannien
764	SINGER	Moses	1888	Großbritannien
765	”	Amalie	1896	Großbritannien
766	”	Josef	1927	Großbritannien
767	SIPERSTEIN	Josefine	1896	Frankreich
768	SKLOW	Betty	1880	Niederlande
769	SKOTZKI	Gunther	1898	Frankreich
770	”	Charlotte	1894	Frankreich
771	”	Helga	1927	Frankreich
772	”	Inge	1928	Frankreich
773	SPANIER, Dr.	Fritz	1902	Niederlande

	Namen		Geboren	Aufnahmeland
774	SPANIER	Babette	1905	Niederlande
775	"	Ines	1932	Niederlande
776	"	Renate	1932	Niederlande
777	SPEIER	Meier	1888	Belgien
778	SPIRA	Hanna	1876	Belgien
779	SPITZ	Vera	1900	Großbritannien
780	SPITZ	Ursula	1922	Großbritannien
781	SPITZ	Erich	1924	Großbritannien
782	SPRINGER	Julius	1880	Niederlande
783	SROG	Abraham	1876	Großbritannien
784	SROG	Mathilde	1880	Großbritannien
785	STAHL	Rosa	1879	Frankreich
786	STARK	Moses	1886	Belgien
787	STARK	Pessel	1896	Belgien
788	STARK	Paul	1925	Belgien
789	STEIN	Grete	1903	Großbritannien
790	STEIN	Erich	1928	Großbritannien
791	STEIN	Josef	1871	Großbritannien
792	STEIN	Fanny	1879	Großbritannien
793	STEIN	Kurt	1907	Niederlande
794	STEIN	Else	1901	Niederlande
795	STEIN	Werner	1936	Niederlande
796	STEIN	Mauritius	1911	Großbritannien
797	STERNBERG	Alice	1911	Belgien
798	STERNLICHT	Gertrud	1877	Belgien
799	STERNLICHT	Lotte	1905	Belgien
800	STRAUSS	Alfons	1920	Niederlande
801	STRAUSS	Heinrich	1879	Niederlande
802	STRAUSS	Emma	1886	Niederlande
803	STRAUSS	Hermann	1894	Großbritannien
804	STRAUSS	Josef	1896	Niederlande
805	STRAUSS	Kurt	1907	Belgien
806	STRAUSS	Max	1902	Niederlande
807	SYDOWER	Wilhelm	1894	Belgien
808	TANNENBAUM	Carl	1875	Niederlande
809	"	Malchen	1878	Niederlande
810	TICHAUER	Herbert	1888	Belgien

	Namen		Geboren	Aufnahmeland
811	TICHAUER	Else	1891	Belgien
812	TISCHLER	Harry	1906	Großbritannien
813	"	Lina	1907	Großbritannien
814	TRÖDEL	Leopold	1903	Frankreich
815	"	Blanca	1902	Frankreich
816	"	Walther	1925	Frankreich
817	"	Erich	1929	Frankreich
818	TURKOWICZ	Joel	1889	Großbritannien
819	"	Helene	1891	Großbritannien
820	"	Edith	1922	Großbritannien
821	UNGER	Bertha	1875	Niederlande
822	VELMANN	Walter	1906	Niederlande
823	"	Hilde	1908	Niederlande
824	VENDIG	Ernst	1899	Belgien
825	"	Charlotte	1907	Belgien
826	"	Fritz Dieter	1932	Belgien
827	"	Heiner	1937	Belgien
828	VENDIG	Paulina	1872	Belgien
829	WACHTEL	Joseph	1883	Frankreich
830	"	Amanda	1887	Frankreich
831	WALDBAUM	Victor	1893	Frankreich
832	"	Margarete	1903	Frankreich
833	"	Gerda	1937	Frankreich
834	WALLERSTEIN	Anton	1894	Belgien
835	"	Paula	1904	Belgien
836	WALLERSTEIN	Julius	1927	Belgien
837	"	Edith	1932	Belgien
838	WARSCHAWSKY	Hans	1898	Niederlande
839	"	Johanna	1900	Niederlande
840	"	Ursula	1923	Niederlande
841	"	Franz Peter	1934	Niederlande
842	WARTELSKI	Leo	1889	Großbritannien
843	WASSERMANN	Paula	1869	Frankreich
844	WASSERVOGEL	Victor	1889	Belgien
845	"	Irma	1890	Belgien
846	WECHSELMANN	Oscar	1886	Frankreich
847	"	Margarete	1894	Frankreich

	Namen		Geboren	Aufnahmeland
848	WEISS	Mayer	1879	Belgien
849	"	Laja	1881	Belgien
850	WEIL	Arthur	1897	Großbritannien
851	"	Annelise	1910	Großbritannien
852	"	Ingeborg	1929	Großbritannien
853	WEIL	Berthold	1873	Niederlande
854	"	Thekla	1881	Niederlande
855	WEIL	Ernst	1924	Frankreich
856	WEIL	Eduard	1869	Großbritannien
857	"	Emma	1876	Großbritannien
858	WEIL	Felix	1888	Großbritannien
859	WEIL	Gustav	1879	Großbritannien
860	"	Julius	1897	Großbritannien
861	"	Klara	1906	Großbritannien
862	"	Susanne	1931	Großbritannien
863	WEILER	Recha	1878	Belgien
864	WEINBERG	Walter	1905	Niederlande
865	WEINSTEIN	Dina	1883	Großbritannien
866	"	Siegfried	1909	Großbritannien
867	WEINSTOCK	Arthur	1889	Niederlande
868	"	Charlotte	1898	Niederlande
869	"	Ernst	1931	Niederlande
870	WEIS, Dr.	Max	1881	Großbritannien
871	"	Bella	1886	Großbritannien
872	WEISEL	Friederike	1902	Großbritannien
873	WEISER	Ignatz	1902	Großbritannien
874	"	Chawa	1883	Großbritannien
875	WEISS	Gerda	1902	Belgien
876	WEISS	Leopold	1890	Frankreich
877	WEISZ	Samuel	1905	Großbritannien
878	WEISSLER, Dr.	Walter	1910	Frankreich
879	WELTMANN	Erich	1893	Niederlande
880	"	Elly	1896	Niederlande
881	"	Renate	1930	Niederlande
882	WERTHEIM	Fritz	1899	Niederlande
883	WESTHEIMER	Klara	1870	Niederlande
884	WIESENFELDER	Martin	1908	Frankreich

	Namen		Geboren	Aufnahmeland
885	WILMERSDÖRFER	Siegfried	1879	Belgien
886	"	Flora	1885	Belgien
887	WINDMULLER	Salomon	1886	Frankreich
888	"	Berta	1895	Frankreich
889	"	Hans	1923	Frankreich
890	"	Rudi	1925	Frankreich
891	WINKLER	Istvan	Kein jüd. Flüchtling	
892	WOLF	Abraham	1873	Niederlande
893	"	Lina	1873	Niederlande
894	"	Elisabeth	1912	Niederlande
895	WOLF	Moritz	1883	Belgien
896	"	Johanna	1881	Belgien
897	WOLFERMANN	Jacob	1880	Großbritannien
898	"	Dora	1891	Großbritannien
899	WOLFF	Adolf	1892	Frankreich
900	"	Else	1892	Frankreich
901	"	Hildegard	1933	Frankreich
902	WOLLF	Max	1905	Frankreich
903	ZELLNER	Max	1882	Großbritannien
904	"	Gertrud	1895	Großbritannien
905	"	Ruth	1920	Großbritannien
906	"	Margot	1924	Großbritannien
907	ZWEIGENTHAL	Fritz	1909	Belgien

Die „St. Louis" brachte 907 Passagiere nach Antwerpen, hiervon waren 906 Flüchtlinge, die verteilt wurden auf Belgien 214, Frankreich 224, Großbritannien 287 und die Niederlande 181.

Die Seite 24 der Original-Liste ist verlorengegangen. Der Autor hat deshalb die Lfd. Nr. 778 bis 807 rekonstruiert.

Literaturverzeichnis

1. Bücher, Aufsätze, Filme
Bankier, David: The Germans and the Final Solution, Oxford, 1992
Barnes, Julian: A History of the World, Cambridge, 1989
Bauer, Yehuda: My Brother's Keeper, Philadelphia, 1974
Benz, Wolfgang: Flucht aus Deutschland, München, 2001
Boas, Jacob: Boulevard des Misères, Hamden, 1985
Brauer, Erich: Brief vom 3. Juni 1939
Braunschvig, Jules: How 907 were rescued, New York, 1993
Brody, David: AMERICAN JEWRY, THE REFUGEES AND IMMIGRATION RESTRICTION, New York, 1956
Burmester, Heinz: Aus dem Leben des Kapitän Gustav Schröder, Bremerhaven, 1991
Dinnerstein, Leonhard: Antisemitism in America, New York, 1994
Domarus, Max: Hitler Reden und Proklamationen 1932–1945, Wiesbaden, 1973
The Double Crossing, Voyage of the St. Louis, Video Kassette der Holocaust Memorial Foundation of Illinois and Loyola University of Chicago, 1992
Dublon, Erich: Tagebuch 1939
Dzialowski, Lici: Tagebuch 1939
Enzyklopädie des Holocaust, Berlin, 1993
Epstein, Helen: Children of the Holocaust, New York, 1979
Feingold, Henry L.: The Politics of Rescue, New Brunswick, 1970
Feingold, Henry L.: Who Shall Bear Guilt For The Holocaust, New York, 1979
Friedländer, Saul: Auftakt zum Untergang, Stuttgart, 1965
Fry, Varian: Auslieferung auf Verlangen, München, 1986
Gay, Peter: Freud – eine Biographie für unsere Zeit, Frankfurt, 1989
Gay, Peter: My German Question, New Haven, 1998
Gay, Peter: Meine deutsche Frage, München, 1999
Gellman, Irwin: The St. Louis Tragedy, American Jewish Historical, 1971
Gilbert, Martin: Atlas of the Holocaust, New York, 1982
Gilbert, Martin: The Holocaust, New York, 1985
Gillman, Peter and Leni: „Collar the Lot!", London, 1980
Goldin, Milton: Why they give, New York, 1976
Goldmann, Dr. Nahum: Sixty Years of Jewish Life, New York, 1969
Gottlieb, Dr. Amy Zahl: Men of Vision, London, 1998
Grobmann, Alex: What Dit They Know?, New York, 1979
Gurock, Jeffrey S.: AMERICAN JEWISH HISTORY, New York, 1998
Heppner, Ernest: Fluchtort Shanghai, Bonn, 1998
Herlin, Hans: Kein gelobtes Land. Die Irrfahrt der St. Louis, Hamburg, 1961
Herlin, Hans: Die Reise der Verdammten, Wiesbaden, 1979
Hilberg, Raul : The Destruction of the European Jews, Chicago, 1961
Hilberg, Raul: Die Vernichtung der Europäischen Juden, Berlin, 1982
Hilberg, Raul: Täter, Opfer, Zuschauer, Frankfurt, 1992
Hitler, Adolf: Mein Kampf, München, 1933
Ich lebe ! Das ist ein Wunder, Ausstellungskatalog, München, 2001
IMT Internationales Militär Tribunal, Nürnberg, 1945/46
Italiaander , Rolf: Anfang mit Zuversicht, Hamburg, 1984
Koller, Edith: Es soll sein mit Massel, München, 2001
Konovitch, Barry J.: The fiftieth anniversary of the St. Louis: what really happened, American Jewish History, 1989

Kraut, Alan M., Breitmann, Richard and Imhoof, Thomas W.: The State Department, the Labor Department, and German Jewish Immigration, 1930–1940, New York, 1984
Laqueur, Walter: Geboren in Deutschland, München, 2000
Levine, Robert: Tropical Diaspora, Gainesville, 1993
Lipstadt, Deborah E.: Beyond Belief, New York, 1986
Longerich, Peter: Politik der Vernichtung, München, 1998
Lookstein, Haskel: Where we our brother's Keepers? New York, 1985
Mautner Markhof, Georg I. E.: Das St. Louis Drama, Graz, 2001
Medoff, Rafael: The Deafening Silence, New York, 1987
Melcher, Peter: Weißensee, Berlin, 1987
Mendelson, John: The Holocaust, New York, 1982
Morrison, David: Heroes, Antiheroes and the Holocaust, Jerusalem, 1999
Morse, Arthur D.: While Six Million Died, New York, 1968
Morse, Arthur D.: Die Wasser teilten sich nicht, Bern, 1968
Novick, Peter: Nach dem Holocaust, Stuttgart, 2001
Reinfelder, Georg: Die Odyssee der „St. Louis", Bonn, 1999
Reinfelder, Georg: Zwischen Hoffnung und Verzweiflung, Berlin, 1999
Reinfelder, Georg: Irrfahrt über den Atlantik, Hof, 2000
Reitlinger, Gerald: The Final Solution, London, 1953
Reitlinger, Gerald: Die Endlösung, Berlin, 1956
Ross, Heinrich: Brief vom 8. Juli 1939
Schacht, Hjalmar: Abrechnung mit Hitler, Hamburg, 1948
Schiessl, Günther: Simon Oberdorfers Velodrom, Regensburg, 1998
Schreiber, Gerhard: Hitler Interpretationen, Darmstadt, 1988
Schröder, Gustav: Fernweh und Heimweh, Potsdam, 1943
Schröder, Gustav: Heimatlos auf hoher See, Berlin, 1949
Sherman, Ari J.: Island Refugee, Berkeley, 1973
Tartakower, Arieh and Grossmann, Kurt R.: The Jewish Refugee, New York, 1944
Thomas, Gordon and Morgan-Witts, Max: Voyage of the Damned, London, 1974
Thomas, Gordon und Morgan-Witts, Max: Das Schiff der Verdammten, Zug, 1976
Timm, Jürgen: Heimatlos auf hoher See, Hamburg, 1995
THE UNITED STATES AND THE PERSECUTION OF THE JEWS IN GERMANY, 1933–1939, New York, 1968
Voyage of the Damned, 2 ½ stündiger Spielfilm des Regisseurs Stuart Rosenberg, 1976, deutsche Version Reise der Verdammten.
The Voyage of St. Louis, Galafilm Montreal, 1994, deutsche Fassung Die Irrfahrt der St. Louis
Voyage of the St. Louis, United States Holocaust Memorial Museum, 1999
Wagner, Johannes Volker: Hakenkreuz über Bochum, Bochum, 1983
Witthöft, Hans Jürgen: HAPAG-LLOYD Über ein Jahrhundert weltweite deutsche Seeschiffahrt im Bild, Herford, 1979
Wolffsohn, Michael: Die ungeliebten Juden, München, 1998
Wood, Thomas und Jankowski, Stanislaw: Jan Karski – Einer gegen den Holocaust, Gerlingen, 1997
Wyman, David: The Abandonment of the Jews, New York, 1984
Wyman, David: Das unerwünschte Volk, Ismaning, 1986
Wyman, David: Paper Walls, New York, 1985
Yaffe, James: The Voyage of the Franz Joseph, New York, 1971
Zentner, Christian: Adolf Hitlers Mein Kampf, München, 1992

2. Zeitungen und Zeitschriften

The American Heritage
The Anchorage Daily News
Aufbau
Avance
The Boston Globe
Canadian Jewish News
The Cronicle
Daily Mirror
The Day
The Dearborn Independent
Forward
Frankenpost
Frankfurter Allgemeine Zeitung
Gegen Vergessen
Hamburger Abendblatt
Hamburger Fremdenblatt
Hamburger Morgenpost
The Hartford Courant
The Herald
Intermountain Jewish News
St. Louis Post Dispatch
The Miami Herald
The New York Times
New York Herald Tribune
Neue Züricher Zeitung
Nieuwe Rotterdamsche Courant
Opinion
The Ottawa Citizen
Pariser Tageszeitung
St. Petersburg Times
The Philadelphia Record
The Philadelphia Inquirer
The Post
The Seattle Times
Der Spiegel
Der Stürmer
Süddeutsche Zeitung
De Telegraaf
The Times
The Tribune
Völkischer Beobachter
Washington Jewish Week
The Washington Post
The Washington Times
Die Welt
The World Herald

Abbildungsnachweis

Archiv	*12, 22, 42, 48, 54, 81 (2), 82, 90, 102, 120 (2), 133, 156, 166, 201*
Beueler Heimat- u. Geschichtsverein	*144*
Felder	*147*
Glaevecke	*6, 29, 203, 214*
Glismann	*31 (2), 206 unten*
Jacobson	*197*
Joint	*107*
Marx	*153*
Reinfelder	*19, 25, 130, 132, 152, 182, 190, 192, 200, 206 oben, 215*
Sammlung Blechner	*140*

Abkürzungen und Begriffe

CARE	Cooperative for American Remittances to Europe, amerikanische Vereinigung zur Organisation von Hilfssendungen
DORSA	Dominican Republik Resettlement Association
DP	Displaced Person, verschleppte Person.
Endlösung	die auf der Wannseekonferenz am 20.01.42 beschlossenen technischen Maßnahmen zur Ausrottung der Juden im deutschbeherrschten Europa
GESTAPO	Geheime Staatspolizei
HAPAG	Hamburg-Amerika-Paketfahrt AG
HIAS	Hebrew Immigrant Aid Society
ICR	International Committee for Refugees, London
JOINT	Jewish Joint Distribution Committee, New York
KdF-Fahrten	Kraft durch Freude Fahrten für Werktätige in der Nazi-Zeit
MS	Motorschiff
NSDAP	Nationalsozialistische Deutsche Arbeiterpartei
Pogrom	Pogromnacht, die Nacht der Zerstörung jüdischer Geschäfte, Wohnungen und Synagogen am 9./10.11.1938. Später verächtlich von den Nazis auch „Reichskristallnacht" genannt
NYT	New York Times
SA	Sturmabteilung
SS	Schutzstaffel
UNRRA	United Nations Relief and Rehabilitation Administration, Flüchtlingsorganisation der Vereinten Nationen
USHMM	United States Holocaust Memorial Museum, Washington
WRB	War Refugee Board, Kriegsflüchtlingsamt der USA

Danksagungen

Seit vielen Jahren habe ich mich mit dem Motorschiff „St. Louis", seinen Passagieren, seiner Besatzung, seinem Kapitän und den politischen, philosophischen und psychologischen Hintergründen und Zeitumständen befaßt. Bei der Materialsammlung und Manuskripterstellung, auf Reisen und in meinem Büro, hatte ich Kontakte mit vielen Informanten, Historikern, Wissenschaftlern, ehemaligen Passagieren und Besatzungsmitgliedern der „St. Louis", mit Bibliotheken, Archiven, Museen, Instituten und Behörden in aller Welt. Ihnen allen gilt mein Dank für die verständnisvolle und wertvolle Unterstützung und Hilfe, ohne die das vorliegende Buch wahrscheinlich nicht entstanden wäre. Ich hoffe niemand übersehen zu haben, sollte dies geschehen sein, bitte ich um Entschuldigung und appelliere an den Großmut des „vergessenen" Helfers. Allen nachstehend genannten Personen und Institutionen übermittle ich meinen Dank:

Daniel Ajzensztejn, American Jewish Joint Distribution Committee

Leo Baeck Institute, Pat Baron, Ben Barkow, Günter Bäuml,
Prof. Dr. Yehuda Bauer, Sybille Baumbach, Albrecht Beutler, Anthony Blechner, Henry Blumenstein, Walter Buck, Bundesarchiv, Heinz Burmester

Anne und Prof. Dr. Michael A. Cann, Albrecht Fürst zu Castell-Castell, Center for Jewish History

Helmut Dünkel, Gisela Dulon

Gail W. Embry, Gesellschaft für Exilforschung

Dr. Walter Faaß, Facing History and Ourselves, Garry Felder, Martin Felder, Franz Fichtl, Dr.Rolf-Barnim Foth, Forschungsstelle für Zeitgeschichte in Hamburg, Thomas Fürhapter

Irmgard Glaevecke, Karl Glismann, Milton Goldin, Dr. Amy Zahl Gottlieb

Peggy A. Haile, Freie und Hansestadt Hamburg, Hapag-Lloyd AG, Heiner Helmschrott, Ernest G. Heppner, Herinneringscentrum Kamp Westerbork, Hans Herlin, Alfred Herold, Dr Andreas Heusler, Prof. Raul Hilberg, Martin Hilgner, Robert B. Hitchings, Hartmut Hohlbein

Institut für die Geschichte der deutschen Juden, Institut für Zeitgeschichte, Institute of Contemporary History and Wiener Library Limited

Dr. Rudolf Jacobson, Dietrich Jakob, Jüdisches Museum Berlin, Jüdisches Museum München

Walter Karliner, Uwe Kaustrup, Ronny Klein, Wolfgang Klinger, Aaron Kornblum, Hans-Joachim Krömmelbein, Prof. Dr. Claus-Dieter Krohn

Sylvia Lanza, Walter Laqueur, Prof. Dr. Robert M. Levine, Library of Congress, Dr. Herbert Loebl, Dr. Uwe Lohalm

Ilse Marcus, Lilli Marx, Dr. Frank Mecklenburg, Gertrud A. Mendels, Scott Miller, Heribert Morper, Barbara Moulder, Raimund Müller, Sharon Muller, Museum of Jewish Heritage

The New York Public Library, Prof. Dr. Peter Novick

Sarah Ogilvie

Dr. Mordecai Paldiel, Jennifer Priest

Dr. Liane Reif-Lehrer, Klaus Reiff, Dr. Reimer Rohde, David Rosenstein, Ortwin Runde

Dave Scheiber, Günter Schiessl, Dr. Ruth Schlette, Rolf E. Schröder, Dr. Gisela Schütte, Bruno Schult, Sigrid Schweers, Amy Shuter, Jürgen Sielemann, Dr. Hermann Simon, Diane R. Spielmann, Staatsarchiv Hamburg, Staatsbibliothek München, Susann B. Suggs

Sharon Tedrow, Claire A. Toschi

United States Holocaust Memorial Museum

Robert Vogel, Holly Vorhies

Felicia Wagner-Wojeck, Jules Wallerstein, Wissenschaftliches Institut für Schiffahrts- und Marinegeschichte, World Jewish Relief

Yad Vashem, YIVO Institute for Jewish Research

Eugene F. Zacharias, Zentrum für Anti-Semitismus-Forschung

Namens- und Sachregister

Aber, Max Dr. 58
Affidavit 77
Agen 127, 129
Annenberg 65
Antisemitismus 43, 45, 74, 106, 111, 139, 158, 167, 171, 174, 176
Antwerpen 8, 104, 129 150
Anzeigenserie 165, 166, 169–177
Arandora Star 137, 139
Arisierung 124
Arosamena, Juan D. 66
Aufbau 8, 108, 218
Auschwitz 126, 146, 190, 196
Australien 137 f.
Auswanderung 14, 38, 49, 65, 68, 157, 179

Batista, Fulgencio 59 f., 69, 76
Bauer, Yehuda 87
Beamish 123
Bearsted, Lord 49
Belgien 8, 103, 110, 116, 124, 130
Benitez, Manuel 36 f.
Berenson, Lawrence 60, 64, 69, 72, 76, 80, 84 ff., 106
Bergen-Belsen 154
Bermuda-Konferenz 167 ff.
Blair, Doug 194 f.
Blair, Frederick Ch. 194 f.
Blechner, Oskar 141 f., 189
Blumenstein, Henry 145 f., 189 f., 191
Bonné, Meta 56
Bonnet, Georges 15
Bordkomitee 38, 58, 60, 71, 76, 105
Boston 171
Boulogne 111, 130
Brauer, Erich 67, 84
Bru, Federico 36, 56, 59, 63 f., 69, 86
Brüssel 110, 127, 129
Bund-Bericht 164

Camp d'Amilièe 130
Canaris, Admiral 59
Castell-Castell, Albrecht Fürst 196

Chamberlain, A. N. 16
Cherbourg 23, 33
Christian X. 173 f.
Churchill, Winston 170
Couglin, Charles 44
Cullistein, Sylvia 186

Dänemark 173
Dekret 937 37, 40, 57
Deutsch-Amerikanischer Bund 44, 51
Dingfelder, Rudi 146 f.
Dinnerstein, Leonhard 46
Drancy 130
Düsseldorf 154
Dublon, Erich 8, 32, 34, 79, 101, 124 ff., 218–234
Duchess of York 139
Duckwitz, Georg 174
Dunaway, Faye 186
Dunera 138 f.
Dzialowski, Lici 26, 83

Eichmann, Adolf 123
Einstein, Albert Dr. 62
Emerson, Herbert 50
Ehre, Ida 185
Empress of Australia 33
Endlösung 124, 163
Ernst, Max 135
Essen 129
Ettrick 139
Evans, H. W. 44
Evian 47, 123, 167 ff.
Exodus 192

Faulhaber, Kardinal 18
Farenburg, Hans 185
Fedala 179
Feilchenfeld, Alice 33, 126
Feindliche Ausländer 116, 122, 137
Feuchtwanger, Lion 135
Fink, Michael 154
Flaggengesetz 14

Flandre 57, 62, 84
Flex, Walter 78
Florida 8, 46, 68, 70, 78
Ford, Henry 44
Fort Ontario 75, 179 f.
Franco, Francisco 36
Frank, Anne 145
Frankreich 8, 97, 104, 116, 130, 154
Freihäfen 179
Fremdenfeindlichkeit 43
Friedländer, Saul 163
Fröhlich (Gay), Peter 66, 87
Fry, Varian 135

Gedenktafel 8, 192–194
Gellman, Irwin 84
Georg VI. 33
Gerechter unter den Völkern 8, 136, 174, 215
Gervais, Marcel 194
Glaevecke, Irmgard 197
Glauner, Dr. 60, 209
Glismann, Karl 205
Goebbels, Joseph 95, 118
Goldmann, Nahum Dr. 47, 74
Goldstein, Israel 168
Gomez, Miguel M. 57
Großbritannien 8, 97, 104, 110, 116, 136, 178
Goldsmith, Milton 59
Grunstein, Heinz 142
Gurs 130
Gustav V. 174
Guttmann, Sally 76

Haifa 192
Haig-Camp 136
Hamburg 8, 24, 97, 192, 195, 202
Handgeld 85, 108
Hapag 24, 36, 38, 57, 64, 76, 92, 112, 186, 199 f.
Hartog, Jan te 185, 203
Hausdorff, Arthur 38, 61
Havarie 8, 99
Hedin, Sven 17
Heimann, Margaret 125
Heimatlos auf hoher See 8, 32, 67, 93, 96, 100, 119, 185, 196, 216
Heine, Heinrich 11

Herckel, Jan van 111
Herlin, Hans 138, 180, 185
Hermann, Fritz 60
Hess, Tom 195
Heymann, Dr. 142
Heyplaat 111, 145, 148, 151
Heydrich, Reinhard 123
Himmler, Heinrich 123
Hitler, Adolf 14 ff., 18, 24, 44, 49 f., 123, 155, 163, 174, 188
Hoffmann, Robert 49
Holocaust Memorial Museum 88, 181, 188 f., 215
Hoover, Herbert C. 43
Hull, Cordell 74

Iberia 37, 66
Iller 61
Intergovernmental Committee on Refugies 47, 49
Isle of Man 137
Isolationismus 43, 158
Italiaander, Rolf 185

Jacobson, Rudolf 147 f., 197
Joint 60, 69, 72, 85, 100, 104, 123
Joseph, Josef Dr. 38, 61, 67, 109, 142 f., 191
Judenstern 124, 155, 157
Judenverfolgungen 13–19, 163

Kanada 137 ff.
Karliner, Herbert 84, 132 f., 186 f., 191
Karliner, Josef 129, 132
Karliner, Walter 132 f.
Karski, Jan 164
Keibel, Jane 186
Kennedy, Joseph 100
Kinderspiel 98
Kindertransporte 139, 150
Kissinger, Henry 160
Kitchener Camp 112, 136 f.
Konovitch, Barry 41, 84, 87, 187
Krebs, Günther 195
Kritsch, Franz 104
Kuba (Cuba) 35, 55, 69, 129
Kuhn, Fritz 44
Ku-Klux-Klan 44

Landungserlaubnis   36, 59, 64, 85
Laval   130
Lazarus, Emma   83
Leese   123
Leih- und Pachtgesetz   162
Leip, Hans   214
Lenneberg, Gisela   94, 186
Lerman, Miles   191
Les Tourelles   134
Lewith, Julius Dr.   66
Limoges   134
Lindbergh, Charles   41
Lissabon   136
Loeb Forest, Ruth   189
Loevinsohn Roubicek, Hella   191
Loewe, Max   60 f., 143, 184
Long, Breckinridge   75
Loudon   134

Madagaskar-Plan   50, 123
Manasse, Herbert   38, 61
Mandel, Ruth   191
Mann, Thomas   7, 10
Marcus, Ilse   126, 189
Marseille   129, 134, 135
Mason, James   186
Meier, C. F. C.   200
Meier, Heinrich   60, 184
Mendels, Gertrud   186
Messinger, Sol   32, 186 f., 191
Meyn, Robert   184
Miller, Scott   161, 188 f.
Montalvo, Rafael   58
Montmorency   134
Montpellier   132
Morewitz, Jacob L.   74
Morgenthau, Henry jun.   178
Mosley, Oswald   139
Motulsky, Arno   186
Moulton, Edgar   137 f.
Müller, Ferdinand   209
Murmansk   202
Mussolini, Benito   16, 36, 123

Naarden   150
Nelson, J.   188
New York   97, 112, 129, 160, 163, 171, 179, 202

New York Times   17, 57, 80, 129, 134, 151, 156, 161, 164, 165, 191, 201
Nichtkriegsführung   162
Niederlande   8, 104, 110, 116, 145, 154
Nimes   130
Nisko- und Lublinplan   123
Norfolk   74
Nürnberger Gesetze   14, 34

Oasseneuil   128
Oberdorfer, Simon   149 f.
Ogilvie, Sarah   188
Orduna   57, 62, 84
Orinoco   76
Oster, Alice   186
Ostermeyer, Klaus   209
Ostwind   188
Ottawa   194

Pander, Hilde   150
Pelly, William D.   44
Perpignac   130
Philipps, Hart   80, 184
Philippville   179
Pogromnacht   16, 124, 129, 131, 134, 142, 144, 146 f., 149 f.
Portuondo, Juan D.   57

Quanza   73–75
Quotennummer   77, 108

Rademacher   123
Rath, vom   16
Rau, Johannes   183
Reading, Hilde   61
Reif, Liane   134
Remos, Juan   61
Rettungsboote   70
Rhakotis   111
Ribbentrop, Joachim von   15, 38, 50
Rinteln, Walter Dr.   127, 129
Rivero, Dr.   36
Roosevelt, Franklin   17, 43, 46 f., 62, 68, 70 f., 75, 83, 86, 127, 163, 169, 170 f.
Rosen, Emanuel   109, 136
Rosenbach, Harry   152
Rosenberg, Stuart   186
Ross, Heinrich   27, 66, 93
Rotterdam   109

Rublee, George   49
Rumänische Juden   176
Runde, Ortwin   192

Salomon, Egon   189
Sandler, Bernard   79
Schacht, Hjalmar   49 f.,
Schell, Maria   186
Scheuer, Gertrud   152
Schiendick, Otto   30, 59, 99, 112, 206
Schiff ohne Hafen   184
Schröder, Gustav   8 ff., 28, 30, 32, 36, 38, 56 ff., 60 ff., 67, 70, 76, 78 f., 92 f., 95 ff., 104 ff., 112, 116, 118, 143, 185, 187, 190, 192, 196, 200, 202, 204, 206, 208–216
Schweden   173
Silberhemden   44
Skylla   80
Smith, T.   200
Sobieski   139
Southampton   111
Spanier, Fritz Dr.   38, 153 f.
Spitz, Eric   188
State Department   46, 68, 86, 139, 178
Stadler, Glen   165
Stein, Kurt   196
Struma   178
Sydow, Max von   185

Theresienstadt   151, 154, 173
Thomas-Morgan   116, 181, 185
Thompson, Dorothy   51, 121
Troper, Morris Dr.   104, 106, 108 f., 112, 143

USA   41, 55, 70, 76, 158, 162
US-Juden   47, 69, 71, 158
US-Küstenwache   71

Vendig, Ernst Dr.   76, 112
Verné   127
Verschleppte Person   126, 146, 157
Verteidiger des christlichen Glaubens   44
Verteilung der Passagiere   8, 108, 235–259
Viertel, Berthold   108
Volkszählung   34

Wagner-Rogers-Bill   51 f.
Wallerstein, Jules   129, 186
Warburg, Edward   80, 100
War Refugee Board   178
War Relocation Authority   180
Washington, George   51
Weil, Ernst   134
Weiler, Moritz Prof.   35, 58
Weis, Max Dr.   38, 61, 143
Weißbuch, britisches   167
Welles, Orson   186
Weltausstellung   62, 70, 101
Weltwirtschaftskrise   43, 46
Werfel, Franz   135
Werner, Oskar   186
Westerbork   145 f., 150 f., 153
Westheimer, Ruth   160
Winghene   123
Winrod, Gerald   44
Winterton, Lord   49
Wise, Stephan Dr.   45, 74
Wohltat, Helmuth   50
Wolff, Adolf   151
Wolff, Hildegard   189
Wyman, David Prof.   55, 87, 119, 165

Yad Vashem   196, 211–213

Zellner, Max   38, 61

Reihe jüdische Memoiren
Herausgegeben von Hermann Simon

Meno Burg — Band 1
Geschichte meines Dienstlebens
Erinnerungen eines jüdischen Majors der preußischen Armee
Erweiterter Neudruck der Ausgabe von 1916
Mit einem Nachwort von Hermann Simon

Jacob Teitel — Band 2
Aus meiner Lebensarbeit
Erinnerungen eines jüdischen Richters im alten Rußland
Vorwort von Simon Dubnow und einer Charakteristik von Maxim Gorki
Neu hrsg. mit einem Essay und Anmerkungen von Ludger Heid
Einleitung von Hermann Simon

Karl Schwarz — Band 4
Jüdische Kunst – Jüdische Künstler
Erinnerungen des ersten Direktors des Berliner Jüdischen Museums
Herausgegeben von Chana C. Schütz und Hermann Simon
Mit zahlreichen Abbildungen, Kurzbiographien der erwähnten Künstler und einem Register

Martin Riesenburger — erscheint 2003
Das Licht verlösche nicht — Band 5
Erinnerungen an ein Berliner Rabbinerleben
Herausgegeben und mit Beiträgen von Andreas Nachama und Hermann Simon

Elchanan Nathan Adler — Band 6
Von Ghetto zu Ghetto
Berichte eines jüdischen Reisenden ausgangs des 19. Jahrhunderts
Mit einem Geleitwort von Hermann Simon
Nachwort und Erläuterungen von Joachim Schlör

James Israel — In Vorbereitung
Meine Reise zum Sultan — Band 7
Herausgegeben von Hermann Simon und Rolf Winau

Wolfgang Pintzka — Band 8
Von Sibirien in die Synagoge
Erinnerungen aus zwei Welten
Mit einem Geleitwort von Michael Melchior

Sabine Hank/Hermann Simon (Bearb.) — Sonderausgabe
Feldpostbriefe jüdischer Soldaten — 2 Bände
1914–1918
Briefe ehemaliger Zöglinge an Sigmund Feist
Direktor des Reichenheimschen Waisenhauses der Jüdischen Gemeinde zu Berlin
Herausgeber Stiftung „Neue Synagoge Berlin – Centrum Judaicum" und Militärgeschichtliches Forschungsamt Potsdam

Fräulein Rabbiner Jonas — Sonderband
„Kann die Frau das rabbinische Amt bekleiden?"
Eine Streitschrift von Regina Jonas
Regina Jonas 1902–1944, erste Rabbinerin der Welt
Ediert, kommentiert und eingeleitet von Elisa Klapheck
Mit einem Vorwort von Hermann Simon
2. korrigierte Auflage

Doris Obschernitzki
Letzte Hoffnung – Ausreise
Die Ziegelei von Les Milles
1939–1942
Vom Lager der unerwünschten Ausländer zum Deportationszentrum

Elisabeth Marum-Lunau
Auf der Flucht in Frankreich
Briefwechsel einer deutschen Familie im Exil
1939–1942
Auswahl und Einführung von Jaques Grandjonc, für die deutsche Ausgabe übersetzt und erweitert von Doris Obschernitzki

Armbruster/Kohlstruck/Mühlberger (Hrsg.)
Exil Shanghai
Jüdisches Leben in der Emigration
1938–1947
Schriftenreihe des Aktiven Museums Berlin, mit Unterstützung des Leo Baeck Institute London, Weichmann Stiftung Hamburg, Centrum Judaicum

Frankreichs deutsche Emigranten
Aus der Arbeit von Jaques Grandjonc
(1933–2000)
Texte und Erinnerungen
Hrsg. von Andreé Fischer-Marum und Doris Obschernitzki

Erscheint im Frühjahr 2003

VERLAG
HENTRICH & HENTRICH

GanzerStraße 10, D-16866 Teetz
Telefon: 033976-50549, Fax: 033976-50460
e-Mail: HentrichHentrich@aol.com
Im Internet: www.hentrichhentrich.de